"十二五"高职高专财经管理类规划教材
小微企业经营管理能力提升系列教材

商业情报实务

李　霞　彭　静　梁　海　编著

上海财经大学出版社

图书在版编目(CIP)数据

商业情报实务/李霞、彭静、梁海编著．—上海：上海财经大学出版社，2015.6
"十二五"高职高专财经管理类规划教材
小微企业经营管理能力提升系列教材
ISBN 978-7-5642-2085-3/F·2085

Ⅰ.①商… Ⅱ.①李… Ⅲ.①中小企业-企业竞争-竞争情报-教材 Ⅳ.①F276.3

中国版本图书馆 CIP 数据核字(2015)第 000838 号

□ 责任编辑 刘 兵
□ 封面设计 钱宇辰
□ 责任校对 胡 芸 卓 妍

SHANGYE QINGBAO SHIWU
商 业 情 报 实 务

李 霞 彭 静 梁 海 编著

上海财经大学出版社出版发行
（上海市武东路 321 号乙 邮编 200434）
网 址：http://www.sufep.com
电子邮箱：webmaster @ sufep.com
全国新华书店经销
上海译文印刷厂印刷
上海景条印刷有限公司装订
2015 年 6 月第 1 版 2015 年 6 月第 1 次印刷

787mm×1092mm 1/16 13.5 印张 345 千字
印数：0 001—4 000 定价：31.00 元

小微企业经营管理能力提升系列教材

编审委员会

总 序

学习成就未来

在广州市职业能力培训指导中心（以下简称“培训指导中心”）与广州番禺职业技术学院的精心筹划之下，“小微企业经营管理能力提升系列教材”成功出版，这是值得祝贺的事。

在创造就业机会、增加税收、技术创新等方面，小微企业扮演着非常重要的角色，更重大的意义在于小微企业所代表的创新、创业精神，这是区域社会经济发展的基础动力。可以说，小微企业的素质决定了区域未来的发展。因此，小微企业的经营管理能力提升不单纯是对企业的自我完善，也对社会具有深远的影响和意义。

小微企业数量多、行业千差万别、经营不稳定、人员结构复杂等的特殊性，决定了对这个群体实施教育提升服务是颇具挑战性的。广州市人力资源和社会保障局积极践行国家、广东省和广州市对帮扶小微企业健康成长的相关政策，结合区域发展特点出台了一系列促进提升小微企业发展能力的政策，搭建了由学校、创业园区、行业大企业、社会服务机构等多方参与的社会化服务平台。本套教材即是广州市人力资源和社会保障局培训指导中心联合广州番禺职业技术学院在搭建小微企业社会化学习平台方面的一个尝试。这套教材的出版仅仅是学习系统中的一个部分。此外，双方在培训项目开发、网络化教学、师资培训、创业教育等方面尚有更多的课题需要攻克。“千里之行，始于足下”，预祝彼此的合作能取得更大成绩，让更多小微企业享受更优质的教育服务。

科技在进步，时代在发展，在知识经济时代，学习是主旋律，不学习就意味着被淘汰。这不是耸人听闻的口号，而应成为当下的警语。众所周知，教材是知识传播的载体。这套教材结合小微企业发展的特点，对该领域的知识内容进行比较系统的梳理与总结，非常有价值。当下各个学习领域都在发生革命性的变化，希望各位编委及项目团队能留意这种变化，在后续工作中大胆尝试、敢于创新，在内容和形式上有更多突破，进一步提升教材的价值，为广州市小微企业学习平台的建设贡献力量！

最后，向编纂教材及提供帮助的各位老师、各位工作人员和社会各界人士表示感谢，同时感谢广州番禺职业技术学院对本项工作的大力支持。

钟丽英

2015 年 1 月 1 日

前　言

在市场竞争日益激烈的今天，“情报为王”已成为越来越多企业经营者的共识。企业人进行必要的商业情报知识与技能的学习，让他们能在创办或经营企业的过程中提高科学决策水平，使企业能够持续发展，对经营者而言是非常重要的。从这个角度来看，不论是从企业的用人需求考虑，还是从学生的职业发展来考虑，学生也有必要掌握商业情报的相关知识。

基于此，《商业情报实务》围绕商业情报的搜集、分析、应用、分享与保护等内容展开论述，强调在掌握基本知识的前提下，如何使商业情报工作变得更富有经济性和时效性，并针对通过调查发现的企业管理者在获得商业情报或使用研究结论支撑决策的过程中容易出现的决策陷阱问题，重点阐述了商业情报在决策中的应用技巧，突出了本教材的实践性。

全书内容实用、通俗易懂，可操作性强，不仅可作为企业管理者和有志于自主创业者的工作参考书和培训用书，也可作为高职高专院校和应用型本科院校老师和学生的教学与参考用书。

本书由番禺职业技术学院李霞和彭静、广州上水企业管理咨询有限公司总经理梁海共同编著。全书由李霞拟定大纲，总纂定稿，并具体完成了书中应用篇第 5 章和第 6 章的编著任务；彭静完成了基础篇第 1 章、第 2 章的编著任务；梁海完成了操作篇第 3 章、第 4 章的编著任务。

在本书编写过程中，我们得到了广州市人力资源和社会保障局和番禺职业技术学院创业中心领导的大力支持，在此深表敬意。本书参阅了大量情报方面的书籍、文献和优秀案例，限于篇幅，书中只列出了部分主要参考文献，在此对文献的所有作者表示衷心的感谢。

同时，由于编者的水平有限，书中难免有错误和疏漏之处，敬请各位同行专家和广大读者批评指正。

李　霞

2015 年 3 月

目　录

基础篇

操作篇

基 础 篇

第 1 章

商业情报的概念与应用现状

学习目标

1. 分辨清楚情报、信息、竞争情报、企业情报、商业情报的区别
2. 能够认识到商业情报对于小微企业发展的重要作用
3. 能够清楚目前小微企业发展现状及改进方向

在商业竞争日益激烈的今天，企业也日益重视商业情报的作用，情报为王已经成为越来越多人的共识。根据调查，美国80%的企业已经建立商业情报系统，国内海尔、联想等知名企业的成功也离不开其完善的商业情报系统和周密的商业情报运作。而近年被越来越广泛关注的小微企业，在运用商业情报方面不论是意识还是技术都亟待加强。那么本章将从商业情报的定义、产生与发展开始，梳理什么是商业情报？另外会着重分析商业情报在现代商业活动中对于企业的意义及作用，再结合目前小微企业商业情报的应用现状，对商业情报做整体的分析。

案例导入

零售之王——沃尔玛商业情报的成功经验

1. 收集客户商业情报

零售业是直接与最终消费者打交道的行业，顾客决定一切，如果企业不以满足顾客需要为中心是无法生存下去的，这一点沃尔玛公司理解得比谁都透彻。“让顾客满意，创造更多的顾客”始终是排在沃尔玛公司第一位的目标。因此在客户关系管理上，沃尔玛每周对顾客期望进行调查，管理人员利用企业的商业情报系统（售货员兼任情报信息员）收集顾客需要，及时更新商品的组合和组织采购，改进商品陈列摆放，营造舒适的购物环境，使顾客在沃尔玛买到称心如意的商品。

2. 供应链管理

沃尔玛的供应链是典型的大型零售业主导型。供应链管理的关键就在于供应链上下游企业的无缝连接与合作,但这种合作关系的建立是一个复杂的过程。沃尔玛通过与供应商共享商业情报,建立伙伴关系。共享商业情报是实现供应链管理的基础,有效的供应链管理离不开商业情报系统的支持,目前沃尔玛建设的商业情报共享系统是全美最大的民用商业情报系统。

3. 数据库分析

利用数据库技术,沃尔玛对商品进行市场类组(组织结构)分析。沃尔玛数据库里集中了各个商店详细的原始交易数据,在这些原始交易数据的基础上,沃尔玛利用数据挖掘技术得到顾客商业情报,进而采取相关的策略进行销售。比如曾经有过这样一个发现:与尿布一起购买最多的商品竟然是啤酒。按常规思维,尿布与啤酒风马牛不相及,若不是进行商业情报挖掘,商家就不可能发现隐藏在背后的事实。原来美国太太们经常叮嘱她们的丈夫下班后为小孩买尿布,而丈夫们往往在购买尿布后又会随手带些啤酒。既然尿布与啤酒一起购买的机会最多,沃尔玛就在超市里将这两种商品摆放在一起,结果是尿布与啤酒的销量双双增长。

4. 启示与思考

沃尔玛的成功不仅在于其采取了低价销售的策略,更重要的是其作为跨国公司,具有能够监控商品采购、运输、库存、销售等成本在内的商业情报分析系统的综合优势。可以说,客户关系管理商业情报系统、供应链管理商业情报系统和数据库商业情报系统构成了沃尔玛的核心竞争力。

1.1 什么是商业情报

进入21世纪,如何在竞争中处于优势已经成为中国企业最关注的问题,而建立配套的商业情报系统也已经成为成功企业的长期战略性投资。小微企业在我国国民经济体系中具有重要地位,尤其是在服务业、小件商品供应与大企业配套等方面更是不可或缺。在扩大就业、推动经济增长等方面具有不可替代的作用,是驱动中国经济的一个重要的引擎。小微企业涉及行业广泛,但由于国内经济结构的种种非理性因素,我国小微企业遭遇到一系列严重影响生存与发展的困难,2012年2月1日的国务院常务会议专门研究部署进一步支持小型和微型企业健康发展,并明确指出,小微企业是提供新增就业岗位的主要渠道,是企业家创业成长的主要平台,是科技创新的重要力量。相比大型企业的成熟完善,小微企业在管理体系、人才配置和资本方面有着较大差距,这些成为企业应用商业情报的主要障碍。据统计,我国总计有超过4 000万的中小企业,而其中实现信息化的比例不足10%,大多数小微企业的管理呈现粗放、混乱的状态,导致其在市场竞争中处于下风,很容易因为大中型企业的竞争而倒闭破产,同时也制约了其进一步发展。由此可见,进一步加强小微企业的商业情报认识,提升小微企业的搜集商业情报的能力,提高小微企业的反商业情报搜集的意识,对于提升小微企业应对风云突变的市场化竞争,将会起到越来越重要的作用。

不论在学术界还是在商业战场上,情报、信息、竞争情报、企业情报、商业情报这些词总是被反复提及,而它们彼此之间的联系与区别是什么?为了弄清楚什么是商业情报,在此有必要跟大家梳理一下。

1.1.1 情报与信息的区别

“情报”一词译自“information”，而在国内各个领域广泛地将“information”翻译为“信息”，情报概念容易和信息概念发生混淆。情报是人类之间交流的特定需要的知识，因而情报概念只属于人类社会所有。信息则不然，它是一个极为广泛的概念，是物质存在的一种表现形式和物质运动规律及特点的表象，因此它普遍存在于自然界、生物界和人类社会中。信息是物质的一种属性，而情报则是人类社会所特有的，是人类社会中交流传递的特定有用的信息。信息通常不会天生就是情报，绝大多数原生信息只有通过加工处理、分析、挖掘才能变为情报(见图1.1)。

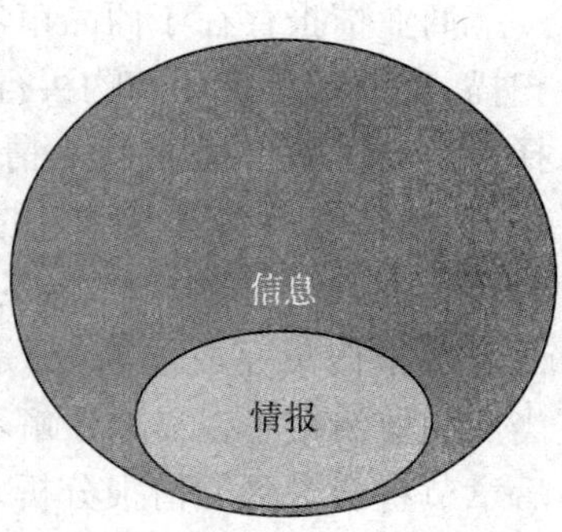

图1.1 情报与信息的关系

情报是信息存在的一种形式，而情报又必须通过信息负载来表现。没有信息过程，就不会有情报过程。情报来自于信息，信息包含了情报。

第二次世界大战前，情报主要是指军事和国家安全领域的活动。第二次世界大战后，延续了数千年之久的情报活动分成两个并行发展的体系，一类仍然是军事和国家安全领域的情报体系(军事情报体系)，另一类是20世纪60年代发展起来的，主要是经济、科技、社会领域的情报体系(民事情报体系)。民事情报体系在道德和法律允许的范围内开展活动，但支持战略决策、强调信息分析等特点非常突出。红顶商人胡雪岩是商界奇才，头脑灵活、胆大心细，善于捕捉商机。他白手起家，短短十几年迅速发达，成为商家巨贾，并有强大的政治靠山，似乎其商界巨头的地位无可撼动。但另一位商界英豪盛宣怀登场挑战了。胡雪岩和看似与自己远不在一个量级的盛宣怀过招，结果是以胡雪岩惨败身死告终。盛宣怀之所以能够斗垮胡雪岩，一个重要原因是下足了商业情报工夫，对胡雪岩的业务运转全过程、各个环节点的衔接、致命的风险了然于心。此外，当时刚刚兴起的电报业务牢牢掌握在盛宣怀手里，依靠强大的商业情报系统和过人的谋略，盛宣怀找准了胡雪岩的命门，给了胡雪岩致命一击，使胡雪岩的商业帝国轰然垮塌。

1.1.2 情报、竞争情报、商业情报的区别

关于情报、竞争情报、商业情报这几个概念，看上去非常类似，但还是有区别的。

情报工作是搜集、筛选、整理、存储、检索、咨询、摘要、报道、概述、评价各种信息和知识，使信息和知识变成情报。可见情报工作是一种转化工作，使信息和知识转化为情报的工作。

竞争情报是企业在法律和商业道德范围内从事的，主要为企业战略管理服务的，以提高企业竞争优势为根本目的的信息行为。它是一个从影响企业竞争优势的信息收集开始的智力增值的过程，其成果主要表现在为决策者提供信息原料、决策产品或半成品，决策者可据此采取行动，以提高企业的竞争优势。

商业情报工作是为了提高企业的核心竞争力、防范企业重要机密的泄露，而运用合法的手段，通过搜集、传递、分析而获得对企业的发展、生存、有重要利益关系的各有关目标对象、竞争对手、竞争环境的信息、报告、资料等。

可见，这三者之间的关系，可以理解为情报＞商业情报＞竞争情报。搜集的范围、内涵、应用更加明确，目的性也更强。

1.1.3 商业情报的定义与特点

商业情报存在于商品市场的各类营销活动和工作之中，是对市场的宏观环境、微观环境的扫描，对消费者市场和购买行为的分析，也是对行业与竞争者的识别，对目标市场的细分和选择。企业了解并搜集商业情报，是为了消除自身在商业竞争中的不确定因素，更好地把握市场，从而在竞争中占据绝对的优势。比如一家餐饮企业要进入某一市场，就必须了解该市场内有多大的市场份额，当地人的饮食风俗、经济收入水平、生活方式、市场饱和度等。这些因素在商业情报搜集完成之前，都是不确定的因素，企业只有消除这种不确定性，才能够有的放矢。当然商业情报不仅需要了解不确定的未知信息，还要注重不能完全忽略已知信息，这就涉及以后章节将会讲到的情报分析。

商业情报作为情报的一种，具有了情报的一般特征；同时，它还具有了因商业活动而产生的一些特征，概括起来有：

1. 商业情报具有知识性

人们在社会生产活动和日常活动中，都要接受、传递和利用大量的各种各样的情报，目的在于增长知识、了解情况、解决问题。人们通过读书、看报、听广播、看电视、参加学术会议、外出参观考察等活动，都可以吸收到某种新知识，这些经过传递而又为人们吸收的知识，就是人们所需要的情报。因此，情报的本质就是知识。一般而言，没有一定的知识内容，就不能成为情报，知识性是情报最重要的属性。

2. 商业情报具有隐蔽性

虽然绝大多数商业情报是公开信息，但是在情报的搜集过程中却不能“明目张胆”、“大肆宣扬”。在我国，很多企业的情报工作人员出去递交的名片上就赫然印着“情报部”、“战略规划部”、“信息部”，试想一下，与竞争企业互递名片后，别人能不提防你吗？你的情报搜集工作还能顺利进行吗？这就需要我们的情报人员要采取隐蔽的身份，如“××企业生活服务部”、“××企业外联部”等。

3. 商业情报具有时效性

市场唯一不变的就是它始终在变化，而市场信息更是瞬息万变，这一刻对小微企业来说可能是致富之径，下一刻就可能成为压死骆驼的最后一根稻草。一条商业情报假如失去时效，充其量只能作为历史信息，失去了其原有价值。在今天的市场上，如果不能及时把握住情报并且做出相应的决策，就很难说能够利用商业情报为自身带来效益。2013 年下半年因为《爸爸去哪儿》人气再次爆棚的林志颖曾发布微博表示，希望与手机厂商合作推出一款以儿子 Kimi 为主要元素的“黑米手机”。随后雷军积极响应，寻求合作，林志颖也愉快地口头接受了合作意向。然而黑米科技 CEO 宋志峰称已在 2010 年注册了“黑米”商标，而小米声称拥有的“黑米”商标在 2012 年申请已被驳回。

4. 商业情报的准确性

面对海量的商业情报，真真假假、虚虚实实，任何一条商业情报都有可能影响到小微企业的最后决策，道听途说的信息不可靠，不但不能给小微企业带来正面影响，反而有可能造成小微企业决策失误，出现重大损失。可见商业情报的准确性是相当重要的，只有情报准确，才能够保证小微企业最终的决策正确。下面是一位“北漂”创业者的经历：凭借着对餐饮行业的热情和之前做汽车销售的原始资金积累，在不熟悉北京的情况下带着一份北京地图和几份报纸，开始满北京找地方开饭馆，很快就找到并把店盘下来，然后一个人开始办执照、装修、买餐具、找厨师服务员。他身边很多朋友曾对他说很想念家乡的光棍鸡，在没有经过市场调查也没有确认市场有多大的时候，就决定开一家光棍鸡店。但他忽视了一个问题，这个产品可能他们喜欢吃但却不代表北京人民也喜欢吃，结果发现开店之后生意冷落，销售额非常少，厨师、服务员都是在老家找的，北京的餐饮市场也不熟悉，他们也给不了什么意见，最后大家只能眼睁睁看着仅剩的那点流动资金花完后宣告失败，把打工挣的钱基本赔光。

5. 商业情报的连续性

单一的商业情报具有片面性，只见树木不见森林，商业情报应该是一个系统的、连续的组合，是持续性对市场的观察，是持续性对对手的调研，是持续性对自身的监控，通常来说，商业情报的系统性和连续性越强，那么商业情报的准确性就越高，价值就越大。还是前面那个“北漂”创业者，在第一次创业失败后，他吸取经验教训，重新积累了资金之后，开始他的第二次创业。这次他很认真地做了市场调查，综合分析了餐饮市场，决定下来的商业模式是快餐堂食加外卖，定位于做30平方米左右的小店，选址本着一级商圈、二级马路的原则，具体就是在一个大的核心商圈里面，选择那种位置较差的地方，房租不能超过每月15 000元，以堂食为辅，以外送为主，经过对商业模式和细节详细的思考之后就是开始取名、核名、注册公司、注册商标、选址、VI设计、招聘、培训等一切开店做的准备，当时也是吸取第一次的经验教训，他连一旦销售额不好怎么来扭转的预案都非常详细地做了策划，他认为这一次一定是万无一失了。而一切也真的和他预想的一样。由于商业模式和定位很准，店开业第一个月就盈利了，餐饮生意逐渐地走上了正轨，他的内心突然有了不一样的想法，决定要把这个生意火爆的餐饮店做成一个连锁，做成一个知名度很高的品牌，而失败的悲剧也开始在这里埋下了。由于过早连锁化、加盟化，认为做小店做成了连锁就一定能成，低估了风险，对于品牌的管理、运营，包括团队都不具备这方面的知识与情报，管理小店和管理一个品牌输出公司运作模式是完全不一样的。这位创业者的第二次创业又以失败告终，失败的原因正是他成功后又忘记连续搜集商业情报，好大喜功，急功近利造成的。

6. 商业情报的竞争性

在很多教科书及研究报告、论文中，将商业情报也译作竞争情报，可见商业情报的根本作用就是帮助企业在商业竞争中成为胜利者。也就是说，商业情报是为了保证企业的竞争力而存在的，因此就不可避免地带有竞争性。在现实的商业活动中，谁先掌握了商业情报，谁就掌握了先机。商业活动的竞争和对抗，一直延续到了情报工作范畴。众所周知，百事可乐和可口可乐一直是两大强劲的竞争对手。百事可乐把工作重点放在了竞争情报分析研究上。它通过了解竞争对手，分析外部环境寻找机遇。百事可乐进行世界人口环境分析，发现年轻一代正在崛起，他们有着与父辈不同的价值观念、生活方式。他们寻求新鲜的、刺激的事物，不满于现状。他们乐观进取，充满朝气。于是，百事可乐牢牢抓住了称为“new generation”的新受众。

1.2 商业情报的前世今生

1.2.1 国外商业情报的发展

情报的历史源远流长，几乎从人类社会开始就已产生。最早出现的情报是政治情报，中国早在夏朝就有情报活动和情报组织的记载，在西方古希腊时代对情报的重视程度就相当之大，无怪乎孙子兵法开宗明义就是“知己知彼，百战不殆；知天知地，胜乃无穷”。现代意义的商业情报的出现则晚得多，第二次世界大战以后大规模的市场增长带来了高强度的情报战。商业情报从形成到现在，大体经历了萌芽、兴起、成长和成熟四个阶段。

1. 萌芽阶段(19 世纪末到 20 世纪 30 年代)

这一时期被称为现代科学技术发展的前期。随着科学技术的发展，学科分支增加，研究课题复杂，使得科学研究趋向于有组织的集体研究；同时文献数量迅速增加，研究人员开始感觉到资料收集的困难，使得文摘刊物应运而生。自 1830 年德国《药学文摘》创刊到 1940 年美国《数学评论》的问世，从事科技情报的整理加工和编写报道等文献的出版机构纷纷成立，以提供文献检索服务为主题的世界上权威性的涵盖各知识门类的检索期刊体系已经完整确立，商业情报分析工作开始出现萌芽。

这是简单产品经济发展时期，市场营销也较单一，这使得商业情报工作也较为简便，主要表现为市场调查，内容仅限于传递商品供应与需求的情况。这一阶段，正是卖方市场向买方市场营销观念转变的阶段，由“我们生产什么，就卖什么”转变为致力于产品品质的提高。

案例：

亨利·福特的汽车生产观

亨利·福特去参观屠宰场，看见一整条猪被分解成各个部分，分别出售给不同的消费群体。受此影响的碰撞，在福特的脑海中产生了灵感，为什么不能把汽车的制造反过来，将汽车的生产像屠宰场的挂钩流水线一样，把零部件逐一安装起来，就可组装成整车。福特把他的想法付诸实践，由原来单件小批量的生产转变成大批量生产，生产效率大幅度提高，产量大大增长，财富也高度积聚。甚至，亨利·福特说：不论顾客需要什么类型的车，但我们只提供黑色 T 型车。但老福特过分相信自己的经营哲学，全然不顾市场环境的变化、需求的变动。而通用汽车公司的创始人斯隆，觉察到战争给全世界人民所带来的灾难，特别是从战场回来的青年人，厌倦了战争的恐怖与血腥，期望充分的享乐，珍惜生命。因而，对汽车的需求不再只满足于单调的黑色 T 型车，希望得到款式多样、色彩鲜艳、驾驶灵活、体现个性、流线型的汽车。通用公司抓住需求变革的时机，推出了适应市场需要的汽车，很快占领了市场，把老福特从汽车大王的位置上拉了下来，取而代之成了新的汽车大王。

2. 兴起阶段(20 世纪 30 年代到 50 年代)

这时期商品经济已较发达，商业活动较前频繁，不仅有中间商介入，而且涌现出大量竞争者，商业信息也随之表现出比以前复杂。现代科学技术进入飞速发展时期，即所谓大科学时代。独立的科技商业情报工作机构开始登场。科技商业情报工作机构的一个重要任务就是将众多的各种文种、各种载体、分散重复的文献整理加工，并且对其内容进行深入分析、综合、评价和预测，这一工作的出现具有划时代的意义，表明了科技商业情报工作进入了一个新的阶段。1929～1933 年资本主义世界爆发的持续 5 年之久的“生产过剩”的经济危机，卖方市场向买方市场过渡，致使部分产品供过于求。这一阶段的普遍观点是认为消费者通常表现出一种购买惰性或抗衡心理，如果顺其自然，消费者一般不会主动购买本企业太多的产品，因此，企业应大力展开推销和促销工作。从商业情报的内容来看，除了商品供求信息之外，竞争的情况，中间商的情况，以及与市场相关的政治经济情况，都有所反映。商业情报的传递范围也大大扩展，文字、图形、广播等形式被广泛用于商业情报的传播中。

3. 成长阶段(20世纪50年代末到80年代)

随着工商企业市场竞争日趋激烈，许多经济发达国家的经营策略也转向了全球化，市场上的商品供应量也迅速增加，涌现出大量的经济、文化、科技、地理竞争等信息，商业情报的内容更趋繁多。第二次世界大战以后许多工商企业开始将战时的军事情报和政治情报工作模式移植到技术经济领域，以推动技术经济的进步。例如20世纪50年，美国一些跨国集团公司为了增强其产品在国际市场上的竞争力，就成立了以分析市场竞争对手和竞争战略决策信息为主的研究机构，开展商业情报研究活动。

案例：

哈佛商学院调查

1959年哈佛商学院进行的一次调查发现，在100家被调查的企业中，有15%声称已建立起了专门从事情报研究活动的正式部门，68%报告已有了信息系统。20世纪60年代至70年代，日本的汽车、摩托车、手表、光学仪器等行业领先于国际市场，其成功的关键因素之一就是开展了情报研究，制定并实施一套成功的国际竞争战略。

——查先进，《企业竞争情报》

第二次世界大战以后，尤其是20世纪50年代末期以来，世界进入了现代商品经济阶段。许多经济发达国家的经营策略转向了全球化，市场上的商品供应量也迅速增加，涌现出大量的经济、文化、科技、地理竞争等信息，商业信息的内容更趋繁多，其来源及传递渠道也更加复杂，市场调查范围随之遍布全球，复杂多元之文化背景给商业情报的传播和利用提出了更高的要求，全球信息网络和现代企业管理信息系统逐渐形成。

4. 成熟阶段(20世纪80年代到至今)

20世纪80年代以来，企业竞争活动愈演愈烈，情报活动增多，情报市场形成，这就使商业情报活动从市场情报服务开始发展为一种产业。包括情报交易商、特殊技能情报专家、公司的情报部门、情报合伙人、信息技术经营者、技术竞争情报单位、国际组织以及行业协会等各种情报的生产、销售机构。商业情报的兴起顺应了信息社会的发展趋势，是人类社会在信息化基础上向情报智能化发展的重要征兆，对全球社会进步和经济发展将产生极其重大的影响。沃尔沃汽车公司的“竞争分析部”、瑞士ABB公司的“工商情报副总裁”、3M公司的“工商情报经理”、荷兰飞利浦公司的“工商情报经理”等纷纷建立了情报部门或职位。为了满足社会各阶层多样化的商业情报需求，除科技情报外，经济情报、市场情报、社会情报、政治军事情报等都开始成为商业情报分析的对象。在这些全方位的商业情报分析领域，研究者不断形成和完善各种新的分析方法，深化商业情报分析内涵，增加分析结果的准确性，使得商业情报分析的质量得到极大的提高。在这个时期，无论从规模上还是从手段上，都标志着商业情报工作已进入了新的阶段。

案例：

美国竞争情报专业人员协会

1986年成立的美国竞争情报专业人员协会(SCIP)，旨在帮助工商领域的专业人士掌握情报技能，掌握如何在快速变化的社会里合法和合乎伦理地搜集和分析有关竞争对手的能力、弱点和意图的信息。现在，SCIP会员已经遍布包括中国在内的全球70个国家和地区，会员人数超过2 800人，年度预算达到270万美元。真正地将商业情报实践推向极致的是日本人，日本人凭借着良好的中国兵家文化熏陶，很快地意识到商业情报的重大作用，并着手将其组织化和规范化，商业情报在20世纪70～80年代为日本在家电和汽车等领域全面赶超美国立下了汗马功劳。

1.2.2 我国商业情报的产生与发展

我国的商业情报工作首先从科技领域发端，是与国家科技商业情报工作紧密联系、共同发展的。它大体经历了五个发展时期：

1. 1956～1966年的产生和初步建立时期

1956年，中国科学院正式成立了我国第一个科技情报机构——中国科学院科学情报研究所，后更名为中国科学技术情报研究所，标志着我国的科技情报工作已经正式成立。到60年代初，全国绝大部分省市和专业部(委)都先后建立了科技情报研究所，另外，有相当一部分企事业单位也建立了相应的科技情报机构，我国初步有了比较完整的国家科技情报结构体系。

2. 1966～1976年的停滞时期

当时国内的经济发展处于停滞时期，依赖于之上的商业情报自然没有得到发展。可见，商业情报的发展一定是伴随着经济发展的。

3. 1976～1992年的恢复和发展时期

情报研究进入了广泛的社会领域，成为各级各类科学决策和市场开拓活动的重要依据(传统的全盘无偿商业情报服务模式被打破)。

4. 1992年以后的发展新时期

1992年第八次全国科技情报工作会议在北京召开，会议决定将“科技情报”改为“科技商业情报”，原有的科技情报机构陆续更名为科技商业情报机构。一些社会化商业情报机构(如商业情报咨询公司)在这一时期也如雨后春笋般大量涌现，这些机构基本上按照市场和用户的要求开展商业情报分析服务，成为主导力量。

5. 2003年后的爆炸发展期

中国互联网经历了资本狂飙、财富冲动、创业热潮、新媒体神话乃至最具戏剧性的泡沫破灭，步入一个平稳的理性发展阶段。随着互联网的繁荣，海量的信息情报也在互联网上爆炸，人人自媒体，人人参与着互联网，人人改变着互联网。商业情报的信息源也前所未有的庞大及复杂。

1.3 商业情报的作用

信息对人类的生存和发展具有重要意义，商业情报作为信息的一种，在商业活动中的作用也如此。商业活动的顺利进行，人类社会的进步，越来越离不开商业情报了。商业情报具有一般信息所共有的导向功能、反馈功能和沟通功能。

1.3.1 信息的三种功能

1. 导向功能

人类通过信息认识世界，依据信息推动世界进步。在商业活动中，商业情报能帮助企业适应变化的环境，并依据所获得的商业情报来确立营销策略。营销观念的不断演变，归结于市场中信息的引导，促使企业经营者不断调整自己的营销策略，在激烈的市场竞争中取胜。

2. 反馈功能

市场信息可以是过去的信息，也可以是预测信息，商业活动根据市场的信息来规划和决策。面对错误的、虚拟的信息时，会影响到你对商业活动的规划和决策，而通过商业情报的反馈功能，既可检验决策的正确与否，也可帮助其肯定或调整商业活动，在保证商业活动的良性循环和促进经济发展方面具有积极意义。

3. 沟通功能

随着市场的进一步细分，也要求细分市场间的合作更为紧密、频繁。一个细分市场一定需要其他行业的共同参与，其间就需要沟通，商业活动中信息的沟通功能是必不可少的。沟通无处不在，不仅仅存在于企业内部，企业与外部企业之间，企业与行业外，都需要通过信息这个载体去实现沟通。

1.3.2 商业情报在企业活动中的作用

商业情报是信息的一种，所以它同样具有导向功能、反馈功能、沟通功能。20世纪90年代以来，企业经营环境发生巨变，企业间竞争日益加剧，全球跨国企业纷纷设置情报部门，搜集商业情报。小微企业的情报搜集能力低的现状，在市场竞争日益激烈的今天，将成为小微企业发展的"瓶颈"，动摇小微企业生存的根基。因此，当前形势下小微企业如何结合自身特点提高情报搜集能力，对促进小微企业自身的长足发展乃至推动整个中国经济的快速增长都具有重要的现实意义和深远的历史意义。那么，商业情报对企业活动有哪些具体作用呢？

1. 充当企业的预警系统

随着我国市场经济的深入发展，小微企业也被卷入到国内乃至国际市场竞争的大潮中，要想在如此激烈的环境中求生存、求发展，必须具有强烈的市场意识，要善于观察态势，其中很重要的一点就是善于收集、分析、利用商业情报。在企业没有发现自己有强大竞争对手之前，先向企业发出警告，告诉企业领导人，你的现实对手怎样，你的潜在对手怎样，在同行业竞争中你处于什么地位。

（1）了解影响公司业务的政治、大环境的变化

政治因素像一只有形之手，法律是企业的行为准则，调节着企业活动的方向。外部政治局势以及国家方针政策的变化，会对一个企业甚至一个行业带来巨大的影响。在美国洛杉矶的三星公司雇员读到报上的一则消息：由于廉价的韩国产品的进口，美国的最后一家吉他工厂将要关闭。该雇员把消息送回首尔的公司总部，公司总部的情报部门对该信息进行了如下分析：吉他是美国独立和自由精神的象征，它的消失就像牛仔的消失一样会令美国难以接受，美国可能会对其采取措施，很可能国会会提高关税来保护美国的这一具有象征意义的产业。三星公司于是将尽可能多的吉他运往美国仓库存起来。结果正如他们所预料的那样，国会提高了进

口吉他的关税。由于三星已有尽可能多的存货,尽管关税提高了,但它仍赚取了很高的利润。

(2) 预测市场需求变化

一个企业或企业生产的产品,无时无刻不受到来自市场的压力和挑战。而应付挑战的良策之一就是“知己知彼”。市场行情千变万化,当突发事件特别是重大突发事件出现时,关注和跟踪市场动态的公司,就能及时发现对其业务产生影响的突发事件,并及时采取措施;不注重市场情报的公司可能会付出很高的代价。

案例:

特斯拉是如何做快速危机处理的?

2013 年 10 月 1 日,一辆特斯拉 Model S 型豪华轿车在美国西雅图南部的公路上发生车祸起火,事故现场的图片迅速传遍网络,引发一片质疑。

面对突如其来的危机,特斯拉第一时间由其全球公关总监伊丽莎白·贾维斯—辛(Elizabeth Jarvis-Shean)在汽车起火发生当天的股市收盘之前发表了紧急声明,声明首先承认起火的是一辆特斯拉 Model S,同时解释,这辆车是在发生了重大撞击之后才起火的,并不是自燃。

在声明中这位公关总监强调指出,由于特斯拉的安全设计,大火仅仅局限在车头的部位,所有迹象都显示火焰没有进入内部驾驶舱。同时特斯拉的警报系统显示车辆故障,很智能地“指引”驾驶员靠边停车并安全撤离,避免了人员伤亡。

但伊丽莎白·贾维斯—辛的声明没能阻止股价的下跌,特斯拉股票在接下来的两天里累计下跌达 10%,公司市值被削掉 23 亿美元,并且引发了媒体大量关于“特斯拉起火”的负面报道。

在这种情况下,原本不打算就此事发表意见和评论的特斯拉首席执行官马斯克在事件发生后的第三天公开发表了博文,向公众解释特斯拉汽车起火的前因后果。马斯克首先说明,事故的发生是因为汽车在高速行驶中撞到路中央一个从半挂车辆上脱落的弯曲金属物体,物体对汽车底部 1/4 英寸厚的电池保护装甲施加了高达 25 吨的巨大冲击力,造成了直径 3 英寸的一个穿孔。接着又详细解释了 Model S 底部 16 个由防火墙隔离的电池仓结构,火势会只向下方而不是向上方或者驾驶舱蔓延。而如果是传统的燃油车,大火早就把整车烧成灰了。

马斯克还引用数据再给公众吃下一颗定心丸:在美国,平均每 2 000 万英里行驶里程发生一起汽车火灾,而特斯拉则是每 1 亿英里行驶里程才发生一起火灾。驾驶传统汽油车遭遇火灾的可能性,是驾驶特斯拉的 5 倍。

在文章的结尾,马斯克还附上了事故车驾驶员与特斯拉一位副总裁间的电子邮件记录,驾驶员提出:“汽车电池经历了一次‘可控燃烧’,但是互联网上的图片显然夸张了。”

有事故前因后果的详细说明,还有数据对比,以及事件亲历者的“证词”,马斯克的声明马上就有了回应,投资者的信心又被找了回来,当天,特斯拉股价强劲反弹 4.43%,收于 180.98 美元。

面对突如其来的事件,为了安抚公众的情绪,公关总监在 24 小时内发表了一份声明,做到了危机处理快速反应的要求,但不够详细具体,没把事情真相说清楚。随着网络上的发酵,股价暴跌,特斯拉首席执行官马斯克在事件发生后的第三天公开发表了博文,向公众解释特斯拉汽车起火的前因后果,解答了公众关于此次起火事件的所有疑惑,并且让事故的亲历者——事故车的驾驶员为特斯拉做了"无罪辩护",成功挽回了消费者的信心。

从以上案例我们可以看出,市场瞬息变化,突发事件层出不穷,稍有不慎,就可以毁掉一个公司、一个品牌,要注意搜集突发事件公众的反应,需要知道的事实真相,快速全面地解决问题。

——整理自江南小宋,新浪汽车

(3) 预测竞争者的行动

企业间竞争日益加剧,如果能准确预测竞争者的行动,就能在市场竞争中抢占先机。通过商业情报,企业可以发现在市场需求、产品结构、生产厂家等方面发生的一系列明显或不明显、宏观或微观的变化,商业情报研究的直接结果是帮助企业建立起相对于竞争对手的情报优势,并在必要时自动向企业发出预警信号。这些情报优势会转化为竞争优势,使企业在市场竞争中的地位和作用明显提高。只有利用好商业情报,才有可能对环境的变化有应变能力,才有可能避免因盲目经营而造成的损失,才能在竞争中求生存、求发展。随着移动互联网支付的开始,微信带来的移动支付引起了阿里巴巴的危机感,因为先改变人们的社交习惯再改变人们的生活方式是微信的发展方向,由此给强大的阿里巴巴的短板致命一击,从马云力推"来往",到支付宝斥资5亿元请全国人民打车,无不体现着马云在移动支付方面的决心。紧贴竞争对手,注意搜集他们的商业情报,可以预测竞争者的下一步战略。

(4) 发现新的和潜在的竞争对手

公司识别竞争者似乎是一项简单的工作。可口可乐知道百事可乐是其主要竞争者;苹果知道三星是它的主要竞争者;肯德基知道麦当劳是它的竞争者。然而,公司实际的和潜在的竞争者范围是十分广泛的。一个公司更可能被新出现的对手或新技术打败,而非当前的竞争者。

案例:

百年柯达到底败在哪?

一百多年来,柯达公司在影像领域一直占据着明确的领导地位。2013年8月20日,美国联邦破产法院批准美国柯达公司脱离破产保护、重组为一家小型数码影像公司的计划。柯达曾一度把日本富士作为自己的竞争对手,在胶卷市场上跑马圈地,先后并购了中国几乎所有的胶卷企业,但是却忽略了新技术数码摄影快速全面的普及。回头去看,20世纪90年代柯达在中国气势逼人的全行业收购基本上是在浪费时间和资源,正是在此期间,数码摄影飞速发展。即使柯达公司全面控制了胶卷工业,占据了胶卷市场的绝对领导地位,握有了无可争议的商业霸权,但还是无法抗拒消费者的自愿选择。

——整理自文志宏,《特许经营实务》

(5) 了解影响自己业务的新技术、新标准和新流程

随着新技术的日益发展和技术创新的加快,技术产业化的速度迅速提高,使得产品的生命周期大大缩短。企业如果不随时跟踪分析相关技术、预测技术发展趋势与变化,就可能被市场所淘汰。只有通过技术创新才能使产品不断更新,以适应市场需求的变化。特别是在知识经济时代,技术更是增强企业竞争优势和发展后劲的重要因素。商业情报也可以通过对行业最新科技发明与先进的科学技术跟踪,及时发现新发明、新技术对现有企业产品的冲击,从而积

极采取措施以应用新发明、新技术开发新产品,使企业在市场竞争中占有先机。市场瞬息万变,任何一项新技术、新标准、新流程的出台及面市,对于任何一家企业来说都是影响巨大的,甚至关系到生死存亡。

案例:

“新国标”对电动车行业的重新洗牌

2013 年 10 月,在中国电动自行车产业创新高峰论坛上,相关人士透露,电动自行车“新国标”有望在明年春节前发布,其中,最受关注的是,“新国标”中电动车的时速上限将由 20 公里/小时提升至 26 公里/小时,而且,今后将通过技术手段,对超速行驶的电动自行车实现自动断电。

我国在 1999 年就出台了电动自行车生产标准,老国标中规定:电动自行车最高时速为 20 公里/小时,重量不超过 40 千克,但十多年来,随着我国城市规模的扩大,老百姓对远距离行驶和车辆外观要求不断提高,老国标已不适应现有的交通环境。据透露,“新国标”的指标从原来的 34 项增加到 54 项,其中,电动自行车时速和车重将放宽到 26 公里/小时、55 千克,与目前美国、欧盟、日本的标准接轨。

“新国标”对于电动自行车安全性能要求很高,为了实现这些高标准,全国的电动自行车行业将面临一次“洗牌”。一位业内专家说道:“原来的电动自行车采用的是自行车的制动系统,而今后电动自行车将采用机动车的制动系统,即便速度提高了,制动性能也会相应提高。一些小的无法改进生产线的企业必将被淘汰。”这将给许多生产资金紧张、技术相对落后的小微电动自行车制造企业带来巨大的挑战。

2. 充当企业的决策支持系统

企业领导人一旦做出决策,决策支持系统就显得更为重要。因为没有这一支持系统,决策就无法实施,任何高明的决策也只是纸上谈兵。任何一个科学的战略规划,首先要取得情报系统的支持,这样决策失误的可能性才会更小。决策者通过对商业情报的收集、分析和处理,减少或排除对客观环境认识上的不定度、未知度、疑义度、混杂度,对客观环境产生正确认识,进而看清形势,把握时机,做出正确的决策判断。因此,一个企业要做出正确的决策,没有大量的商业情报的支持,是很难做到科学、准确的。只有利用商业情报,才有可能做到决策正确,最终实现预期目标。

(1) 增加并购目标企业的范围和质量

现代企业要想在市场竞争中求得更大的发展,最直接的方式就是内部开拓业务,外部通过并购发展。企业并购是一个长期的过程,在这个过程中,企业必须大量调动各种情报资源,提供准确有效的情报,才能够保证企业顺利完成并购,规避各类风险。从选取并购的目标对象,到对目标对象进行分析,再到沟通与谈判,最后签订并购协议进行企业整合,无不是需要双方进行深入的了解和大量的情报工作作为基础。而据研究数据表明,70%的并购没有实现商业价值,其中 70%失败于文化整合。小微企业虽然规模小、资金少,很难做到去并购其他企业,但是小微企业要认识清楚帮助企业成长得更快更大的途径,掌握一般企业的并购技巧,了解并购可能带来的风险,甚至做好反并购保护。

案例：

不是谁都适合并购求发展

2004年上汽集团出资5亿美元控股韩国双龙汽车公司，然而上汽对韩国国内复杂的法律环境、劳资纠纷估计不足，又缺乏管理韩国企业的国际性人才，结果导致当初设想中的技术合作、技术引进毫无踪影，“韩国公司中国化”的计划也成为泡影。同时双龙汽车的主打产品是SUV和中高端轿车，且市场主要偏重于西欧和北美地区，因此受全球金融风暴冲击明显。四年前，一个价值5亿美元的企业，四年后可能分文不值，上汽用40亿元买了个教训。

中国汽车工业协会有关专家分析认为，国内车企希望抄底国外企业的时候，千万不要忽视文化差异所造成的鸿沟。“当年，日本企业在韩国用了20多年的时间才站稳脚跟，美国通用收购韩国大宇，也用了很多年才基本融合，可见两个企业的文化差距并不是用钱就能弥补的，这种差距有时候甚至是无法克服的。”

从上面案例我们可以看出，随着中国经济的日益增强，越来越多的中国企业走上了海外并购的道路，但是我们的企业在并购前的情报搜集并不充足，比如上汽集团并购前缺乏对韩国工会文化的了解，在韩国，工会处于强势地位，每年都会在春季和夏季协商中要求增加工资和福利待遇，企业的经营活动需要工会的配合，甚至雇用和解雇工人也需要得到工会的认可。如果要求得不到满足，工会常常会采取罢工、抗议，甚至占领工厂等激烈手段，迫使资方就范。

(2) 进入新业务领域

对于一个企业来说，进入新业务领域发展都是机遇与挑战并存的。一方面，新业务领域潜藏着更大的商机，另一方面也因为陌生而带来了更多的不确定性。如果在进入之前能够搜集更多的商业情报来帮助分析，如预测销售额和推算成本利润，分析新产品、新业务的市场地位、市场占有率等，将对公司的决策带来更大的帮助。

案例：

四个90后在校大学生的创业故事

烨轩票务工作室是由4个90后在校大学生2011年在武汉创立的。创业团队在一次学生工作中偶然接触到明星演唱会门票代售，这引起了他们的兴趣。拿着凑到的1 000元，他们的烨轩票务工作室就成立了，专门为校园学生提供售票服务。4个人主动联系了一家票务公司得到一些“票源”，决定先从自己的学校起步，再将业务扩大到外校。于是他们满怀激情，做好宣传海报，在学校BBS上发帖，连自己的QQ签名也改成“销售演唱会门票”，同时还带动身边同学“口头”宣传他们的业务。准备工作做好了，只等生意上门，但是看到宣传海报被撕下，帖子后的满是不屑、打击的留言，还有一些人直呼“骗子”，“我们像被浇了一盆冷水，没赚到一分钱，投入的钱也花完了，其间另外加入的6人也退出了。”一连串的打击让这个团队成员很迷茫。

由于没做前期市场调查，就贸然进入了一个从未接触过的领域，幸好这4位年轻的创业者能迅速分析失败的原因，分析学生的购票需求，总结出了演唱会明星名气不大、团队信任度不高、门票利润也低等原因，4个人决定改变策略，主动出击，联系外校学生做下级代理扩大范围宣传，并提高服务水准，主动上门送票。“先做宣传，打响知名度。”并且做出大胆动作，打电话联系刘德华演唱会武汉组委会，表明身份，希望能做校园代理，这一次他们有备而去，拿出了一份详细的校园推广计划，组委会很满意，当场敲定合作。在学校做好刘德华武汉演唱会的宣传后，很快就有学生向他们订票，最后他们卖出270张。这一宗生意的成功给了4个人很大的信心，也让他们的团队得到了良好口碑，更让他们赚到了人生第一桶金。4个人趁热打铁，招募新的成员，以“口碑式”营销结合“病毒式”传播的创新模式，扩大业务。目前他们已经代理了刘德华、许嵩、刘惜君、王菲、黄小琥等明星演唱会的校园票务代理业务，而且业务成员分布武汉43所高校。

——整理自华子，《深圳青年》

(3) 支持技术开发决策

每一项技术开发后面，都需要动用大量的资金，有的甚至是持续不断地投入资金、设备和劳力。如果开发决策不到位或者滞后，甚至是违背市场发展，则会拖垮企业的正常运营与发展，给企业带来毁灭性的打击。

案例：

如何学会“拿来主义”

对于大多数小微企业来说，单纯靠自己的力量去研发、技术开发，显然不现实，但是如果学会“拿来主义”，在此基础上再微创新，则成本会小很多。

王雨豪从2003年就开始持续创业，是个连环创业者。王雨豪注意到在社交场合人们忘了带名片而产生的尴尬，也知道早在2008年美国Bump公司就推出了一款移动应用程序。只要安装了此应用程序，智能手机用户只需要互相碰撞就可以相互交换联系信息、照片和其他目标。Bump公司的成功激发了王雨豪的灵感，他坚信电子名片取代纸质名片将成为未来的发展方向，最重要的是，当时国内还没有一家公司做类似的产品，他注意到后期Bump公司就这款产品增加了分享音乐、照片、文字、互加好友、互相转账等功能，发展模式让用户应接不暇，更让刚入门的中国用户非常不适应，以至于用户数极低。王雨豪决定将产品做小，只跟电子名片交换功能相关，只专注在商务社交领域。2011年中，王雨豪的名片碰碰上线，无需交换纸质名片，不用开启蓝牙，也不用输入对方手机号码，只要双方碰碰手机或摇摇手机，就能实现自动交换电子名片。交换来的名片可以选择存在通讯录里，也可以放在本身程序自带的交换记录里。而王雨豪在商务社交领域决定深耕，他的目标是当用户达到一定量后，名片碰碰不排除以新型猎头的模式盈利，为中小企业主推荐合适人才收取费用。

虽然名片对对碰的灵感来自于美国Bump公司，但是也走出了自己的道路，功能简单，更易上手。

——经网易科技、新浪财经等整编而成

(4) 支持营销战术决策

如今的商业已经进入市场营销时代，企业众多、产品众多让消费者拥有了更多的选择权，市场竞争也进入到买方市场。情报部门要搜集动态信息，帮助企业对具体的决策计划进行调整。如企业准备对某些商品进行打折降价活动，情报部门就要针对降价活动中的产品进行市场调查，搜集市场同类产品的价格，以及消费者购买同类产品的原因等，以确定价格战是否能够帮助企业打开一定的市场空间。

案例：

三星摸准市场命门

智能手机的竞争正变成苹果和三星之间的一场游戏，一个以“机海”战术制胜，一个以一年只出一款手机的精品路线俘虏粉丝。而后来居上的三星已经连续四个季度排名中国第一，在全球也以 31％的市场份额位居第一。

在北京等一线市场，卖得最好的仍然是高端机型。如 iPhone5 是 2013 年 9 月下旬发布，三星在 2013 年 6 月就全球同步推出了 Galaxy S3，结果热卖。iPhone5 的 16G 版预定价是 5 288 元，而三星的 Galaxy S3 已经降到 3 000 多元。“三星赶在 iPhone5 上市之前，利用时间差和产品组合已经在高端市场提前赚了一笔。”行业专家分析说，并且产品销售一段时间后开始降价，相比现在 iPhone5 的售价更有竞争力。

从以上案例我们看到三星善于打时间差，紧盯对手，巧妙利用时间差和产品上市前的真空期迅速占领市场。

3. 充当企业的学习工具

有了商业情报系统之后，就能随时学习其他企业优秀的管理方法。学习方面最有名的做法叫“标杆比较”，即找一家优秀的企业或者在哪一方面做得最好的企业，以它为“标杆”，从与它的比较中找到自己的差距。在今天的市场上，每个企业都不能单打独斗、独善其身，要想在激烈的竞争中取得优势，不仅需要提高企业的产品、业务水平，更需要通过和其他企业合作的方式来实现多赢。企业可以通过商业情报活动，学习新的管理思想及管理方法和先进的技术。一方面，可以避免思想僵化；另一方面，可以通过学习各个企业的经验教训，从而加快发展步伐。

案例：

无限 1 号店的创业故事

无限 1 号店的概念，是 2011 年在上海兴起的，你只需在手机上安装一个客户端软件后，即能将地铁站变成超市，直接扫描二维码实现轻松购物。这也让 1 号店被大家广为熟知。而这种购物模式并非是 1 号店首创，之前网上曾疯传过一个获 2011 年戛纳媒介类金奖的名为“Homeplus Subway Virtual Store”的视频，该视频是韩国乐购设计的创意商业案例，但 1 号店是全球第一个将其真正商用的。

当 1 号店董事长于刚在网上看到这个视频后激动不已，因为当时 1 号店在业内、消费者中的反响平平，看完视频他似乎看到了 1 号店未来发展的方向，第二天一早他就召集会议，经过一天的讨论，即迅速确定并启动了项目，仅三周时间，就完成了第一批商品上线。

“他山之石，可以攻玉。”借助这吸引眼球的“噱头”，1 号店主打的省力、省钱、省时间的网上购物新生活也走入了平常老百姓家中。

1.4 小微企业商业情报的应用现状

1.4.1 小微企业商业情报尚处于起步阶段

从2013年4月开始，笔者通过问卷调查、面谈、电话访问的方式拜访了若干家小微企业，就目前企业情报方面的问题展开了调查与讨论。小微企业商业情报工作的开展还处于起步阶段，原因主要有以下几个方面。

1. 对什么是商业情报与谍报有分歧

商业情报是指针对商业环境、商业对手和商业策略的信息和研究，它是一种过程，也是一种产品。过程包括对商业竞争信息的收集和分析；产品包括由此形成的情报和策略。我们把在经营企业过程中，获取各种信息支撑决策的行为，叫作商业情报工作。这个工作在一个企业主经营企业过程中，无时无刻不在发生着，不管企业主是否意识到，也不管企业主愿不愿意，企业主搜集各种商业情报并用于决策过程的行为每天都在上演。所谓商场如战场，而战场的一个很重要的组成部分就是情报工作的比拼，商场也一样。受影视作品、文学书籍等的影响，在群众中造成了一种谍报的获取就是“绑架、暗杀、窃听”等贬义词，而且将谍报等同于情报工作，这是一种错误的理解和认识。商业情报是不采用威胁、利诱、行贿等非法手段而是通过正常的途径获取信息的谋略方法。初步调查显示，超过九成的小微企业的员工认为“商业情报是在法律道德范围内开展的信息活动，是企业知己知彼的必要工作”，还有不到一成小微企业的员工认为“商业情报基本上等同于工业谍报”或“商业情报是传统的图书情报与信息工作的另一种说法”。

2. 小微企业普遍缺乏情报意识

企业经营的过程就是由企业管理者的各种决策组成，而情报工作是各种决策的重要支撑，情报工作的优劣直接决定着企业的生死存亡。任何企业主在整个企业的经营过程中，都自始至终有意无意地从事着商业情报工作，因此应该重视这个工作。企业主在商业情报工作方面的表现可谓方式多样，各显神通，有企业主由于对商业情报的准确及时地了解掌握，从而做出了正确的决策，让企业一飞冲天，或有惊无险，躲过暗礁。也有企业主由于没能及时了解并掌握某个商业情报，从而错失了做出相应决策的时机或做出了错误的决策，从而导致企业铩羽而归，或中箭落马，甚至关张了事。小微企业在管理体系、人才配置、资本以及资源等方面与大中型企业有着较大差距，小微企业企业主由于自身的意识、素质等问题，因而在商业情报意识上也普遍存在较大的缺乏和不足。

3. 缺乏针对小微企业情报的培训与指导

2005年开始，湖南、上海等地就开始了“企业人际情报的收集与反收集”类似的讲座，目前类似讲座在全国十几个省市都已开展，大型企业也已通过外派人员参加情报工作培训，建立情报工作机构，开始商业情报工作。但目前针对小微企业，还没有针对性的培训与指导，大多数培训还是针对大中型企业、外资企业，小微企业有自身的属性与特点，需要针对小微企业的独特性开展适时的情报工作辅导。如融资难是困扰小微企业发展的主要“瓶颈”，如何破解融资难题，获得银行的重点支持等相关的培训和指导，就是小微企业目前最需要的。还有小微企业管理的现状、经营管理的模式、人力资源专业人才等小微企业特有问题的培训。

4. 政府有关部门缺乏针对小微企业情报工作的推动

2006 年 10 月，上海市有关部委开始探索如何在本市企业开展情报工作，成立了“上海市企业情报调研”课题组，目标对象是上海市几十家高新技术企业。而 2006 年在湖南也成立了全国第一家省市级的企业竞争情报中心，在政府部门的推动下，我国商业情报工作的开展取得了阶段性的成果。但之前段政府部门推动的工作重点还是大中型企业、高新技术企业，对于大多数小微企业在政策上的扶持、资金上的扶助等方面力度还不够。近年来，中央和地方开始专门研究部署进一步支持小微型企业健康发展，如多样化的短期贷款服务，以及简化各项事物办理流程等措施。但总体来说，还是相当不够，在法律法规、市场环境建设等方面的外部政策配套措施还相对缺乏，金融机构服务体系还需不断完善，包括融资渠道结构性失衡、小微企业集合债券、票据和信托等产品发展、信用风险分担机制、融资性担保公司资本实力和经营状况、银行业金融机构服务等。

1.4.2　小微企业商业情报工作存在的问题

结合此次调查与讨论的结果，我们发现小微企业由于意识、能力、资本和人员等方面的制约和不足，小微企业主在开展商业情报工作方面往往容易出现各种各样的问题，主要表现有以下几个方面。

1. 小微企业商业情报管理不完善

正如前所述，搜集情报是有一套完整严密的系统及流程，从了解需求、规划渠道、创建渠道、情报搜集、情报分析、情报提交、情报实施、情报反馈，环环紧扣，需要情报部门进行整体规划、认真部署、责任到人、组织协调。成功有效的企业商业情报能使企业避免受到突然袭击，充当企业的预警系统，还能够充当企业的决策支持系统，作为企业重要的学习系统，并能推动企业自身的信息安全建设。因此，企业成熟的情报管理体制就显得尤为重要。

出色的情报管理能动用企业的所有力量，让人人都成为情报员；出色的情报管理能对情报信息进行分类，做出主次之分；出色的情报管理能进行情报渠道管理，使情报合理分布；出色的情报管理能建立激励制度，让提供情报者及情报人员都有极大的动力参与进来。

而我们的小微企业在以上方面重视不足，往往认为情报搜集工作是一个人的事情，一个部门的事情，而让这份工作游走在管理之外，发挥不出整体的力量。情报活动没有系统化和规范化，具有很大的随意性；有些虽然有专门的信息部门，但是只负责对信息的收集和整理，不重视分析和利用，认为这些都是领导的事；有些领导不重视情报工作，情报部门的预算太少。

2. 小微企业商业情报工作具有随意性

小微企业主大多数兼具多重身份，既是管理者又是实施者，工作多、任务杂，他们虽然无时无刻不在开展商业情报的工作，但又可以说小微企业主从来都没有真正开展过商业情报的工作。所有工作的开展都是顺其自然，带有极大的随意性。

案例：

一家乡镇企业厂长的错误决策

一家乡镇企业厂长收到一条消息，是由下属在汇报工作的时候提及的，说的是本乡镇将引进一个大型项目，著名的劳动密集型企业将会在此设立一个培训学校，相应的配套设施建设也都会开展。厂长得到这一消息之后十分高兴，立刻下达了新的生产计划，工厂加量生产了 2 000 多个高低床，以备引进培训学校后需求量的激增。结果过了大半年也没有任何动静，后来厂长一问才知道，下属的消息是和朋友喝酒的时候得到的，而且消息是一条滞后的消息，因为该企业的培训学校已经在另外的乡镇选址、建设了。厂长轻信了这则消息，占用了企业的大量资金，企业面临着财务上的巨大风险。

该厂出现的问题，最核心并不在于消息的随意和滞后，而在于厂长听到消息后的反应。在未经调查、辨别之后，单凭自己的商业判断就做出如此大的商业决策，不得不说这是我们很多小微企业面对纷繁复杂的情报消息的通病，主观性、随意性是扼杀企业的元凶。

3. 小微企业商业情报工作具有表面性

受制于各种因素，如小微企业主的个人综合素质、资金紧张、融资困难等，小微企业主在开展商业情报工作方面，获取的信息大多比较浅显，很多人只要接触到，几乎都能识别并做出相应的判断，这个现象对于直接的商业机会或商业风险是有帮助的，但对于中长期的发展趋势和风险则不是太敏感。

案例：

市场最需要的东西，你真的知道吗？

A公司和B公司是在一个区域里面的竞争对手。B公司今年年初推出了一款新产品，但产品上市之后销量却并不太好。而A公司也将推出类似款产品，A公司做了简单的用户调查，发现大多数客户抱怨B公司产品价格过高。于是A公司对自己的新产品进行了价格上的调整，销售价格是B公司的3/4，但是销量却还是不尽如人意。为弄明白究竟是哪个环节出了问题，A公司进行了系统的、深入的用户调查，原来这款产品不论是A公司生产的，还是B公司生产的，质量上都存在瑕疵，消费者期待有更新换代的产品出现，克服设计上的缺陷，而对于价格，大多数消费者并不认为是首要因素，完美的产品、过硬的质量是消费者对于这个实用性极强的产品最关注的东西。

从以上案例我们可以看到，不论是A公司还是B公司，都没有把握住最关键、最核心的部分，只关注到价格这一表面的因素，也就是说，他们都没有掌握真正的情报，没有透过表面现象去深究事物发展的内在规律，探寻决定事物发展的根本性因素。

4. 小微企业商业情报工作具有片面性

小微企业主往往将市场信息、经营信息同等对待，对商业情报工作的理解过于碎片化、过于狭隘，认为商业情报就是所谓的商业秘密，该分享的没有及时分享，该保密的又没能做好保密工作。

案例：

一名创业者的反思

一名“连客”创业者在创业失败后，总结了自己在创业道路上所犯过的错误，并且提到人们总是想要遮遮掩掩自己的失败。为了自己的名誉也好，形象也好，想要成为一个传奇也好，但是成功者就像灾难片的主角们一样，每一个活下来的背后都躺着999个领便当的龙套。这位创业者叙述道，在做“连客”的前半年里，每当被人问到连客究竟在做什么时，他都会回答说：“抱歉，我们签了保密协议。”事实上，为了让每个全职和兼职的员工都能够有这个听上去很酷的借口，他们起草并让每个员工都签订了一份正儿八经的保密协议。他在大半年以后意识到这件事情是有多么的犯傻以后，开始把自己放开，积极地答应和朋友们的约会，并与很多新朋友讨论“连客”的模式。

一个好的创意确实是所有创业要素中最重要的。但这并不意味着你应该把你脑中的创意当作机密一样层层保护起来。恰恰相反，你应该尽可能多地与了解这个行业的资深人分享。因为有了产品的创意，未必最了解市场。与行业资深人士交流，将大大有助于你调整产品创意，使之到达最重要的“适合市场”(product-market fit)。

而现实生活中，很多小微企业主在创业之初认为商业情报就是所谓的商业秘密，不去请教，不去调查，在创业的道路上最终受挫。

5. 小微企业商业情报工作具有不可持续性

小微企业主在经营管理过程中，对商业情报的工作是时有时无，想开展就开展，不想开展就不开展，有时间就开展，忙起来就不管这摊子事，更没有安排相应的人员专门负责这项工作，一切随自己的性子，做到哪算哪，做到什么样子算什么样子。

市场变化，社会发展，技术进步，以及产业行业发展，都是一个持续变化的过程，如果不关注一段持续的情报信息，通过相关信息对比分析，就难以察觉到趋势的变化及发展方向，企业主在经营企业的过程中，步子就容易慢半拍，甚至在竞争中失败，最后只能抱憾出局。

6. 小微企业商业情报工作具有不系统性

搜集情报是有一套完整严密的系统及流程的，从了解需求、规划渠道、创建渠道、情报搜集、情报分析、情报提交、情报实施、情报反馈，环环紧扣，彼此既相互联系，又互为条件。之所以要循序、系统、连贯地进行，是由于情报的采集本身具有内在的逻辑联系，情报采集不相应地按照一定的顺序进行，就违反事物发展的客观规律，就只能获得一些零碎片段的商业情报，不能得到系统的、规范的情报信息。

案例：

占地兴建弄清楚再说

2013年10月28日，央视曝光了在沈阳有人占地数十亩兴建豪宅，不仅修建了护城河和大红墙，里面更是亭台楼阁一应俱全。当记者到了那里才了解到，大院的主人叫赵国富，据赵国富介绍，三层楼房及周边的景观并不是所谓的私人别墅，而是一个农业观光项目。赵国富说，我们先把景观台建起来，我们有采摘园，我们有绿色的大棚地，另外我们里面还有广场和小孩玩的地方，想建一个大型的围绕农业提供服务的平台。当记者质疑这是不是非法占地时，赵国富很确定的回答道：我是搞房地产出身，对地的敏感度最强，我为什么还要这么做呢，我们国家有个规定，你可以查一下，农业部还有一个什么部，他有个7%可建设的地块，就是100亩地拿出7亩地建个办公楼宿舍。他认为，自己并没有非法占地建楼，只是审批流程出现了一点问题。

问题经媒体曝光后，也引发了沈阳当地政府部门的关注，铁西区政府、沈阳市国土局以及辽宁省纪委已经先后介入调查。经土地和建设部门调查核实，该办公楼用地为集体建设用地，虽用地符合土地规划，但使用和建筑未经主管部门审批，属于违规建设、违法用地。

从以上案例我们看到，赵国富对政策有一定的了解，但不全面、不系统，违规用地带来的巨大经济损失，就是最惨重的教训及代价。

7. 小微企业商业情报未做有效性评估

面对真真假假、虚虚实实的海量信息，面对复杂多变的各色人等，情报人员及情报部门需要善于正确分析，做出科学判断。而科学判断的前提是一套完整的评估方法。评价情报活动有效性和效率的最直观方法就是评价其结果。结果评估主要包括两个方面的内容：情报搜集的数量和质量的评估、成本效益评估。

数量和质量，直接反映情报工作的有效性。通过对情报搜集的数量和质量进行评估分析，有利于找出情报搜集环节的薄弱之处，改进情报工作。成本效益评估是对情报搜集中的费用进行调查、核实，并对照预算进行评价的过程。通过成本与效益核算能够使情报人员清楚地知道费用的支出情况，区分哪些是应支出部分，哪些是不应支出部分，有利于降低今后的情报支出费用，为企业节省开支。

案例：

老龄化社会的危与机

随着我国逐步步入老龄化社会，需要进入养老院养老的老年人数量呈爆发式增长，甚至在个别地区为了等一张床位需要排队112年。某市某企业了解到这些情况后，看中了此契机，在远郊修建了一所环境优雅，集养老、娱乐、健身为一体的休闲山庄，配套设施也很健全，还有超市、医务所等，但是自修建完成以来，竟无一位老人入住，目前也只能靠接待一些散客团、会议开会、老年人免费试入住等勉强应付日常开支。面对此种情况，创办者苦恼不已，明明市区的公办养老院一床难求，而这里的床位却都空着，到底是哪个环节出了问题？创办者决定进行一次深入调研。在走访了大量老人后，原来虽然公办养老院无床位，市区养老院紧张，基础设施也没有一些郊区的民办养老院齐全，但是相对于娱乐设施，老年人考察养老院最重要的两点是：(1) 一般的伤痛感冒能不能就近治疗，需要入院的时候是不是方便？(2) 平常家人孩子来探望是否方便？如果周末家人要来一趟还需要开几个小时的车，即便环境再优越，老人也不愿意让孩子们多跑。还有一些老年人把郊区看成乡下，认为“好端端在城里生活了一辈子，怎么老了反而住到乡下去?”不能接受。

调查完之后，这家养老院的创办者后悔不已，自己当初在投资的时候面对老年人市场的巨大商机，只看到了前景，却没评估风险，目前此家山庄正在谋求转型中。

8. 小微企业商业情报工作未做系统归纳总结

总结是对过去一段时期的情报搜集进行回顾、分析，并做出客观评价的书面材料。回顾已经做过的工作，并把感性的认识上升到理性的高度，从过去具体情报工作中引出经验教训，以便为以后的工作提供借鉴。小微企业一般都缺乏对之前的情报工作成败得失进行系统的归纳总结，不能对以后的情报工作形成统一性地指导意见，全凭情报人员自己领悟，经验获取，从而很难让情报人员的业务能力得到进一步提升，往更高的层次发展，也无法对小微企业本身的业绩、规模等形成更有利的辅助意见。

1.4.3 企业做好商业情报工作的要点

通过半年多的问卷调查、访谈及文献研究，我们发现绝大多数小微企业对商业情报有迫切的需要，并且意识到要通过合法途径获取商业情报。但大部分小微企业并没有很好地开展商业情报方面的工作,究其原因是内没有专业的情报人员,外没有合适的外部结构辅导,工作无从下手,无法开展。而对于全面开展商业情报工作大多持观望态度,主要担心的就是投入与产出不成正比。它们大多希望在这方面,政府部门能有所为,扶助更多的小微企业开展情报方面的工作,出现一些成功的示范企业,加强各个行业各个小微企业的经验交流,大力普及商业情报工作的开展。

而对于我们所说的小微企业本身,企业竞争情报系统是企业的神经系统,对企业外部而言,它的作用是提高企业的感知和行为能力,对于企业内部则是一个沟通系统。加强情报工作则需要做好以下几个方面措施:

1. 制定完善的情报管理规划和情报规章制度

企业竞争情报系统包括分析、整理情报的人、设施、信息基础、工作流程、工作制度、技术和方法体系。“工欲善其事,必先利其器”,情报工作的有效运作,离不开完备的工作规划和规章制度的引导,确定工作流程、制定管理制度、选择技术分析方法,有计划、有步骤、有目的地建立和完善企业竞争情报系统,可以集中有限的力量,事半功倍,让情报工作发挥巨大的作用。

2. 建立成熟有效的企业竞争情报体系

建立相应的竞争情报体系,是实施企业竞争战略的基础,保证企业今后能独立、持续不断地开展竞争情报工作。企业发展到高水平的阶段,制定有宏伟的战略规划时,应建立专门的情报部门。出于对组织结构和人工成本的考虑,企业可在内部设立专职情报岗位,组建虚拟的情报团队,实行专兼职相结合。这些岗位可设在企业战略规划、技术、营销和技术中心部门。由战略规划部门统筹企业情报工作,协调各部门之间情报的交流,避免产生信息孤岛,提高情报有效利用率。

建立全员参与的情报工作网络,是情报网络有效运作的重要保证。一是情报工作得不到企业领导层的支持,必然很难在企业内部进行推广,只有在企业领导的指导与推动下,情报工作才能获得最佳效果;企业领导当然不必亲自参与项目的实施,但要给予必要的资金与人力的支持。二是没有企业各业务部门、管理部门的参与,企业竞争情报服务必然不可能具有针对性。单纯局限于某一部门的企业竞争情报系统建设,必然导致企业竞争情报系统缺乏驱动力,导致企业竞争情报系统建设的失败。三是针对重点人员要树立情报无处不在,情报是企业重要资源的思想,特别是企业工程技术人员、管理人员和营销人员更要强化情报意识。

3. 把握情报工作的原则和特点

有限目标、分步实施、先易后难。企业竞争情报系统的建设是一个复杂和长期的系统工程,涉及内外部情报信息的采集与监测、各种情报信息资源的整合、情报信息的发布与服务、情报分析与情报产品的提供、企业知识库和学习型创新型企业的建设等,这个过程绝不可能一蹴而就,而是一个持续地建设和改进的过程。应先从一个项目或一个产品入手,先易后难,在这个过程中,锻炼情报队伍,不断完善和健全企业竞争情报系统。

情报工作要与保密工作相结合。情报与保密是事物的两个方面,情报的主动性与保密的被动性决定了做好情报工作对保密工作的推动作用。企业可以通过情报工作各环节,找出保密工作的薄弱点,促进保密工作的开展。

4. 加大情报工作的投入

情报在使用中,必须给企业带来现实的指导意义,并产生一定的经济效益,这就是情报的价值性。它是根据情报本身对企业所起的作用大小来确定的。获取情报需要一定的投入,这些投入产生了情报的成本价。所以,对于获取的情报无论是企业自己用,还是供给其他企业,都是有价格的，这就是情报的商品属性。它与一般商品的区别是，它的时效性高于任何商品，过时的情报无任何意义。

情报工作投入少、见效快。最经典的案例是日本人对大庆油田的情报收集与分析，通过画报、照片和报纸，日本人分析出了大庆油田的基本情况。据工业发达国家统计，一项科技成果的研究费用为1，发展推广费用为10，生产费用就高达100，而情报费用只要0.05。搜索一份情报可能花不上10美元，可这份情报的价值却能为企业带来意想不到的收获。

5. 加强情报人员培训

情报工作的最大特征离不开人，人对信息的收集、分析与传递。而准确的分析与判断能力与情报人员的知识结构、心理因素等息息相关。有的企业把获取、分析和利用竞争对手情报的能力定位为上至决策者，下至研发、生产、营销、战略等部门管理人员必须具备的基本素质，对企业（尤其是那些直接面对客户的部门）的员工进行竞争情报采集与使用的培训。

1.5 阅读材料

1. 阅读材料一

日本是一个人口众多、资源极其贫乏的国家，提到日本的商业情报活动在全世界都是非常有名的，西方经济界人士对日本的商业情报活动一是惧怕，二是心服。日本人情报意识很强，从政府官员到普通老百姓，都十分清楚本国的地理条件和资源贫乏的情况；他们视情报为生命，在搜集和传递情报方面真正是不遗余力，不择手段，无孔不入，无缝不钻。

在日本，不论是政府还是企业，特别是一些大企业，都不惜花费巨额资金去国外设立许多商业情报机构。现在，日本的商业情报网络几乎遍及全球。早在1958年，日本通过国会立法，颁布了38条章程，正式组建了专门从事以海外为重点的商业情报机构——日本贸易振兴会。当年，贸易振兴会的全年预算是6.3亿元，这在当时是一个庞大的数字；他们配备职员230人，设立海外机构21个。日本人公开承认，投入大量的资金用于基础科学研发是很不划算的。因此，引进外国先进的科研成果，进行技术开发，直接用于生产和商品的升级换代是最明智的选择。

日本的五大综合商社——三菱商事、三井物产、住友商事、伊藤忠、丸红，都分别在国外设立了各种名目的办事机构，这些机构有的就是以情报活动为主的，有的虽然主要负责经销商品，但也都有情报活动的任务。他们的一句口号就是："情报就是生命，情报就是金钱。"第二次世界大战后，为了在国际市场上进行强有力的竞争，日本人不惜大量投资，在114个国家和地区建设6 800多家跨国公司，下设遍布世界各地的办事处。这些公司、办事处具有独特的经营方式，它们既是营业网，又是信息网，搜集各地的工商、科技信息情报。它们每天向国内发回数以万计的电报、电传，这些情报经过电脑加工整理、分类储存后交通产省、日本贸易振兴会或各企业综合处理并加以利用。目前，这些网络可使日本企业在5～6分钟获得世界各地金融市场行情；1～3分钟查询到日本与世界各地进出口贸易商品品种、规格等方面的资料；3～5分钟调用国内1万个重点公司、企业当年或历年的生产经营情报；5分钟左右，借助经济数学模型画出国内外的经济因素变化可能给宏观经济带来影响的变动线或曲线。日本前五大贸易公司海外的情报人员有14 000人，这些海外人员每天把各种各类的信息、经济情报、数字和分析电传回各大贸易公司的电讯室，星期天也不例外。日本三井物产公司在世界各地设立了150多个办事处，有3 000多名驻外情报人员，平均每天有上万件经济情报发往总公司，其通信联络长达40万公里，在5分钟内总公司可以同国外任何一个分支机构取得联系。连美国也不得不承认三井公司搜集商业情报的强大能力。还有300多家大企业、银行和经济团体联合组成的“世界经济情报服务中心”，其经济情报的搜集范围包括国民经济、投资环境、产业和市场、金融流通、产品更新等几大类。丸红株式会社东京办事处每天收到的电讯资料，如全部登报，需800个版面。根据日本长野经济所调查，日本企业的经营者每年公出约30次，以“获取情报”为目的的公出约占公出总数的34%。日本一位多年从事商社情报工作的专家自豪地说：“除了南极和北极，我们的情报可以按秒速从地球上任何一个角落传来。”

日本在世界各地搜集情报的热情之高、工作的细致深入，实在令人吃惊。日本贸易振兴会的各个驻外网点，不包括当地雇员，每处平均只有3～4人，有的只有1～2人，他们担负着情报收集、咨询、调研、贸易联系、搞展览会、进行国际交流和国内联系等工作，差不多都能完成得很好。这些工作人员通晓当地语言，熟悉国内外业务，精通情报技能；别人搞不到的东西，他们能搞到；别人想不到的事，他们能想到。该会海外调查部部长木村，曾在秘鲁常驻三年，那里的情报资料很缺乏，他利用当地商人、银行等渠道，精心搜集并研究了秘鲁的债务问题，在一次国际会议上对这一问题做了详尽的分析，使全场目瞪口呆。

在日本政府的鼓励及协助下，日本产业界培养发展了1万多名商业情报人员，仅东京就有380家专门搜集商业情报的侦探机构。另外，日本政府还设立了日本产业保护学院，专门为日本各公司培训情报及反情报人员。目前，日本每年派到欧美各国的留学生、进修生、访问学者达10 000多人。“三井物产”是最早派出员工出国学习的大型企业之一，当时是1891年。第二次世界大战后几年，条件异常艰苦，董事们常常用几个冷饭团对付了午饭，公司勒紧裤腰带，送出700多人赴国外学习。

看起来，战后日本经济情报搜集活动是由日本大型企业、科研院所等民间机构组织实施的，但实际上日本政府与此有着密切的联系。政府和民间团体的良性互动，实质上促成了一个更为强大的产、官、学三位一体的经济科技情报网。据日本《朝日新闻》披露，这一情报网的顶端是通商产业省。

——蔡建文，《情报为王，商业情报的攻防之道》

2. 阅读材料二

自20世纪50年代末期以来，韩国经济从崩溃的边缘走向复苏，成功地推行了外向型经济发展战略。用短短40多年的时间，发展成为国际上一个具有竞争力的国家，由贫穷落后的农业国一跃成为新兴工业化国家和亚太地区重要的科技创新中心，在世界范围内取得了广泛的成功，创造了“汉江奇迹”。其成功的一个重要原因就在于它根据本国经济科技发展实际，逐步建立起一套适宜自己经济发展模式和具有鲜明特点的，以政府为主导、技术学习为核心的竞争情报(CI)研究与服务机制和发展模式。

韩国竞争情报研究与服务活动是从20世纪60年代初开始起步的，并且逐步向以技术竞争情报为核心和重点发展。国内外研究结果显示，韩国经济科技腾飞的成功因素除政府扶持、机遇等外，以技术竞争情报为重点的商业竞争情报研究与服务的兴起与发展也起到了重要的作用。韩国开展技术竞争情报研究与服务活动的特点如下：(1) 由于韩国竞争情报的发展受西方文化和政治民主化进程的影响较大，关注政治环境和政策因素变化及其对技术创新的影响，一直是韩国技术竞争情报发展的主要特点，而在不同时段影响竞争情报的关键性因素是不断发展变化的，但始终与国家的政治、经济和科技发展战略及政策导向紧密结合在一起。

(2) 企业在开展技术竞争情报活动时十分强调对技术学习功能作用的充分发挥。(3) 韩国技术竞争情报的发展与应用注重与知识产权保护工作紧密地结合在一起，并成为企业实施知识产权战略的核心内容之一。(4) 韩国在开展技术竞争情报活动时相当重视对外部第一手信息的收集和分析，以及内部信息的交流合作与共享。

由于受自身的市场和自然条件的限制，韩国始终把技术引进和科技创新作为经济发展的源泉，并且依托具有特色的竞争情报尤其是技术竞争情报研究与服务机制，制定和实施了一系列促进科技创新的宏观政策，积极引导科技发展战略的转型，逐步建立起以国家意志为先导、市场需求为导向、企业为主体和应用为目的，以"引进、模仿分析—自主创新研究—快速转化生产力"为特征的技术竞争情报工作模式。根据世界经济论坛2005年进行的全球主要国家和地区"国际竞争力"、"产业竞争力"评价和排序研究结果：2004年韩国人均GDP达到13 468美元，国家综合竞争力位居世界第15位，科技投入水平居第7位，科技竞争力和技术创新竞争力分别排名世界第11位与第2位，竞争情报尤其是技术竞争情报的研究与服务在韩国的经济、科技跨越式发展中起到了重要作用。

目前韩国大部分企业开展技术竞争情报研究与服务活动的效果都非常显著，其中钢铁、汽车、造船、电子、纺织等支柱产业的大中型企业通过开展竞争情报特别是技术竞争情报活动后，公司经营理念和竞争意识有了明显改变。企业尤其是大型跨国公司非常重视国际化战略，主动积极融入经济全球化大潮中，对外主动参与国际合作和国际竞争，抓住一切可以利用的机遇和国际条件，充分利用跨国公司资源来促进发展；对内不断进行改革学习，努力提高自主创新和研发能力，企业拥有的核心技术和创新水平得到显著提高，钢铁、造船、电子信息等产业的发展和技术进入世界领先水平，并相继创建了LG、三星等一批世界知名品牌。据统计，到2006年韩国的造船能力居全球第一位，占国际船舶市场份额的40%以上，钢铁生产能力位居世界第三位，手机销售量占到世界市场的20%，仅在IT领域，就有22种113项韩国技术被采纳为国际标准，为发展中国家在经济全球化的大潮中依靠竞争情报实现经济腾飞树立了榜样。

通过开展技术竞争情报为核心的竞争情报研究与服务，韩国涌现出一批应用技术竞争情报实现迅速发展壮大的企业。例如三星电子自从1969年进入电子信息产业领域以来，在近40年的时间里其技术创新经历了简单模仿、模仿创新、紧跟技术领先者和技术领先四个阶段，其中技术竞争情报工作在这一演变过程中发挥了重要作用。例如，该企业在20世纪70年代通过对引进的电视机产品组装生产线进行反向工程分析和定标比超等情报研究，形成第一代模仿技术，完成了由简单模仿向模仿创新的技术转型；20世纪90年代通过对大规模集成电路技术情报的跟踪和学习，先后开发了64M DRAM、256M DRAM、DVD播放机、CDMA手机和基站设备等新产品，使企业的技术创新能力接近世界先进水平；进入21世纪，三星电子实施以知识产权创新为核心的技术竞争情报研究，增强了企业自主创新能力和核心竞争力，到2006年已有4种高科技产品(存储器、液晶显示器、移动通信和数码电视)的生产与市场份额位居世界第一。事实证明，通过基于科技人员的交流合作，以及高效"人际情报网络"获取的研发信息，进而实施反向工程分析和定标比超等技术竞争情报活动，从而不断提高创新能力，是三星电子实现技术进步和跨越式发展的根本途径。

3. 阅读材料三

中国台湾地区的商业竞争情报活动始于1969年，最初由留美的陈定国博士等人引入岛内，并在台湾"经济部"隶属的金属工业研究生(即后来整合成工业技术研究院中的三个研究机构之一)建立了工业经济室，专门开展机械制造、金属材料及钢铁冶金等产业的商业竞争情报研究及其应用，随着全球化和地区一体化进程的加快以及台湾经济的迅速发展，商业竞争情报活动的范围和影响也逐渐扩大，至今已历经前期引入、应用推广、稳步发展和调整完善四个阶段。

经过35年的努力，台湾地区的商业情报服务业从无到有，逐步由科技领域发展到资讯、工商、金融、教育等领域，对台湾经济增长和社会发展的影响也在不断增强，其产业规模和效益逐年提高，已成为岛内资讯服务业发展的特点和增长点之一。

台湾的商业竞争情报活动及其应用主要体现在产业分析、企业发展和资讯基础服务三个层面，其中以产业分析竞争情报的开展为重点，带动岛内商业竞争情报服务业的蓬勃发展。目前台湾产业竞争情报研究及其服务主要由具有官方背景的财团法人机构，如"中科院"(STPI)、工研院(IEK)、资策会(MCI)等，以及大企业集团所属的研究机构和行业协会来承担。这些机构由于从事商业竞争情报研究与服务的时间较长，大多与境外的相关大学和研究机构保持密切的合作关系，不仅研究人员普遍素质较高，而且对所研究的产业和竞争对手(区域)有着深入的认识和信息积累，其服务和产品具有很高的权威性和社会知名度。如资策会(MCI)就与美国的信息咨询公司理特管理顾问公司(简称ADL)建立了长期的合作关系，并经常派人前往国外大学进修学习或安排到企业学习一段时间，能掌握国外产业发展的最新动向，对世界各国的电子信息产业发展及其市场的商业竞争情报有着深入的研究，已先后为台湾岛内的近300家厂商提供过优质情报服务。同时，在政府部门的支持和协调下，台湾从事产业竞争情报研究服务的机构分工明确、重点突出，工研院(IEK)以针对欧美国家的电子信息、生物医药和纳米技术产业的研发与产业化竞争情报研究服务为主；资策会(MCI)以针对日本、韩国、新加坡等国和地区的电子信息产业发展和市场的商业竞争情报为主；拓璞产业研究生以针对大陆、韩国半导体工业和光电产业的商业竞争情报为主。这些机构提供的商业竞争情报服务产品主要有行业竞争态势分析报告(通用)，专案竞争环境/竞争对手分析报告(专用)、竞争信息系统和知识库建设、产业分析研讨活动、公开出版物和产业顾问服务等。

由于台湾地区具有较好的产业竞争情报服务基础，再加上政府IT IS计划实施对中小企业的支持(仅在2002～2003财政年度用于资助中小企业商业竞争情报活动的支出就达到3亿多元新台币)，目前岛内企业开展产业竞争资讯分析(商业竞争情报)活动相当普遍，通常大企业中都设有专门的竞争情报部门和业务主管，如台积电、宏基公司等都有近百人组成的竞争情报服务机构。据介绍，台湾企业的资讯服务部门与内地类似部门不同，首席信息服务官工作重点主要是决策情报服务与部门协调，而不是仅限于企业信息系统的建设和运行管理，人员分别承担信息的收集、分析研究、评价使用三种不同的岗位职责，信息的收集、整理和分析，都是为了形成有用的情报，最终为企业经营服务。在企业发展规划部、企划部、公关部等机构中，实质上相当一部分工作都是针对不同对象的商业竞争情报活动，企业所做的愿景(vision)规划、营销策划，以及研究活动和新产品的开发等都是在长期的竞争情报工作基础上形成的。因此，可以说台湾企业中的产业竞争资讯分析(商业竞争情报)活动已经与企业的经营融合在一起，成为企业管理工作中不可分割的一部分。

正是由于台湾企业普遍开展的商业竞争情报活动为提升产品的国际竞争力提供了强有力的帮助，使20世纪90年代中期台湾生产的显示器、硬盘和驱动器等信息产品的制造技术和产量进入世界三强，成为全球信息产品的主要出口地区之一，2004年全岛信息产业的产值达到568亿美元，全球综合竞争力指标(IMD)由2000年的第17位上升到2004年的第12位。

思考与练习

1. 什么是商业情报？它有哪些特点？
2. 简述商业情报的发展历史。
3. 商业情报具有哪些作用？
4. 我国小微企业商业情报运用方面具有哪些特征？
5. 我国小微企业商业运用方面存在哪些问题？

实训应用

实训项目：

小微企业商业情报意识及运用现状调查

实训目的：

全面实践本章节中所学的内容，增强学生对商业情报、小微企业、小微企业商业情报运用方面的认识。

实训指导：

组织学生调查本地小微企业情报意识及运用方面现状，调查后每组提交调查报告一篇及数张调查佐证图片，并对小微企业日后情报工作的开展提出设想或建议。

实训组织：

1. 全班分成若干个团队，每个团队6～8人。
2. 每个团队自选一家小微企业，调查本地小微企业情报意识及运用方面现状。
3. 各个团队进行方案展示，展示形式不限。汇报时间为10分钟，答辩时间为5分钟。
4. 每个团队都要为其他团队的汇报进行评价与打分。

实训考核：

考核分数由学生和老师共同完成，各占50％。

第 2 章

小微企业商业情报的搜集

学习目标

1. 熟悉商业情报的分类
2. 能够了解小微企业商业情报的获取与传播途径
3. 能够掌握小微企业商业情报的搜集方法与技巧
4. 能够了解情报人员的必备素质

商业情报系统是企业的眼睛，企业的一切正确决策、科学管理以及员工高效的工作都离不开情报的指引。作为一个企业该如何建立一套完善的企业竞争情报系统，如何构建一个高效、迅速反应的情报团队，让情报部门真正成为公司不可或缺的参谋部门，本章将从商业情报的形式着手展开，重点分析商业情报信息的来源，并实战指导商业情报搜集的方法与技巧，最后将对商业情报人员的基本素质提出要求。

案例导入

从杂志上看到的商机

某藤器制品厂厂长，习惯于从茶余饭后的聊天、阅览中有意无意地搜集市场情报。有一次，他从一本外国杂志上看到一幅广告照片，画面里四方形的编织篮里铺着垫单和被子，一只狗在里面呼呼睡觉。从这本杂志里，厂长了解到，养狗、养猫在西方一些国家十分盛行。一般每个家庭都要养一只狗或猫，有的还养两只。而宠物的主人却常常因为不知道在富丽堂皇的起居室里如何安置这些宠物而头痛。厂长立即敏锐地意识到这是一个极具财富价值的信息，因为他们可以发挥自己生产藤制品的优势，生产外国人需要的狗床猫窝，既让猫狗睡得舒适，又不影响居室的美丽与整洁。说干就干，他立即组织人员，设计编织出了样品，经外贸部门的介绍，该厂迎来了美国西部一公司的副董事长。面对圆的、方的、椭圆的，既漂亮又精巧的狗床猫窝，这个美国人高兴得赞不绝口。于是，中国人编织的狗床猫窝远渡至太平洋彼岸，当年就有20多万美元源源不断地流进了藤器制品厂的钱柜。

2.1 商业情报的形与式

按照商业情报研究的对象分类，可分为以下几类：

2.1.1 环境商业情报

企业的环境商业情报，简单来说就是它生存的宏观环境，宏观环境错综复杂，任何风吹草动，都可让小微企业生存堪忧，所以我们小微企业不仅要低头拉磨，更要抬头问路。

1. 制度环境

一国政府采取的对企业活动有重要影响的政策和干预措施主要有：进口限制、高额税收政策、价格管制、外汇管制、国有化政策等。我国有许多出口型小外贸公司，更加要有这方面政策的敏感性。

2. 经济环境

经济环境包括宏观经济形势、行业在经济发展中的地位以及企业所要面对的市场，而市场是由人构成，这方面的情报搜集主要是消费者收入水平的变化、消费者支出模式和消费结构的变化、消费者储蓄和信贷情况的变化等。而特别值得注意的是，一个国家在经济发展过程中常常存在地区和行业发展不平衡的现象，如我国东西部发展不平衡，因此国家实施的"西部大开发"、"中原崛起"等战略，将对企业的投资方向和目标市场带来巨大影响。我们小微企业更要握紧大方向，寻找市场空白点，寻找壮大的机会。

案例：

中小企业点艰难电商化之路

对于很多小微企业来说，电商化是一次很难得的发展机遇，它提供了一个平台，可以跟那些大中型企业同台竞技，但是随着电商的深度发展，这一切也正在发生巨大的变化。

阿云在天猫经营服饰网店多年，作为典型的中小型商户，其现在的日子越来越不好过。"最初因网店不用租金且用人很少，所以我做网店，比如实体店一个店员月薪在3 000多元，每个实体店要2～3人，假如我开更多连锁店则更贵。但网店呼叫中心一共只要2人，薪水不比实体店员高，因此我很乐意开网店。"阿云告诉记者，过去几年，只要网购一促销，他必参加，营收翻倍增长，一个月营业额100多万元不成问题，由于免去租金和减少人工成本，其利润不菲。

"可现在不行了，天猫对我们的收费越来越高，比如年费要12万元，年费包括消费保证金和技术支持费，消费保证金是为了在发生纠纷时对我们扣罚，要知道12万元对我们这类中小商户而言相当于一个小实体店的年租金，比如我在线下开过一家十多平方米的实体店，一年租金15万元，假如天猫再继续提高年费，那相当于我在付租金。此外，在线与实体店扣点比例基本持平，都在2%～5%不等。当然，网店的人工成本肯定低于实体店，毕竟在线人员只要2～3人，人均月薪3 000～4 000多元，实体店人均月薪与网店持平，但实体店人数翻倍。"阿云顿了顿说，算到这里，好像还是网店成本低一些，但关键问题马上出现。

随着双 11、双 12 等各类促销季的增多，阿云开始烦恼。“实体店促销，最多就是扣点和新品打折，稍微让点利。有时我的新品是不参加实体店促销的，以确保利润。但网店完全不同，不管你产品如何打折，首先你得买排名、竞标广告位，比如天猫拿出一个广告位，假如 5 元点击一下，我拿出 5 万元获得 1 万次点击权利，但要知道全国这么多网民，1 万次点击可能几十秒或几分钟就用完了，然后我又要掏钱。一下子就不见了几十万甚至上百万元广告费，但未必获得很大营销效果，这上百万元要是用在线下，那效果肯定很明显。”阿云现在看到电商双 12 之类促销颇为纠结——不促销则没有流量，促销则成本高企。

在一波又一波的“双 11”、“双 12”促销中，并非每个品牌商都赚钱。随着电商促销频繁、营销成本的增加，不同于资金充裕的大品牌商家，部分中小商家如今在线成本直逼线下实体店。生存环境也越来越恶劣，现在再进入电商行业创业的小微企业，一定要深刻认识到环境变化这一点。与十年前的电商创业已经不可同日而语，如何做出差异化、个性化，吸引到特定的族群，是新一代的电商创业群中要思考的一个严峻问题。

3. 科技环境

科技环境是指与本行业、本企业有关的科学技术的水平和发展趋势，注意搜集新技术、新工艺、新材料的应用，这对提高劳动生产率、提高企业利润、增加企业竞争力具有重要的作用。我们小微企业如果能在技术上占有优势，则可以弥补资金上的捉襟见肘，因为现在融资的手段很多，这样可以实现借力成长。

案例：

移动支付带来的行业变革

移动支付产业属于新兴产业，2009 上半年，我国手机支付用户总量突破 1 920 万户，实现交易 6 268.5 万笔，支付金额共 170.4 亿元，咨询公司 Informa 报告认为，预计到 2013 年，移动支付的市场规模将达到 8 600 亿美元。随着移动终端的普及和移动电子商务的发展，业界也纷纷看好移动支付市场的发展前景。

移动支付发展前景巨大，各开发商也大力宣传，在 2011 年 9 月金融展上，拉卡拉、快钱、掌中付等纷纷亮相，其中掌中付提出了一套完整的支付解决方案获得优秀解决方案奖。2012 年 5 月，福脉通推出的移动支付终端器，运用世界最先进的六信道技术，力求确保移动支付设备安全性能的提升。移动互联网时代是以应用为王，在手机 APP 应用日益丰富的情况下，移动支付的功能在不断推陈出新。例如，第三方支付、银行等争相推出手机支付客户端，二维码支付、无线支付、语音支付、指纹支付等应用，此外购物、理财、生活服务等交易类应用也在不断出现，大大丰富了移动支付的市场应用环境。

更利于小微企业创业、崛起的科技新领域，不论企业的大小，谁能创造颠覆性的产品，谁就能引领时代的变化，改变行业格局。

4. 社会文化环境

社会文化是指一个社会的民族特征、价值观念、生活方式、风俗习惯、伦理道德、教育水平、语言文字、社会结构等的总和，社会文化因素通过影响消费者的行为模式来影响企业的市场生产活动。

案例：

因地制宜做地毯

指南针和地毯本是风马牛不相及的两件东西，比利时一个商人却把它们结合起来，从而赚了大钱。在阿拉伯国家，虔诚的穆斯林每日祈祷，无论在家、旅行，都守时不辍。穆斯林祈祷的一大特点是祈祷一定面向圣城麦加。一个名叫范德维格的比利时地毯商聪明地将扁平的指南针嵌入祈祷地毯，指南针指的不是正南正北，而是麦加方向。新产品一推出，在有穆斯林居住的地区，立即成了抢手货。

范德维格并不满足已取得的成功，在非洲又推出了织有领袖头像的小壁毯。因为他发现，在非洲国家的机关里总要挂元首的照片。由于气候湿热，照片易发黄变形。如根据领袖照片做成壁毯，则既美观又耐久。销路自然不用发愁。

5. 自然环境

小微企业需要注意到所在地区的生态资源如水源、能源、原材料等是否能持续支持企业的发展，企业的工业活动对周边环境造成的污染会带来什么样的后果，这些都是小微企业在生产前所要搜集的情报。因为小微企业往往资金实力薄弱，任何一笔投资的失误都会遭致毁灭性的打击。所以更要慎之又慎。

案例：

A 发电厂的代价

A 企业在某区已经有一家火力发电厂，装机量较小，为了谋求发展，A 企业决定与某集团合作，在本厂周边再兴建一台百万千瓦发电机组。但是项目迟迟未批下来，过去了两三年，项目一直拖着，最后才弄清楚，该区将成为政府重点打造新区，所有有污染、能耗大的企业在未来的几年都将陆续搬出，更别说新建项目了。对于 A 企业来说，没有搜集可靠的情报，没有意识到未来发展的趋势，从而贻误了时机。

2.1.2 产品商业情报

企业与企业之间的竞争，包括企业自身的发展，归根结底都是产品本身的竞争与发展。好的产品，适合消费者的产品，将迎来广阔的市场空间；设计不佳或者不受消费者欢迎的产品，企业发展也将举步维艰。

产品是指能够提供给市场，被人们使用和消费，并能满足人们某种需求的任何东西，包括有形的物品、无形的服务、组织、观念或它们的组合。产品一般可以分为三个层次，即核心产品、形式产品、延伸产品。核心产品是指整体产品提供给购买者的直接利益和效用，是顾客真正要购买的东西，如在旅馆，夜宿旅客真正购买的是“休息与睡眠”，一个企业只有抓住核心产品，不断更新形式产品，才能避免被市场淘汰；形式产品是指产品在市场上出现的物质实体外形，包括产品的品质、特征、造型、商标和包装等，是核心产品的基本载体，如一个旅馆应具有床、浴室、毛巾、衣柜、卫生间等；延伸产品是指整体产品提供给顾客的一系列附加利益，包括运送、安装、维修、保证等在消费领域给予消费者的好处，如旅馆增加 WiFi、鲜花、美味的早餐、优良服务等，使顾客获得惊喜和高兴。小微企业更加要重视产品商业情报的搜集、分析，这样才能紧贴市场、紧贴消费者。

案例：

卡尔顿饭店

以丽思·卡尔顿酒店平均每间客房 500 美元一晚的价格来计算，终身消费 120 万美元的客人要在酒店住上 2 400 晚，如果每个月都在这里住两晚，也要连续住上 100 年。无数的知名公司为了获取丽思酒店的奥秘前来取经，其中有美国银行的私人财富管理团队，也有掌管着全球最赚钱的零售商店的苹果公司经理们。富豪与名流对这家酒店的态度可以用依恋、依赖、依靠来形容，很多人将其当作了家，而酒店的服务人员某种程度上就是其家人，他们对客人直呼其名。无论岁月怎样流逝，你遇到的始终是同样的楼层服务生和侍者，他们个个都对你的怪癖了如指掌，无论是从客人最喜爱的长圆形小蛋糕的味道，最讨厌的格子床单，还是客人生了病的小狗需要吃什么样的食物。这一切构成了这个被称作商业服务业最为经典的案例。

除开产品本身来说，需要搜集的情报还有：产品线上的每一个产品品目对总销售量和利润所做的贡献的百分率；对产品本身定位是怎样，产品线是否需要扩展延伸；对于产品线中利润较少的项目，考虑削减。松下旗下原来有 Panasonic 和 National 两个高端品牌，松下每年要投入大量资金维护这两个品牌的高位形象。经过市场调查发现用户经常会混淆这两个品牌的概念，弄不清它们跟松下的关系，分散了松下的品牌资源。之后，松下调查两个品牌所拥有的市场贡献率，最后做出决定统一使用 Panasonic 作为全球海外市场的品牌商标。

产品商业情报包括产品质量、功能、使用价值、外观等，这些都是企业的核心秘密，一旦在生产前遭外泄或者生产过程中泄露秘密，则会给企业带来巨大的损失。当然，如果企业能搜集到其他企业的相关情报，则会给企业带来生产参考或提前预防。

要注意的是，搜集产品商业情报时，既要了解同类产品中畅销品牌的情报，并在自己的产品设计上加入这些成功因素；同时，也要了解同类产品中的非畅销品牌的情报，避免重蹈覆辙。另外值得注意的是，搜集的产品商业情报内容与其所处的生命周期有关。当企业经营目标的重点是维持并拓展已有产品的市场时，商业情报工作的重点应放在监控竞争对手的市场运作；防范新的市场入侵者；跟踪替代品、互补品的市场信息以及供应商、分销商的市场行为。当企业经营目标的重点是开发新产品时，商业情报工作重点应是收集来自经常与市场打交道的营销部门、分销商的产品信息；根据研发部门的需求，提供情报支持；追踪竞争对手的新品研发信息和科技热点；了解新产品的市场需求、技术含量和市场价值。

2.1.3　工艺商业情报

在制造行业的企业里，工艺商业情报包括工艺过程、工艺参数和工艺配方、技术、制造过程、研发和技术支持的研究，也包括为生产一定数量成品所需初始原料和包装材料的质量、数量，以及工艺、加工说明、注意事项，包括生产过程中控制的一个或一套文件。所有这些基本决定了公司目前和今后的有效竞争力。

案例：

生产工艺提高，争取更大订单

华南某地区A公司是专业制造空调压缩机的公司，他们通过招投标，获得了B公司部分空调压缩机的订单。每次交货之前，B公司都会派出质量检验师李先生来A公司验收产品。A公司只取得了B公司空调压缩机20%的订单，其余订单由几家竞争企业共同生产。而为了保证空调压缩机的生产质量，所有生产企业的产品质量都由李先生一人负责检验。所以，李先生掌握了所有厂家的生产技术秘密。

为了争取更大的订单及提高自己核心生产能力，李先生每次来A公司时，都受到最热情、周全的招待，都由懂业务的技术人员陪同李先生检验公司产品质量，并经常向李先生讨教各类专业问题，并让李先生分析公司产品在工艺上与其他企业的差距。李先生当然深知A公司的"醉翁之意"，但即便是透露一些信息，对于B公司来说，没有任何损失，对于A公司来说却可以不断提高工艺水平。

经过一年多的合作，A公司基本掌握了对手企业的一些细节，并优化了自己的生产流程，改进了生产工艺，在来年B公司的招投标中，A公司脱颖而出，取得了大部分订单份额。

2.1.4 对手商业情报

郭台铭旗下的富士康成为全球代工之王，一个不可或缺的关键因素是拥有一个堪称世界领先的企业竞争情报系统。其核心部分是一个在企业内部被称为"知识资产管理与分析系统"(Intellectual Capital Management & Analysis, ICM&A)的专利管理系统，由公司法务部具体负责日常运作，直接对郭台铭本人负责。富士康高度重视技术研发和技术竞争，仅在一个小小的连接器领域，富士康申请的专利就达到了近8 000项。富士康在竞争对手一个又一个的专利侵权指控中成长壮大，向原告学习，花费巨资购买相关专利，并进行详尽的分析研究。公司的法务部员工分布在全球各地，规模超过500人，囊括了不同国籍、肤色和面孔的员工，就像一个小联合国。公司的知识资产管理与分析系统是基于互联网的。法务部员工可在世界上任何地方进入系统，交换与企业有关的技术研发和专利动态信息，经过研判形成非常有价值的情报。依靠公司的知识资产管理与分析系统，通过连续多年的持之以恒，法务部可以全面监控全球业界技术研发进展、竞争对手的一举一动，可以在应对专利指控中见招拆招，更可以主动进攻，发现侵犯自己专利权的，立即诉诸法律，索取高额赔款，使竞争对手在技术竞争中只有招架之功，没有还手之力。

由此可见，搜集竞争对手的情报，能帮助企业当然包括小微企业在竞争当中找到自身的立足点，并尽可能地扩大市场。这就要求情报工作将对竞争对手的监控当作重点。而监控重点就是注意搜集对手在市场活动中的4P，即产品(product)、价格(price)、渠道(place)、促销(promotion)。

从产品层面上来说，情报部门要了解竞争对手的产品，制造技术上是否有共同点？产品定位上是否有区别？产品之间存在的共同消费人群在哪里？没有重叠的消费人群又在哪里？是否有双方都没挖掘的市场空白点？当然还要搜集消费者对于两种产品的评价。A公司打算进军当地的汽车清洁市场，但是该地区竞争激烈，最大的竞争对手就是B公司，B公司在当地时间长，技术过硬，设备先进，有一批老顾客。A公司经过对B公司的情报分析后，找出了一个市场空白点，那就是B公司由于口碑好，每天顾客盈门，不少顾客都需要排队等候。根据这一发现，A 公司针对性地贴出广告语，只要拨打公司电话，提供地址，就可以上门服务，免去排队等候的诸多烦恼。A 公司的这一招也赢来了不少顾客。

从价格层面上来说，要搜集的商业情报是竞争对手的价格策略、产品的性价比，对竞争对手的生产和销售成本进行推算，并与本企业的成本进行比较，找出优势、劣势。这一点对我们小微企业来说，特别重要。不论你是拥有一家超市的小老板，还是经营一家服装企业的厂长，还是在淘宝上创业的淘品牌，都需要对竞争对手有清楚的了解，根据竞争对手的性价比进行产品定位，根据竞争对手的价格策略定价格，对竞争对手的生产和销售成本优化生产流程和销售流程进行了解，在对比中寻找差距，在竞争中求生存。

从渠道上来讲，要调查竞争对手产品的渠道选择，以及不同渠道的销售业绩，并与本企业相比，看竞争对手在不同销售渠道的市场占有率是否优于本企业，调查的目的是为了给企业不断增加渠道，增加市场覆盖面；降低渠道成本；增加更适合顾客要求的渠道。甲、乙都是生产型企业，在当地都具有稳定的市场份额。有一天，甲企业的情报人员在浏览网页时，注意到乙企业正在招聘，并且在招聘要求中有一条，熟悉政府工作环境，有招投标经验，有政府工作经验者优先考虑。甲企业的情报人员马上将这条消息汇报给了企业管理层，管理层也很重视，认为乙企业一定是收到了具体消息，当地引进的一个大项目已经通过了审批，需要招投标了。于是甲企业集中全部资源及精力，做出了一份详细的方案，并派人提前跟政府部门公关，最终拿下了这份大订单。

从促销层面上来说，要搜集对手在市场促销时怎样强调自身产品特性以及都采用了哪些促销手段，并与本企业的促销活动进行比较，看对手哪些地方做的比本企业好。拿超市竞争来说，促销是一个运用的最频繁的手段，我们很多店长也乐意去查看竞争对手最近又做了什么促销主题，怎么做的，促销效果怎么样，当然这是一种好的调查手段，但最核心的还是从自身着手，提高自己的核心竞争力。

当然，除此之外，还可以搜集竞争对手的策略、基本情况、领导层、组织结构、财务状况、销售状况、产品开发、生产、获得的订单、关键客户、设备采购、销售力量的规模和质量、产品分割、原材料资源、出口市场等。某饮料企业的销售经理在一个大型超市偶然看到，超市货运车正在将竞争对手的产品陆续卸车入库，而且进货的量比日常的量要大很多。销售经理敏锐地感觉到对方可能要进行大规模促销。随即派了一个新招进来的业务员佯装顾客与对手卖场区销售人员交谈，简单几句话就套出了一个重要的情报：后天开始，未来三天这里将举行大型促销活动，包括价格折扣和赠品促销等。销售经理得到反馈后迅速上报公司营销总部，总部分析后确认这确实是一场大规模的降价促销活动，如果企业不采取措施，就会受到巨大冲击。为此，总部连夜召开营销策划会议，当天晚上，一辆辆满载该公司产品与赠品的汽车就相继驶入各个相关的卖场。第二天，竞争对手还在筹划促销活动时，这家企业的促销活动已经铺天盖地，席卷每一个卖场，让对手企业处于被动中。

2.1.5 营销商业情报

如今的商业已进入市场营销时代，加强对营销资源、过程、程序和进入市场的途径的分析，加强与营销活动的数量相结合，就可以提供一个高能见度的“晴雨表”，显示小微企业所努力的方向及其实现销售目标的执行力度。

案例：

斯里兰卡茶叶畅销的秘诀

只有120年茶叶历史的斯里兰卡，其茶叶销量一直排在其他国家前面，除体制改革等因素外，最主要的是斯里兰卡的茶叶大公司注重民间商业情报调查。大部分茶叶公司均有自己的网址，能够随时了解国外市场价格动向，信息之细、之准令人不可思议。为适用不同年龄、不同性别、不同民族人群的爱好，他们的专业调查人员对现有的或潜在的市场均进行了专门的研究，内容涉及一个国家的人口数量、年龄、结构、国家生产总值，尤其是一个地方的宗教信仰、茶俗、民间饮茶的方式、饮茶习惯及其与婚礼等仪式的关系等，他们都进行了详细的分析和比较，这些成果对斯里兰卡的茶叶出口起了重要作用。

——摘自新浪财经

20世纪80年代以来，随着国际形势的变化，营销方式也出现了很多新型的营销观念，了解并学习它，将有助于小微企业业务的拓展和长期的发展。

1. 服务营销观念

服务也是一种产品。德国大众有句营销名言"一家人的第一辆车是销售人员推荐的，可第二、第三辆车是售后服务人员推荐的。"

案例：

海底捞的超预期服务

海底捞是一家靠提供出乎意料的服务而闻名的火锅连锁企业，在这里服务员会给每个人送上围裙，给有手机的人送上小塑料袋套上手机以防进水，给长发的女士提供橡皮筋和小发夹，给戴眼镜的朋友送来擦镜布，服务员定时为顾客送毛巾、续饮料，服务员可以帮忙下菜、捞菜、剥虾皮，服务员熟悉客户的名字，甚至记得一些人的生日、纪念日。海底捞真正做到了超出顾客的期望，让顾客感到意外，让他们在海底捞享受到在其他餐馆享受不到的服务。

2. 体验式营销观念

体验式营销是企业以消费者为中心，通过对事件、情景的安排以及特定体验过程的设计，让消费者在体验中产生美妙而深刻的印象，并获得最大限度的精神满足的过程。

案例：

体验式商场

随着购物商场的"千店一面"，同质化竞争越来越激烈，越来越多的消费者已经不能满足于仅仅在商场购物，而是呈现出休闲、运动、娱乐、就餐、培训等多方面的消费诉求，同时，消费者对于购物环境的要求也越来越高。比如中国澳门的威尼斯人酒店、比如迪士尼乐园，都将吃喝玩乐、旅游、休闲、文化、购物充分融入其中。迪士尼乐园除了使人们享受到视觉的冲击、游玩、美食外，还给你带来了美国文化特质的东西——"快乐、自由、梦想"；威尼斯人酒店也除了吃、住、玩外，还带给你欧洲经典的文化——"异域、奢华、品位"。

3. 文化营销观念

文化营销指的是企业以文化为载体进行营销的行为方式。在文化营销观念下，企业应给予企业、产品、品牌以丰富的个性化的文化内涵；强调企业中的社会文化与企业文化；努力从文化的角度考验和检验公司的经营方针。

案例：

雕刻时光的文化营销差异化

"雕刻时光"是一家咖啡厅。以其"文艺范"风格历经十余年而不衰落，正在进行 C 轮融资的雕刻时光，目前全国有近 50 家分店。雕刻时光的定位，有别于美式咖啡的快捷便利和韩式咖啡的浪漫温馨。它给自己的定位是提供一种富有人文气息的咖啡馆服务，也因为这种定位和它十多年来的专注服务，使得雕刻时光吃透了知识分子这个群体，它的客户主要由大学教师、青年学生、文艺工作者和其他有文艺需求的人构成。雕刻时光通过它富有"文艺范"的服务，带给符合这个用户群体需求的体验。

2.2　商业情报信息来源

正确及时的情报能帮助小微企业快速发展，抢占先机；错误的情报往往会误导小微企业并导致严重的后果。那么如何获取正确的关键的商业情报呢？大致可以总结为以下几个渠道。

2.2.1　国家发布的公开数据

世界上许多国家的政府都通过互联网向公众提供所有的非保密政府信息的检索服务。几乎所有的官方出版物、统计资料、事实数据、研究报告、会议文件、法律规章及标准等都能在网上查到。如国家统计局官网上每年都会发布一些公开的调查数据，通过对这些数据的有效分析和利用，可以有效地掌握行业动态，确定行业投资的决策。另外可以登录中国价格信息网、国家计委的网页、国研网等都有相应的数据披露。

另外还要注意搜集政府部门发布的最新文件和公告。政府文件和报告反映了国家对经济市场宏观调控的最新态度以及决策，这些毫无疑问将对企业所在的行业市场具有重要的影响。

案例：

儿童玩具市场广阔

A 企业是一家儿童玩具生产厂家，面向的市场主要是上海市场。该企业面临企业转型，决定集中优势资源加盟早教市场，在进入市场前，他们从相关政府部门搜集了一系列情报，从而坚定了他们的信心，如目前中国 0～16 岁儿童有 3.8 亿人，就当年，仅上海常住人口出生将达到 13.7 万人，比 2006 年增加 0.6 万人。在他们背后，是一对忙于工作、家庭收入平均 3 000 元以上的父母，新生儿平均每年消费额在 2 000～5 000 元，充分显示出这是一个巨大的消费市场。

2.2.2 商情数据库

数据库一般都是由国内的权威机构建立，信息的准确度较高，覆盖面和影响力较大。

国内可用作小微企业商业情报信息源的数据库主要有《人民日报·市场报全文数据库》、《中国科技成果数据库》、《中国企业、公司及产品数据库》、《中国科技经济新闻数据库》、《中国经济信息数据库》、《中国百万商务通讯数据库》、《中国法律法规大全》等。

表2.1为我国商情数据库中的商业情报。

表2.1 我国商情数据库中的商业情报

数据库分类	可获取的商业情报	数据库
公司、厂商与产品数据库	企业基本情况；企业规模；财务信息；产品信息；人员信息	中国企业、公司及产品数据库；工商名录数据库；广东省“三资”企业产品数据库；东南亚公司企业数据库等
市场产品信息库	产品价格信息；产品规格、性能；市场供需情况；新产品投放情况；市场调研等	电子产品价格数据库；工业生产资料价格行情数据库；化工产品供求数据库
金融信息库	金融业动态；金融业务状况；投资信贷环境	金融信息数据库；天津市财税普查资料数据库；工伤保险业务数据库等
行业信息库	行业地理分布；产业结构；行业发展趋势；行业经济指标	化工要闻数据库；电子动态信息数据库；汽车信息数据库；中国旅游信息库
市场贸易数据库	进出口贸易信息；贸易商品的产销存情况；市场管理法规；关税及非关税标准类情报	对外贸易进出口统计数据库；贸易业商品库
宏观经济数据库	主要经济指标；人口劳动力和工资；消费水平与消费指数；经济政策法规	宏观经济信息数据库；宏观经济数据库；中国经济信息数据库
科技成果及技术项目数据库	科技成果信息；技术项目信息	中国技术成果大全数据库；全国技术引进项目数据库
经济预测数据库	决策信息；经济预测；宏观经济动态；经济景气分析	宏观经济数据库及分析预测系统
政策法规数据库	国家法律、法规；部委的部门规章及规范性文件；企业法规；技术监督法规；劳动法规；人事政策法规	劳动法规数据库；企业法律大全数据库
专利商标及标准数据库	专利信息；商标信息；国家标准；行业标准；国外标准	国际与国内标准数据库；中国专利数据库
与经济有关的新闻报刊数据库	新闻；财经；市场动态；商品供求；证券及期货行情；金融动态；股票行情；外汇信息；房产信息；工业经济信息	经济日报数据库；中国经济版全文数据库；《解放日报》
统计调查数据库	工业；商业；投资；财政金融；外经外贸；人口；物价；国民生产总值等综合统计指标	经济统计数据库；全国综合月度主要指标数据库

——摘自李国秋，《企业竞争情报理论与实践》

2.2.3　订阅剪报

订阅剪报是搜集行业信息、公司信息、产品信息及其他重要主题信息的极好方法，适于连续跟踪行业动态。剪报方便，因为现在都推出了电子版，你只需要提供所需要的关键词，剪报公司就会定期发送有关文章到你的传真或邮箱；剪报覆盖面广，针对性也强；另外剪报相比较通过人海去捕捉信息来说，经济实惠，由专业的人做专业的事情。例如，中国剪报服务社的剪报分成中国经济、居民收入与消费、电脑网络等 99 个专题。编辑人员每天从 300 多种报纸杂志上分类出相关的材料资料，根据客户的需求将资料电子传输或是速递到全国各地及海内外的客户手中。

案例：

一家剪报公司的发展

厦门“兰花剪报公司”的老板纪剑峰，初与报纸结缘时，只是把它当作认识世界的工具。而报纸作为一种“新闻易碎品”，总是来去匆匆，难以给人留下深刻的印象，日后翻查起来也不方便，于是，小纪萌发了剪报的念头。1993 年的一天，小纪在某份报纸一个并不醒目的版位上，捕捉到了一条改变他一生的信息——“剪报公司：九十年代必需品”。小纪读了一遍又一遍，难掩内心的狂喜：没想到事业和爱好可以合二为一！兰花公司自成立第一天起，就本着“先找客户，后订报纸”的原则将剪报的营销视为业务重点，定员定时上门推销，根据剪报产品的类别、性质，寻找合适的客户。根据小纪的经验，客户感兴趣的内容主要集中在行业信息、竞争情报、媒体传播与广告监测等方面。业务员在第一次拜访客户时，会将产品样本及公司介绍派发给客户，激发其潜在需求，客户若有需要一般会主动联系订阅。有了客户，小纪按客户的信息需求有选择地订阅相关的报刊，避免盲目征订带来的成本浪费。成立至今，“兰花剪报公司”一直是厦门市乃至福建省唯一的一家专业剪报公司，每年投入 5 万多元，订有近 300 种报纸杂志，其剪报产品类别涵盖了二三十个行业，前来订阅剪报产品的客户也从 1994 年初的二三十家发展到现在的五百多家，一份剪报的月订费一般是 50 元。剪报公司有利可图，后来跟进者自然不少，但为什么大多是昙花一现呢？纪剑峰一语道破天机：“很简单，他们是卖信息，我们是卖情报；他们是卖报纸产品，我们是做咨询服务。剪报，只是我们提供咨询服务的一种形式。兰花的信息产品涵盖家电、广告、食品等多个类别共计数百个品种，纷繁复杂，这就要求采编人员具有较高的文化素养，其中敏感度是最关键的。而敏感度来源于知识积累，绝非一朝一夕的事。为保证人员的素质，兰花公司特地在全国各大专院校聘请了上百位专家担任顾问，以保证其产品的含金量。

——根据网络内容整理而成

2.2.4　询问关键客商

这里的关键客商包括经销商、代理商、批发商、供应商等。因为许多关键客商不仅卖本公司产品，也卖其他竞争对手的产品。因此大客户对厂家的底子十分清楚甚至了如指掌。比如，通过询问二级经销商可以知道产品的价格、市场支持力度、返点比例、市场销售量、产品结构、销售网络、广告策略等重要情报。因此询问大客户，建立客商信息交流反馈机制是十分重要的捷径。这就要求小微企业要加强自身销售队伍和外部中间商队伍的建设与管理。小微企业自身销售队伍建设一方面要严格招聘、培训制度，另一方面还要设计出合理的考核、激励制度。对待关键客商除了政策都给予倾斜，包括价格、销售政策、信用政策等多方面外，还要加强销售人员、企业管理者与关键客商的交流、互动。对于中间商，也要慎重选择，小微企业要仔细考察所选中间商的资金实力和信誉度；与员工交谈，工资是否按时发放；与其他产品的业务代表的交流，付款是否及时；税务的调查，交税是否及时，是否长期欠税；批发门店的经营状况等。

总之情报人员在收集各地经销商对产品和品牌的态度、反应和建议后，要及时上报总部。企业在维护原有市场和推出新产品的过程中，经销商往往会提出许多实际存在的问题，并提出自己的建议，这对企业具有较高的参考价值，是企业推出相应策略的重要依据之一。

案例：

泄密来自哪?

有时候公司重要情报的泄密，卧底可能不是来自公司内部，而是来自于公司有重要往来的关键客商。担任某大型集团总经理的李先生最近郁闷不已，发生了几次就要到手的中标工程飞走的状况，公司损失惨重。但是他又弄不清楚到底哪个环节出现了问题。于是要求公司情报部门搜集相关信息，调查清楚。对此，情报部门虚拟了一个项目合同，再在外面找了一个比较可靠的合作伙伴唱双簧，引蛇出洞。设计部门最先知道这个项目，一个星期后上报了工程设计，但合作伙伴那里并没有人上门探听项目，基本可以排除泄密来自设计部门。同样一个星期后又考察了总经理办公室的所有人员，也没出现问题。到最后采购部门时，不到两天，合作伙伴那边就回复有人上门压低价格揽项目了。后来，对采购部门彻查，最终了解清楚问题出在采购部门经常合作的一家钢材供应商那里，这家供应商每次都以较低的价格出售钢材，对公司上上下下也是打点有加，而这家供应商其实醉翁之意不在酒，它真实的身份其实是竞争对手企业的全资子公司，而它的真实任务就是利用供应商的身份去接触所有的竞争对手，从而了解竞争对手的所有情况。

2.2.5 挖掘公司内部信息

内部信息传递是小微企业内部各管理级之间通过内部报告形式传递生产经营管理信息的过程。企业的内部控制活动离不开信息的沟通和传递。信息在企业内部进行有目的地传递，对贯彻落实企业发展战略、执行企业全面预算、识别企业生产经营活动中的内外部风险具有重要作用。通过财务会计资料、经营管理资料、调研报告、专项信息、内部刊物、办公网络等渠道，获取内部信息。重点关注的部门是营销和销售部门、生产部门、财务部门、研发部门等。

2.2.6 消费者

消费者是企业最重要的环境因素，企业的一切活动都是以满足消费者的需求为中心的。加强与消费者的交流，建立服务跟踪机制，建立消费者信息库，不但可以把市场看得更仔细，了解他们的需求与特点，而且可以了解竞争对手产品的比较意见和建议，发现产品的优缺点，在后续的研究与开发中提供最宝贵的第一手资料。消费者情报主要有以下几个方面的内容：

1. 消费者类型。包括消费者的民族、性别、年龄、职业、教育、宗教、性别比例、所在地区、社会阶层等。

2. 消费者购买能力。包括消费者的收入水平、消费水平、消费结构、生命周期、资产来源、消费的社会态度等。

3. 消费者购买欲望和动机。包括消费者的购买欲望和购买动机、使用率、品牌忠诚、对产品态度等。

4. 购买者和决策者。包括主要购买者、最忠实的购买者、新产品的首用者、家庭决策者。

5. 消费者购买习惯。包括消费者购买时的购买地点、时间、数量、付款方式、购买习惯等。

2.2.7　大型的展会活动

展会是为了展示产品和技术、拓展渠道、促进销售、传播品牌而进行的一种宣传活动。厂家希望通过展会提高自己的知名度和寻找潜在客商，当然小微企业也可以安排专人搜集相关资料。展会有博览会、展览会、展览、展销会、博览展销会、交易会、贸易洽谈会、展示会、展评会、订货会、展览交流会、样品陈列等。几乎所有的厂家都会定期参加一些展览，在展会上推出新的产品和制定新的销售政策。值得注意的是：安排的情报搜集人员必须对该行业清晰明了，并有较高的分析判断能力，这样才能挖到更多的情报。

案例：

广交会，企业的窗口

广交会又称中国出口商品交易会，创办于 1957 年春季，每年春、秋两季在广州举办，迄今已有 50 余年历史，是中国目前历史最长、层次最高、规模最大、商品种类最全、到会客商最多、成交效果最好的综合性国际贸易盛会。首届交易会于 1957 年春在原中苏友好大厦举办，展馆面积 18 000 平方米，参展交易团 13 个，参展商品 12 000 余种，来自 19 个国家和地区的客商共 1 223 人次到会洽谈，成交金额 1 754 万美元。与创办当年相比，目前广交会展馆建筑面积达 17 万多平方米，参展交易团 48 个，参展企业 10 000 家，展品 10 余万种。回顾历年来广交会的发展道路，我们可以看到广交会各方面都发生了巨大的变化。在展出规模、参展主体、到会客商、成交数额、商品种类等方面均实现了时代的跨越。

广交会由 48 个交易团组成，有数千家资信良好、实力雄厚的外贸公司、生产企业、科研院所、外商投资/独资企业、私营企业参展。

广交会贸易方式灵活多样，除传统的看样成交外，还举办网上交易会。广交会以出口贸易为主，也做进口生意，还可以开展多种形式的经济技术合作与交流，以及商检、保险、运输、广告、咨询等业务活动。来自世界各地的客商云集广州，互通商情，增进友谊。

——通过广交会介绍整理而成

2.2.8　追踪对手品牌的领导言行

一个企业的领导是一家企业的灵魂人物，他的只言片语，往往预示着一个重大的研发、投资、并购、重组、转行等行动的开始。甚至很多杰出的企业家本身就是明星式的人物，他们要在很多报刊、电视访谈、公益节目、商业竞赛中接受采访、报道，甚至有不少企业家都出了自传，要了解他们的企业，可以先了解这些企业家的创业历程、企业战略、企业管理等。因此，跟踪对手品牌领导的言行，分析他们不经意流露出的信息，就能未雨绸缪。比如华龙面老板提出和代理商结成战略合作伙伴，随后就有了 2000 年购买 2 000 台车送给代理商、送代理商读大学的行动。很多时候，领导的言语都不是空穴来风，但只有细心的人才会觉察到这些言语背后的情报信息。

案例：

马云如何推"来往"

如今的移动即时通信行业竞争是越来越白热化了，网易做了"易信"，阿里力推"来往"，"微信"已经风光无二，可还是有人不服、不甘心，想要动一动腾讯在移动社交上的霸主地位。阿里巴巴董事局主席马云 2013 年 10 月 21 日在阿里巴巴内部论坛发帖，强调了移动通信产品"来往"对于阿里巴巴的重要性，强制每一个阿里员工 11 月底前必须有外部来往 100 个用户，并在帖子中正面向微信发起挑战。马云称"'来往'最大的特色是几万名员工不服输的精神"，表示应该"用愚公之精神去挑战"。马云还把微信比作 10 年前的易贝及 2003 年的新浪、搜狐、网易，以此说明微信不是想象中那么"高不可攀"，此次强推"来往"，"谁不参与，谁就不该待在这家公司里。因为这是我们每个人可以做的事，这不是战略，这是阿里人在无线时代争取生存权利的努力"。马云还将员工"来往"好友人数与红包挂钩，好友人数低于 100 人视同放弃红包。随着马云的号召，阿里对"来往"的推动也动作频频，双方都选择"免费流量"来作为各自的王牌。移动互联网的免费战打响了。

此次易信和阿里打出免流量牌，似乎都有意针对微信而为之，旨在有效刺激和吸引流量耗费严重的微信用户。微信在市场中一枝独秀的地位正在被逐渐消解，市场上出现了很多有实力的竞争者，而随着竞争的加剧，产品和服务体验会变得更为重要，用户会因此获益。

——根据网络新闻整理而成

2.2.9 通过参观或学习活动情报

最贴近、零距离式的参观学习是最可靠、最真实的情报来源。实地考察对方的企业，与对方企业的有关员工，如工程技术人员、销售人员等巧妙接触、交谈，也可以以投资考察或寻求合作的方式进入对方的新闻发布会、展览会、订货会、交易会等，或者以技术交流、互派"实习"等方式，可以获得对方品牌的生产规模、销售渠道、制造程序，甚至技术和秘方等敏感信息。

案例：

日本人这样发展摩托车

当年日本人决定发展摩托车，于是他们从全国各地小厂里选出两百多名有经验的工程技术人员，到世界各地去搜集有关技术情报。每到一个工厂，日本人就向厂长说："我们日本要发展摩托车，有可能请你设计，也有可能向贵厂订购产品。不过，请你先介绍一下贵厂摩托车的优点，并让我们把样品带回去，我再说服我的上司。"这些厂商当然十分高兴，毫无保留地把最先进的东西告诉了他们，有的厂商还让日本人参观车间、实验室。日本人把这些所见所闻详细记录下来，还买了样品带回日本。这样，一年内几个小组走访了全球八十多个工厂，弄回一百多辆样车。日本人把样车逐一解剖研究，集中其优点，重新进行设计，并建立了自己的新厂。两年后，一种耐用、轻便、便宜的摩托车问世了，并立即风靡全球。等到国外那些摩托车厂醒悟过来，已经是后悔莫及了。

——蔡建文，《情报为王，商业情报的攻防之道》

2.2.10　反向工程

反向工程就是通过拆卸、检查、化验、脱壳等手段学习竞争品牌的产品，熟悉其材料、成本、工艺、流程等经济、技术信息，是一种解剖对手产品以获取设计情报和成本情报的方法。只要这种产品是面向市场销售的或其他合法渠道能取得的产品，按照国际惯例，由反向工程解析出的技术秘密可视为企业秘密而被加以保护。

中小微企业通过反向工程的大量运用，拆卸、检查、化验，熟悉材料、成本、工艺等信息，“各领风骚三五月”已成为中小微企业扎根市场、快速致富的普遍方法。

案例：

反向工程

科罗拉多州的新近动力设备公司刚宣布一项新的专利产品——一种减速齿轮，便接到 50 多份订单，每份只买一两件，订单大部分来自竞争对手；柯达公司的人员曾开玩笑，说至少有两家公司总是要买柯达公司昂贵的复印机，一是施乐，二是 IBM。他们买复印机的目的是为了进行逆向分析。日本的逆向分析世界闻名，日本的产业主要是通过学习外国的技术和体系发展起来的，他们通过对机器和设备的分解，了解其中的基本技术，然后进行改进和重新组装。

——蔡建文，《情报为王，商业情报的攻防之道》

2.2.11　行业协会或行业咨询公司

行业协会是一个组织，用来协调企业之间的关系，并能向政府反映和申诉自己的意见，政府也可以通过行业协会将自己的声音传递到广大企业中去。它是介于政府、企业之间，商品生产业与经营者之间的社会中介组织。行业协会通常会举办大量行业活动，如论坛、峰会等，成为行业信息的集中枢纽，通过这种方式可以获得行业的资料信息，成为获取整体信息的重要渠道。

而行业咨询是专业从事行业研究、市场调研、营销咨询、商业资讯调查和输出管理的商业资讯公司。现在，咨询行业日渐繁荣，由于其独特的行业研究理论和工具，庞大的市场调查网络，产业持续跟踪研究，能够为企业提供年度市场调查研究报告、数据分析报告、月度行业运行监测报告、消费者调研报告和进出口监测报告等，因此对本行业的机会、威胁和切入点等也比较熟悉，小微企业通过行业咨询公司往往可以了解到有效信息。

不久前，一家国外的压缩机制造商打算进入中国市场，但苦于对中国的压缩机制造企业及整个压缩机行业的情况一无所知，于是，他们找到中国一家行业咨询公司对中国的压缩机行业现状进行全面的研究。借助这家行业咨询公司的研究结果，他们不但了解了中国压缩机行业的发展现状，同时也确定了进入中国市场的时机和方式，使其产品在进入中国后不久就占据了较大的市场份额。

2.2.12　从第三方获取商业情报

第三方的定义很广泛，一切与本企业或对手企业有联系的工会、运输部门、银行、广告公司、律师、质量检验机构、上级主管部门、会计事务所等，都可以成为获取商业情报的手段。如通过工会可以了解一个企业的职工人数、福利待遇、工资水平、干群关系、招工计划、工人技术构成等相关信息。

案例：

第三方情报的重要性

某企业在引进美国一项先进技术的时候，双方达成了初步合作意向，最后谈判的重点集中在价格方面。美方公司认为他们的技术在国际上都具有领先优势，并在多国获得专利，需要提高售价，中方企业主管在讨论后认为，该技术能帮助企业在市场上占据领先态势，虽然价格比较高，但还是决定引进。就在此时，中方企业获得了一条重要情报，让谈判态势出现大逆转。原来中方企业的一位员工的朋友就是接手该美方公司债务纠纷的律师，这家美国公司正处于债务纠纷急需尽快出售这项专利技术，获知这一重要情报后，中方企业在谈判中占据了主导，最终美方公司在专利技术使用费上做出了让步，该企业也获得该专利技术在中国的使用权。

2.2.13 互联网

随着网络技术的成熟和发展，很少发现哪个大公司没有自己的网络主页，或没有一个可以讲述公司的活动，公司的设施，公司产品的范围、合作伙伴、新闻发布、技术文档、工作机会和联系方式的平台。随着上网企业的增加和使用范围的扩大，通过互联网搜集情报正越来越受到情报搜集人员的重用。

面对全球竞争，企业为了立于不败之地，越来越重视信息的收集与利用，尤其是利用互联网收集竞争情报。互联网通过桌面访问的方式提供各种各样的免费或者低成本的信息。与此同时，传统收费的联机数据库服务因为其覆盖面广，新闻的客观性以及可信性强而得以保留其市场价值，现在他们已经将服务搬上了互联网。

通过新闻文章、新闻专线、市场报告、在线数据库等低成本地搜集到数据；通过企业新闻、企业站点、商品广告等信息，可以获取包括公司历史、部门结构、当前活动、产品范围和产品描述、合作伙伴、常见问题、职员、与业务相关话题的白皮书、新闻发布、总部和生产场所、员工需求等；当然还可以通过互联网获取行业统计数据、经济和人口统计数据、其他的政府数据等。最后情报人员还可以加入论坛，因为每一个论坛涉猎一个专题，情报搜集人员可以观察其中所发生的事情、获取信息和询问问题。

案例：

气候也可以变成商业情报

广州某公司分管业务的经理，一次在日常的网页浏览中看到这样一则新闻，气候预测明年春天雨量多、雨季长，随后马上与总经理商量后决定把深圳一家公司积压的18万把雨伞全部揽过来。第二年春天果然如预测所言，春雨一场接一场，迎来了一个漫长的雨季，该公司的所有积压雨伞一售而空，大赚一笔。

案例

互联网搜索技巧

1. 仅搜索特定格式的文件

很多情况下我们想要参考一下别人优秀的教学设计、说课稿及论文、PPT演示文稿格式的课件，在犹如茫茫大海的互联网中，如何快速、准确地搜索到想要的结果呢？可以使用搜索特定格式的文件，在搜索关键词中加入相关的参数，如：filetype：doc。例如当用联合利华—表面活性剂—会议这些词汇联合检索的时候，若再加上“filetype：doc”这个检索词，数百项检测结果则会减少至不到10项，因为这样检测的好处是只会提供word格式的文件，这样搜索可以发现不少现任和前任联合利华员工的履历表，或者来自一次业界专家会议的报告，甚至还包括联合利华进行的一个研究项目。同理“filetype：ppt”表示仅搜索ppt格式的文件，如输入“制造”和“意大利腊香肠”组合搜索，有20多万的搜索项，但是加上“filetype：ppt”之后，则只有11项，涉及意大利腊香肠制造技术方面的所有资料，甚至还有美国政府核准的意大利腊香肠进口商名单和进口量，对于试图了解潜在供应商和找寻制作技术的企业来说，无疑是一座金矿。

2. 如何确定多个关键词

单一关键词的搜索效果总是不太令人满意，一般用多个关键词的搜索效果要比较好。这需要结合自己的知识结构和对所查问题的理解来确定几个相关关键词去查询。譬如，我们要查毛泽东的传记，用“毛泽东 润之”去查要比“毛泽东 传记”更容易找到我们想要的东西。

3. 改进自己的搜索提问

大家经常在搜索开始过程中，并没有找到自己想要的结果的时候，这时要继续改进自己的提问。一次搜索并不能很准确的给你想要的东西，但是返回的结果当中，总有一点相关的内容，这个时候要充分利用那一点相关的内容，作为引子给自己以启发，然后组成一个新的提问去继续搜索。

4. site搜索范围限定在特定站点中

如果知道某个站点中有自己需要找的东西，就可以把搜索范围限定在这个站点中，提高查询效率。例如：百度影音 site：www.skycn.com，“site：”后面跟的站点域名，不要带“http：//”。site：和站点名之间，不要带空格。

5. 适可而止，不要迷失

网上的信息很杂，许多小文章很有趣，许多地方充满了诱惑的字眼，所以上网的时候需要时不时地提醒自己不要偏离主题太远。在搜索之前，有个大概的计划，然后只搜索和看与自己的主题最相关的内容。

找企业或者机构的官方网站，通过企业或者机构的中文名称查找网站，这是最直接的方式。

如装了一个新软件，或买了新产品，往往会需要一个细致的教程。输入：数码相机 指南。

当你需要找人时，用名字＋相关经历做组合查询，可以最迅捷地从互联网信息中查出所要找的人的相关资料。

2.3 商业情报搜集方法与技巧

2.3.1 一次信息的搜集方法

信息来源的渠道不同，商业情报可分为一次信息和二次信息。一次信息是指未经加工处理的、以口头和实物信息源为主的信息，具有针对性和及时性强、收集难度大等特点的信息。

一次信息可以通过人际交流获得：本企业的一线员工、销售人员、技术人员、管理层干部等；或者竞争企业的一线员工、销售人员、技术人员、管理层干部等；经销商、供货商、代理商、批发商、客户等；专家、咨询顾问、法律顾问等，都是情报的搜集对象。能提供情报的人没有固定的界限，只要他们能在可接受的期限内被识别和联络。一次信息一般应被视为绝对准确的，但在搜集过程中仍要注意防止出错。

一次信息可以通过实物获得：通过购买对手企业的产品使用反向工程，从废弃物中获得设计图纸、配方、样品等。

一次信息的搜集方法有网上市场调研法、个人访谈调研法、观察式调研法、反向搜集法、典型代表调研法、电话调研法、座谈式调研法以及互动式调研法等。

1. 网上市场调研法

现代社会网络资讯越来越发达，不论是企业还是消费者对网络的依赖也越来越强，网上调查由于其及时性和共享性，任何网民都可以进行投票和查看结果，而且节省了传统调查中耗费大量人力、物力的情况，可以全天候 24 小时进行，不受区域与时间的制约。网上调查方式有两种，一种是利用互联网直接进行问卷调查收集一次信息；另外一种是利用互联网的媒体功能，收集二次信息。按网上调查采用的技术可分为站点法、电子邮件法、随机 IP 法、视频会议法等，对于小微企业来说，最简单、方便的是采用电子邮件法、站点法。电子邮件法可以将调查问卷发给特定的目标人群，针对性强，但用户会不会参与则不可控。而站点法是采用调查问卷附加到一个或几个网站上，用户浏览该网站的时候，则可实时回答问题，如央视每年都会举办的你最喜欢的春晚节目就是通过这样的形式得到主要数据的。

案例：

零点的网上调查

针对目前国内网上调查存在的主要问题，如样本框的真实性、抽样的准确性、主题兴趣度、回答的真实性、实施的可控性等，零点网上调查系统从以下方面解决网上调查所存在的问题。

(1) 零点调查与其合作伙伴通过多种方法核实样本框中的注册用户背景资料的真实性，并剔除所有提供虚假信息的受访者。在网上调查运作中，特别加强了注册用户的规模、群体结构的均匀、管理的真实性以及抽样框的有效性，为调查的广泛性、代表性与科学性提供了保证。

(2) 在零点网上调查系统中，通过概率抽样抽中的受访者，确保其调查结果具有推断意义。同时，只有被抽中的注册会员才会收到 E-mail 邀请函，也只有他们才可以参与调查，这与实地调查的入户调查方式非常接近。它避免了大多数网上调查通过抽奖的方式吸引受访者，从而造成结果偏差的可能性。

(3) 在整个过程中，受邀请的人会不断收到催促信息，从而避免单纯访问高兴趣度人群所产生的结果偏差。这与实地执行中的三次回访要求一致。

(4) 通过 E-mail 邀请受访者发可以有效控制每位受访者只能填写一次问卷，大大避免了其他网上调查中大量为报酬或无聊多次填写的现象。同时，在网上问卷中，系统预设有多种查错设置，从而实现逻辑检查、不合格回答提示等多种查错功能，从而保证调查数据的真实性和有效性。

(5) 虽然网上调查是通过受访者在网上自填问卷，但是通过系统程序，可以有效实现与受访者的沟通、对受访者的鼓励、对复杂问题的解释、卡片出示、问题跳答等多种方式实施控制。

——屈冠银，《2012 市场营销理论与实训教程》

2. 个人访谈调研法

个人访谈，即在访问者和被访问者之间的面对面的会谈。

针对消费者的个人访谈往往是在购物街或商厦广场上进行的，因为出于对安全的考虑，以往常用的入户访谈方式已经过时了。过去，在家中进行个人访谈是社会可以接受的收集信息的调查方式。现在，由于社会环境等问题，在家中进行个人访谈已不再是一种受欢迎的调查方式了。不过在许多商场拦截采访者存在时间压力。有些人行色匆匆，有些人即使在闲逛，你向他提问也占用了他的时间，这样就可能得不到高质量的采访结果。

据统计，大约有 80％的情报来自本企业。本企业的一线员工、销售人员、技术人员、管理层干部等掌握着企业的生产、计划、销售、财务等情报信息，他们所具有的专业知识、实践经验、广泛的业务和社会关系都是宝贵的资源，利用工作、购物、散步、出差或者正式个人访谈的形式都可以搜集到有意义的情报，是一种省时、省钱、方便、高效的好方法。值得注意的一点是，提供情报后的情况应该反馈给情报人员，以鼓励他们对市场信息搜集的积极性。如果这条反馈链是断的，他们不知道提供的信息是否有用，长此以往，就会失去向公司管理层传递市场信息的积极性。

同样如果能从对手企业的一线员工、销售人员、技术骨干、管理层干部那里获得第一手信息资料，其价值当然是巨大的。最常用的访谈方式是情报搜集人员故意掩盖自己的真实身份和目的，假借客户、供应商或其他人员之名通过电话咨询、培训参观、招聘面试、商讨合作等方式取得情报信息。企业还可派技术人员参加各种会议和贸易展览，向竞争对手的技术人员提问，表现出不过是几个技术伙伴讨论程序和问题而已，但竞争对手的技术人员常常忍不住吹嘘如何克服技术困难，因而泄露了机密的信息。

这要求我们的情报人员平时要注意建立自己的人际网络圈，它包括企业的内部和外界两个人际网络的情报圈。

3. 观察式调研法

观察法是指不通过提问或交流而系统地记录人、物体或事件的行为模式的过程。一次，一个美国家庭住进了一位日本人。奇怪的是，他每天都在做笔记，记录美国人居家生活的各种细节，包括吃什么食物、看什么电视节目等。一个月后，日本人走了。不久丰田公司推出了针对当今美国家庭需求而设计的价廉物美的旅行车，大受欢迎。直到此时，丰田公司才在报上刊登了他们对美国家庭的研究报告，并向那户人家致歉，同时表示感谢。

最好的观察机会是参观竞争对手的工厂，因为可以很直观地了解到竞争品牌的生产规模、制造程序等。许多老总就经常让管理人员到竞争对手的工厂去参观。比如美国百威，20 世纪

50年代以前为扩大其品牌影响力、吸引人才，每年总要接待来自各个啤酒大专院校的毕业生参观实习，进入60年代，这种敞开式的参观基本停止，因为出现了“学生间谍”。为防止意外，百威代之以更严格的身份筛选和数量限制或电脑流程式参观，而学校也逐渐采取模拟实习。当然也可以通过参加各种相关的展览会、订货会、行业峰会，获得相应的情报。参加展览会时，安排几名销售人员专门在展览会上收集相关产品的信息，将其产品定位、产品功能特点、价格体系、销售区域、销售政策等弄清楚。当然观察对象还可以是消费者，通过观察和记录消费者的购买行为，产品的陈列状况、包装设计、价格等因素对消费者购买行为的影响，了解消费者使用产品的状况，包括用途、使用条件、使用过程中遇到的问题、要求等，以发现问题并及时进行修正。

目前许多地方出现了用机器观察代替人员观察，得到的数据可能更精确。如超市收款台的扫描仪记录了消费者的购物行为；用于测量家庭中电视收视率的交互式测量仪，通过设备获取收视率调查等将更为客观。观察法虽然简便、易行、灵活性强，可随时随地进行，但是这种方法也有缺点，它通常只能观察到物理过程，无法由观察法了解受访者的动机、态度、想法和情感，得到的数据易表面化。

案例：

参观泄露了商业机密

某技术精英自己创办了一家企业，由于他手里有一项在行业领先的专利，而行业对这项专利的产业化都是垂涎欲滴的，一旦掌握可以取得在行业中的领先地位。一日某外国客商提出要购买这家企业生产的五金工具，谈判之前外方提出要参观工艺流程，厂方很热情地接待了这位外国客商。在参观中，外国客商又是照相，又是摄像，还参观了关键技术的生产流水线。而厂方更是毫无保留地将十多年的工艺全面做了展示，在不知不觉中泄露了重要的商业机密。当然事后，外国客商并没有购买他们的产品，而是抢先生产出了和他们一模一样的五金工具，并抢注了专利。这样的教训不能不说是沉重的。

4. 反向搜集法

通过购买对手企业的产品、从废弃物中获得设计图纸、配方、样品等的反向搜集法运用正越来越普遍。如在欧洲运用得非常广泛的买手制，“买手”一词源于英文“fashion buyer”，即时尚采购员。买手是品牌公司与供货商之间的桥梁，有时也成为“仿款”的高手，但与传统的抄袭却有着迥然的不同。如在欧洲，ZARA成了那些顶级品牌的“眼中钉”，因为他们的新产品刚刚设计出来不久，就可能会有非常类似的款式出现在ZARA的店铺中。这就是ZARA品牌的买手经营模式。而一些公司则通过收集废弃物来了解竞争对手。丢弃物一旦被竞争对手扔到门外，它就成了可以合法获得的废弃财产。在一个垃圾抢夺案中，雅芳公司雇用了私人侦探搜索对手玫琳凯化妆品公司的丢弃物，并有录像带证明是玫琳凯自己将废弃物放在了公共场所。

在实施反向工程的时候，应注意保存好产品发票、购货合同证明是通过合法途径取得拆卸、检查、化验、脱壳等的权利，实施反向工程的全过程也应通过拍照、录像、录音等详细记录下来，以备出现法律纠纷时作为证据。

案例：

纸条也可以商业分析

在澳大利亚昆士兰州，许多远道而来的顾客，特别是生怕忘事的家庭主妇，在到商店购物前总喜欢把准备购买的商品名字写在纸条上，买完东西后则随手丢弃。一家大百货公司的采购经理注意到这一现象后，除了自己经常捡这类纸条外，还悄悄发动其他管理人员也行动起来。他以此作为重要依据，编制了一套扩大经营的独家经验，结果可想而知：许多妇女从前要跑很远的路才能购买到的商品，现在到附近分店同样也能买到。

5. 典型代表调研法

典型代表调研法是一种由一个持续存在的群体定期回答调研问题的方法。这个群体可以由个人、家庭、经销商、供货商、代理商、批发商等组成。通过跟踪一个典型代表在一段时间内的反应和行为，得到持续的信息，它的原型本来是抽样调查的方法，虽然成本低，但是也会受到参与调查人员的变动、主观意识行为等的影响，但其优越性还是很突出的：如产品在投入市场前，可以邀请个人来参与一段时间的测试，记录测试效果及感受，产品在大规模推广前，也可邀请经销商、代理商等来进行小批量投放，测验市场反应情况及样本的反应。据英国媒体报道，英国男孩哈利·威尔虽然还是个 12 岁的中学生，却拥有一份“世界上最甜蜜的工作”，专门品尝各色美味糖果的绝密配方。由于拥有超人的味觉，哈利被聘为英国老牌糖果公司的“首席品尝师”，公司不仅为他专门制作了精美的名片，还派专人带他将工厂的里里外外参观了个遍，他的任务是每 3 个月品尝一批最新糖果产品，不过不能向任何人透露秘密。

案例：

试用知多少

虽然网上不少试用网站给试客们带来诸多“天下掉下来的馅饼”，但并非所有的试用网站都能“乐善好施”。一些网站打着免费试用的旗号蒙蔽消费者，试客不仅无法得到赠品，反而还会轻易贡献了自己的个人信息。因此免费试用者最好选择那些品牌知名度高、操作规则合理透明的网站体验。此外，找一些知名护肤品官方网站活动也是挺不错的。

试用形式有如下几种：

(1) 有试用期限，到期返还。这种试用方式规定试用期，试用期限一过提供试用产品的商家就会要求使用者返还产品。

(2) 试用小样，满意后再确定购买。就是商家以小样加产品的形式提供给你，收到后先试用小样，在试用小样期间感觉满意后再确定购买产品，否则退回产品，有商家提供往返邮费。这是最近产生的一种试用营销方式。

(3) 试用装加邮费。有商家通过自己的官方网站、试用平台发布试用活动，消费者参加后需要支付邮费，一般预付款 25 元、货到付款 29 元。这是比较普遍的试用营销方式，但是这里面的商家也良莠不齐，很多商家提供质量低劣的便宜货却收取高价邮费，从中牟利。

6. 电话调研法

身处现代社会，你一定接到过各种各样的电话，如保险试用、移动推广、教育培训等，电话的普及性也避免了相对于面对面采访的尴尬。几乎所有的电话调研都用电脑辅助，全程都有电话录音，监听人员也可在不被察觉的情况下，对采访过程进行监听。调查人员只需要像读书一样宣读屏幕上的问题，回答者选择事先设计的可能出现的几种情况，调查人员按相应的答案键即可。由于电话的普及率高，通过电话调研可以方便地处理从当地到全国各地的任何调查，经济方便。当然缺点也很明显，通过电话调研存在抽样偏差，也受到电话通话时间需要连续、不宜过长的限制，以免接听者产生厌烦、抵触情绪，这样就没办法进行一场主题调研。

7. 座谈式调研法

座谈式调研法是一种由 10 名左右经挑选的参与者举行的一次座谈，由一名有经验的主持人就事先准备的主题来组织讨论，如新产品开发的意见座谈会、新产品的市场前景预测会、销售量下降的原因分析会、广告策略评价会等，一般持续时间为两个小时。邀请参会对象可以是专家、咨询顾问、法律顾问、消费者、经销商、供货商、代理商、批发商等，会议应该营造出相互影响和热烈讨论的氛围，在会议结束后要对所涉问题进行分析，对相关建议做出回应。座谈会的优势很明显：通过一个人的发言启发其他参与者的一连串反应，激发出灵感，产生新的想法。且一组人在一起讨论，与个人访谈相比，更容易获得广泛的信息，也可以通过参会者的表情、肢体语言、态度获得更直观的信息，可以将开会过程全程录像，以备日后分析决策之用。

8. 其他调研法

可以通过其他途径取得调研的一手资料。如从与本企业或对手企业有联系的工会、运输部门、银行、广告公司、律师、质量检验机构、上级主管部门、会计事务所等获取情报，也可以委托信息机构加以收集，聘请外部的情报人员进行收集，只是要注意他们得到的情报是否合法。

案例：

"新鲜公司"如何捕捉市场信息

德国的哈夫门公司格外善于捕捉市场信息，享有"新鲜公司"之雅号。他们的方法是经理和高级职员每天半日坐班，半日深入社会，广抓信息。一次，公司的管理部长进剧院看戏，却三心二意难进剧情，而不远的一对青年男女的对话，却声声入耳："你能给我买顶有朵白花饰物的绒帽吗？我们公司的女孩们都想得到那样一顶漂亮的帽子。只有赫得公司卖过一批，可以后再也见不到了。""亲爱的，我保证给你买到。你知道吗，我们公司的同事们都在想买那种双背带背包，省力又不会使肩膀变形，你要是能为我买来他们肯定既羡慕又嫉妒。"管理部长坐不住了，出门直奔几家商店，回答是问的人多，可没货。部长连夜找来几位设计师，两周后，大白花绒帽和双背带背包作为哈夫门公司献给大家的圣诞礼物摆上了柜台，生意之红火就不用说了。

2.3.2 二次信息的搜集方法

二次信息是指经人们加工处理过的、以电子和文献信息源为主的，信息量大、针对性和及时性弱、收集成本低等特点的信息，二次信息主要包括商情数据库、剪报、研究报告、行业资讯、互联网信息等。

1. 商情数据库

商情数据库涵盖范围很广，里面披露的数字及信息也大多是高附加值信息，可以获得重要的商业情报。如公司、企业数据库；市场与产品信息库；金融信息库；行业信息库；专业、商标及标准信息库；经济预测信息库；市场贸易数据库；统计信息库等。因为许多企业，如食品加工业、农业、医药、航空、造纸业等，根据国家的法律规定，需要向政府部门提供大量的资料数据，当这些数据资料纳入政府部门的信息系统后，任何公众和企业都可查询。关于上市公司的资料，也可以从证券交易所查询。上市公司需提交年度报告和中期报告、资产公告。年度报告的内容包括公司概况、公司财务会计报告和经营情况；董事、监事、经理及高级管理人员简介及持股情况；公司经营方针和经营范围重大变化；重大投资行为和重大购置财产的决定；订立的重要合司，发生的重大债务；董事变化等重大情况；投诉情况等。

案例：

收视率越来越重要

收视率现在一般由第三方数据调研公司通过电话、问卷调查、机顶盒或其他方式抽样调查来得到。它不仅能反映观众对节目的喜爱程度，而且能让各位广告主、代理公司客观地了解各电视台的节目的表现，帮助大家评估节目价值、挖掘投放潜力。同时也能方便销售部门进行节目资源的销售。

2. 剪报

剪报是搜集商业情报的极好的方法。剪报是从报纸、杂志、行业期刊或其他定期发布的信息源剪录文章，然后分类编辑，你只需提供要求、关键词等，剪报公司会每天、每周或每月根据你的要求给你发相关文章，其覆盖面广，针对性也很强。它可以针对一个产品或一个竞争对手。

20 世纪 60 年代，我国刚刚建设大庆油田，由于其重要的战略意义，在当时是极为保密的，国内人士也大多不知道它的地址，可是日本人却得知了，而且非常准确。那么，他们是怎样掌握了我们的秘密的呢？是派遣了特务，还是收买了某些中国人？都不是。出人意料，他们靠的仅仅是零零星星搜集到的关于大庆的一些公开资料，并依此做出了合乎逻辑的分析。原来，在《中国画报》封面上曾登出过王进喜同志的照片，身穿大棉袄，冒着鹅毛大雪在工作。日本人分析这可能是东三省北边的某个地方，否则不会下这么大的雪，但具体地点却不知道。接着，日本人又看到了《人民日报》的一篇报道，说王进喜同志到了马家窑，说了一声：好大的油田啊！我们要把中国石油落后的帽子扔到太平洋去。这下日本人乐了，找到了，马家窑就是大庆油田的中心。接着，我国对日出版的《人民中国》杂志又报道：中国工人阶级发扬了“一不怕苦，二不怕死”的精神，大庆设备不用马拉车推，完全是肩扛人抬。日本人据此分析，大庆车站离马家窑远不了。地址找到了，什么时候出的油呢？他们也算准了。1964 年，王进喜同志光荣地出席了第三届全国人民代表大会，日本人说肯定出油了，不出油王进喜当不了人民代表。他们分析得很对，情况的确如此。接下来，日本人又根据《人民日报》上一幅钻塔的照片，从钻台上手柄的架式推算出油井的直径是多大，再根据油井直径和国务院的政府工作报告来套算，把全国石油产量减去原来的石油产量，就是大庆的石油产量。在此基础上，他们很快设计出适合中国情况的石油设备。等到我国向世界各国征求设计时，其他国家没有准备，而日本则胸有成竹地说，我们已经准备好了。这项成功的贸易活动，日本人靠的是信息，来源于公开渠道的信息，但在获取这些公开的信息时，日本人对此做了分析和推理，这些任何人都可以得到的信息，在日本贸易商那里成了竞争情报。

3. 行业研究报告

行业研究报告是对行业相关各种因素进行具体调查、研究、分析，评估项目可行性、效果效益程度，提出建设性意见与建议等，为行业投资决策者和主管机关审批的研究性报告。以阐述对行业的理论认识为主要内容，重在研究行业本质及规律性认识的研究，独特的看法、创新的见解、深刻的哲理、严密的逻辑和个性化的语言风格是其内在特点。其专业性是很强的，通过研究行业研究报告，你能获得一个更高的思维方式、更高远的目光、更全局的观念，说不定也能找到你未来企业的方向。

案例：

页岩气改变行业格局

页岩气，一种以游离或吸附状态藏身于页岩层或泥岩层中的非常规天然气，极大地改变了世界的能源格局。取得工业开发成功的仅为北美洲(以美国为主)。但页岩气储集层渗透率低，开采难度较大。现在美国是世界最大的页岩气生产国。根据美国能源情报署估计，中国的页岩气储量超过其他任何一个国家，可采储量有 1 275 万亿立方英尺。关于页岩气的行业研究越来越多，国家也出台了一系列政策鼓励对页岩气和煤层气等“非常规”天然气资源进行开发。

2012 年 11 月，国家发布了支持页岩气开发利用的补贴政策，规定今后三年中央财政对页岩气开采企业给予补贴，补贴标准为 0.4 元/立方米。

2013 年 10 月 30 日，国家能源局出台《页岩气产业政策》，将页岩气纳入战略性新兴行业，提出“将加大对页岩气勘探开发等的财政扶持力度”；并规定页岩气出厂价格实行市场定价，还将对页岩气开采企业减免矿产资源补偿费、矿权使用费，研究出台资源税、增值税、所得税等税收激励政策。该产业政策将页岩气的定位提升到战略新兴行业，特别是对页岩气技术设备行业来说，将是一项长期的政策利好。

4. 互联网信息

随着网络技术的成熟和发展，政府和企业都陆续上网，电子商务将成为知识经济新的增长点。通过互联网获取信息相对简单和方便，但网络信息五花八门，信息量丰富而庞杂，情报工作人员不可能面面俱到，其任务主要是如何挑选出合适的网络搜索途径，进行重点网络的挑选和监控。在众多的网站中，挑选出信息量最为丰富、最具情报价值的、最符合企业当下发展的网站进行长期监控和信息采集、整理。对于主要的网站长期持续跟踪；而对于一般性网站，不定期地关注即可。而目前占据主流的沟通平台就是 QQ、微博、微信，通过关注有价值的号或群，不仅可以获得第一手信息，甚至有时还会有意外的发现与收获。

下面我们就一起来探讨一下在互联网时代小微企业可能用得最多的五种互联网资源。

(1) 通过网页搜集企业商业情报

传统的竞争情报工作中，人们非常重视对印刷型信息的搜集。随着数字经济时代的到来，网络成为所有信息传递、加工和处理的最好载体。网页是传递、加工和处理信息的主要途径，是传递网上信息的最重要的视频载体。通过搜索各种网页，不难发现非常有价值的竞争情报线索，例如，网上合同的详细资料、设备说明书、新设备、企业间的兼并与联盟、市场策略、研究与开发活动、扩张计划、工厂的产量、合作方式、客户名单、技术实施等。另外，专利和商标网站、行业论坛、招聘广告和简历网站、政府网站、公司主页、地方新闻、报纸杂志网站以及商贸出版物等都是获取竞争情报的有效途径。以饮料工业为例，将竞争对手的名称与“客户”这个词进行组配，用搜索引擎进行检索发现许多同行公司的网站，其中一个网站提供了有用的竞争情报，该公司网站把自己先进设备作为成功的例子进行宣传，张贴生产线的特写镜头照片。其捧场文章中提供了照片、产量、所采用的生产线、纸版包装的制造商以及包装的主流等。可从以下三个方面重点了解需要的商业情报信息。

① 注重公司主页信息。在“注意力”经济时代，上网的公司能否获取点击数量，主页的内容和设计非常重要，它是企业在网上的对外窗口，是企业以文本和图像等形式在互联网上宣传自己的产品和服务的主要阵地。因此，不要忽视最基本的网上竞争情报源——竞争对手的主页。没有什么网页能比一个公司的主页提供更有效和更有价值的竞争情报。公司主页不仅提供新闻和证券交易信息，还有公司总裁的传记、讲话和招聘广告、组织结构图、会议展览和到会的人数等有价值的信息。除了公司的主页之外，贸易协会网站的主页提供了有价值的行业信息及企业信息；学会站点的主页则提供学会会员的名单、新闻、出版物分析、统计数据等信息。

② 注重主页上的重要链接。主页上的重要链接表明了企业间的商务关系。在互联网出现之前，信息工作者一般从联机服务检索（商情数据库）获取数据，信息的分配是受控的。这些数据库最重要部分来源于公司的原始信息（公司的主页），比如，准予公开的内部新闻、讲话和年度报告等。互联网上信息分配则较为公平，只要在线搜索，就能获得许多重要的竞争情报。例如，从一个公司主页上的对外链接，我们可以了解公司与公司之间的商务关系和潜在的贸易机会。今天，在全球电子商务发展的初级阶段，市场竞争时而出现无序状态：分销商会在网上公开价格表、合资的股东公布合同的详细内容、前雇员在网上公开张贴自己的简历从而把以前公司所从事研究的细节公之于众等。所有这些都导致了更多的商业秘密的泄露。

③ 注重专门商业信息网站。网上有一些专门提供商业信息的网站。例如赛立信竞争情报网，拥有丰富的商业信息，是一个获取网上竞争情报的好工具。现在，出现各种各样招聘与求职网站。通过网站招贤纳士几乎被所有公司所采用。分析和研究这些网上招聘广告，我们可以获取许多竞争情报，能了解该公司所使用的技术、策略、研究和开发重点，甚至扩张计划等。

(2) 通过微博搜集企业商业情报

自2009年8月新浪微博进入人们视野以来，新浪、腾讯、搜狐、网易等的加入，让微博这一新兴媒介正迅速改变着人们传递信息、获取知识的方式。近来，微博在商业情报的运用方面的优势也日益凸显。由于微博包含了巨大的实事信息，能为情报工作提供大量有价值的信息，正成为小微企业情报搜集的主要信息源之一。

微博以140字左右的文字更新信息并实现即时共享。一些微博也可以发布多媒体，如图片或者视频。微博的技术门槛要求较低，用户可以通过手机等移动终端多种方式来即时更新个人信息，容易形成良好的互动关系。它基本涵盖了手机、社交网站、博客和实时通信的核心功能。通过关注功能实现用户之间的互动，为用户信息共享和交流提供平台，实现网络社交服务。用户如果发了一篇微博，只要关注他（她）的粉丝都会看到；粉丝转发后，粉丝的粉丝就会产生乘数效应，进行像核裂变式的传播。裂变传播是微博与SNS等社区相比最大的传播特点。

微博用户数量庞大。近年来在我国发展比较迅速，凭借其平台开放、内容简洁、发布便利、传播迅速和门槛较低等特点，赢得大量的用户，用户数量越大，意味着潜在的情报越多，其中有价值的情报也越多。微博用户不仅数量庞大，且涉及社会方方面面的人群，知名文体明星、企业、政府、媒体人士均开通微博。用户的多样性对于商业情报来说是一笔巨大的财富，情报人员可全方位、多角度利用这一特征，丰富情报内容。新浪微博也于2011年6月13日推出企业版微博，截止到2013年1月，新浪企业微博账户数超过26万，覆盖了汽车、餐饮休闲、房产、家居、航空公司、体育竞技、交通服务、IT数码等30多个行业，包括伊利、中粮等在内的大型企业也尝试应用微博来进行企业营销。企业微博服务的核心商业群体，是中小微企业，中小微企业对微博营销和社会化营销的热情是相当高的，他们迫切地希望通过微博精准营销快速接触他们的潜在用户。微博中信息传播速度快，影响力大，营销成本较低，方式灵活，其营销方式也给情报收集带来机遇，利用企业或员工的微博来收集信息，尤其是监控竞争对手的情况，可以获取其他渠道难以获取的情报。在微博中有关注你的人，也有你关注的人，在这种相互关注中形成了关系网络，扩大了网络中信息传播者以及信息受众的规模，使得网络中的人际传播变得更加活跃。人际网络对于情报工作来说是非常宝贵的资源。在日益激烈的市场竞争中，人际网络资源的战略性会越来越凸显。

我们的中小微企业可以利用微博做哪些工作呢?

① 利用政府微博对企业所处的政治环境进行监测。越来越多的政府机构和官员纷纷开通微博，及时公布有关信息，应对各种突发事件，提升政府在民众中的形象。对政府微博进行监测，从中及时发现对企业的市场经营决策有影响的政治法律及政策信息。

② 也可以通过关注行业微博或微群对技术环境进行监测，从中挖掘出与企业发展有关的各种技术环境的变化与发展。

③ 通过微博中流行话题对社会文化环境进行监测。王老吉与加多宝之争中，我们会看到加多宝就很好地利用了微博进行舆论造势。微博自身通过关联规则和数据挖掘就可以提供可能感兴趣的人、n 位共同好友的微博、关注对象的粉丝、可能关注的话题等，使情报工作者通过企业微博或者员工、用户微博挖掘隐性信息、寻找合作伙伴、竞争对手，以及建立良好的人际网络和利用这种人际网络获取更多的商业情报。

④ 通过对竞争对手微博进行动态监测，能获得大量竞争对手的营销情报，透过对竞争对手营销情报的搜集，大致可以窥见一家企业的竞争策略和大量的有用信息。不少微博为了吸引人气已逐渐演化为企业的官方网站，因此其产品发布、营销方案、业务动态、招聘信息、市场情况等都将成为企业微博信息发布的重要内容;有些隐性信息甚至机密信息也有可能不小心通过微博泄露，成为发现公司秘密的窗口。

⑤ 利用微博获取竞争企业的人力资源信息。新浪微博实行实名认证制。企业可以通过搜索引擎查找到竞争对手的人力资源信息，特别是竞争对手的高层管理人员和高级技术人员的信息。

⑥ 利用微博中用户对自身产品及竞争对手的产品和服务的评论。从用户对竞争对手的评价中，挖掘竞争对手产品与服务的特点及优劣势，并与自己企业相比较，总结出与竞争对手之间产品和服务的差别，制定相应的战略。通过微博发现关注企业的客户群体，并可利用微博与客户进行交流与沟通。掌握客户的需求信息和反馈信息等，为企业制定发展战略提供相应的依据。如美宝莲始终将微博作为与客户交流的重要渠道，对于消费者的问题基本上有问必答，其范围涉及美妆护肤，也涉及美宝莲自身产品性能以及价格等;美宝莲还在微博中积极寻找产品使用者发布的相关内容，主动转发并表示感谢，注重与消费者互动。

微博基于开放式平台而建立，微博内容主题涉及面广，繁杂混乱，形式多种多样，缺乏统一的标准和规范，信息零散化，也加大了商业情报工作的难度。用户可以随心所欲地发布信息，没有严格的审查过程，所以往往鱼龙混杂、泥沙俱下，原创内容中不仅有可靠的信息，也有很多虚假信息。所以，必须擦亮眼睛、多方考证，才能找到有价值的真实情报。用户在文化背景、思维方式、兴趣爱好等方面有很大的不同，体现在微博内容差异大。有些企业也会在微博上发布一些虚假的信息，目的在于诱导竞争对手，使其竞争策略做出误判，导致企业相关决策发生错误,从而为自己赢得竞争优势。因此,在利用微博进行企业竞争情报分析时,应该注意识别虚假信息,考证其可靠性。

案例:

黄太吉的微博营销

黄太吉是一家位于北京国贸 CBD 的煎饼果子店。创办人赫畅把白领客户作为目标人群,把“土气”的煎饼店包装出了时尚范儿:点餐模式类似星巴克,装潢风格类似港式餐厅,海报做成文艺风,还提供免费无线网络。在赫畅眼中,其他煎饼店只能算是“煎饼摊”,黄太吉则是唯一的一家店,“你在这里不仅能买到煎饼,还有豆腐脑、麻辣烫、豆浆和凉面等”。

开业初期,“开奔驰送煎饼”的微博热门话题让黄太吉在网上一炮走红,赫畅从中尝到了微博营销的甜头,愈发重视微博账号的运营,上万多条评论和@都一一回复。赫畅并不认为微博营销就一定要抽奖、大 V 转发,他唯一的营销秘诀就是认真地把自己感兴趣的东西分享出来,并好好做回复。

赫畅认为,黄太吉的核心竞争力有两点。第一是标准化操作,不同店铺的不同员工能做出一模一样的煎饼;第二是数据处理,顾客可以通过微信、APP 等多种入口提前支付下单,到店里取餐即可,这使其实现了店内只有 13 个座位,但一中午可接待近 500 人的高效率。

(3) 通过微信搜集企业商业情报

微信是腾讯公司 2011 年 1 月推出的一款即时语音通信软件,用户可以通过手机、平板和网页快速发送语音、视频、图片和文字,提供公众平台、朋友圈和消息推送等功能,微信拥有超过 6 亿用户,2013 年第一季度活跃用户增长了 228%,达到 1.94 亿人。其影响力正在日益扩大。微信由于其特殊的产品功能,更适合做企业营销情报搜集。

那么企业应该如何做微信呢?微信产品总监曾鸣是这样说的,“一些企业在公众平台上盲目追求用户数,把平台当作宣传渠道,对用户进行信息轰炸,就像过度开垦土地,只能产生短期效应,损害平台和企业自己的利益。用户体验依然是公众平台的基石,微信要做的,是回归沟通本质,提升用户体验,搭建一个可持续发展的能够良好运作的生态系统。”

首先企业要明确自己的微信公众号的定位,搞清楚企业品牌吸引的用户对象是谁?应该做什么方面的内容才能吸引这些用户。比如艺龙旅行网,无论是在微博还是微信都是内容定位的典范,他们网站是针对旅游人士的,所以无论是微博还是微信都是定位推送旅游方面的各种相关内容,而且艺龙旅行网在微信的推送频率非常低,特别是有了自定义菜单后,除了活动方面和偶尔旅游生活类的推送外,平常都是很少推送消息的。

既然微信公众平台不是营销工具,那么对于企业来说重点就是互动,微信公众平台有个非常重要的功能就是自定义回复,这也是微信所倡导的沟通互动为属性的重要方式。企业可以把所有相关的问题都录入进去。招商银行的负责人就表示,他们的微信运营团队的主要工作就是不断地把最新的问答系统提交进去。对于优秀的企业来说,如何做好和用户之间的互动才是王道。

无论是企业微博还是企业微信,活动都被放到非常重要的沟通方式,企业微信的活动就显得尤为重要。活动规划前需要先了解企业用户的属性,进行市场调研后策划并进行全方位预热推广,在包括微博、线下广告、官网等多方面都宣传本次微信活动的情况;活动运营期间需要有专门的客服在后台记录和解答问题,引导用户积极参与活动,并通过自定义回复接口不断推送活动参与说明，利于关注用户快速参与。小米就是开发了基于微信的客服 CRM 系统，专门用来记录用户参与活动行为；通过设置多重奖品来刺激参与者，并且在推广渠道不断地宣传来刺激参与度。奖品方面不仅设置单次的大奖，还可以设置多个参与奖，这样调动用户的积极性；对参与用户进行二次分组，每个参与的用户都可以根据其基本属性按照性别、地域等分组，后期非常有利于二次营销；抓住节日时效性活动营销热潮：活动的策划建议多采用节日性和热门事件结合。

案例：

雕爷牛腩如何炒热的？

孟醒，人称“雕爷”，作为一个毫无餐饮行业经验的外行，雕爷牛腩开业仅两个月就实现了所在商场餐厅单位绩效第一名。孟醒认为，自媒体时代做餐厅的方式完全不一样，不是靠广告取胜的，“如果巧妙，也不需要太多钱，这些营销活动花得钱很少，但是顶得上几千万元的效果。”

(1) 在雕爷牛腩的封测期，只有受邀请的人才能来吃。受了邀请的，往往会发微博或者微信说说自己的消费体验，既然受邀请，吃别人的嘴短，吃了又不说好的是少之又少的。于是，各路明星、达人、微博大号们纷纷在微博上帮着吆喝，最初的传播效果就有了。

(2) 雕爷每天花大量的时间盯着大众点评、微博、微信。用户只要有对菜品和服务不满的声音，都会立刻得到回馈。

在雕爷看来，微博是用来引爆和传播的平台，也就是做流量的工具，而微信是用来维护用户做重复消费的。比如，雕爷牛腩上新菜，会通过微信发给老用户，有图片、有文字、有口味描述。而这个不能在微博上发，以体现老用户的专属性。雕爷牛腩的 VIP 卡也是建立在微信上的，用户需要关注雕爷牛腩的公众账号并回答问题，通过后就能获得 VIP 身份。在雕爷牛腩有一份专门的 VIP 菜单，是不给普通用户看的。在互联网上，这种玩法已经很普遍了，比如 QQ 的一些身份特权等。每家餐厅都有自己的目标客户群，所谓众口难调，一家餐厅不可能伺候好所有的用户。因此，VIP 客户应该是自己能服务好的目标客户，需要产生重复购买。因此，申请问题都是围绕着自己的菜品特点设计的，而奶酪在雕爷牛腩的菜品中经常会用到，不喜欢奶酪的用户可能不会喜欢雕爷牛腩的口味。如果用户不喜欢的是口味，就很难产生重复消费，而微信维护的效果也会大打折扣。

(4) 通过 E-mail 搜集企业商业情报

采用 E-mail 搜集企业内部竞争情报的步骤和一般搜集步骤类似：分析企业特定需求；确定 E-mail 搜集对象和可操作的策略（根据需求选择不同的搜集内容，转换成可操作的调查问卷形式）；整理、分析和挖掘搜集到的各项数据，同时分析不足与缺陷，进一步补充和核实内容；形成满足要求的竞争情报。

E-mail 搜集法已成为大量网络销售和产品推广企业主要的竞争情报搜集方法。大多针对相应的目标用户发送相关的调查问卷，并以赠送相应利益的方法提高问卷的回收率。利用 E-mail 搜集竞争情报的优点是：工作量小、成本低廉、针对性强且不受时空限制。

(5) 通过 BBS、博客等方法搜集企业商业情报

利用 BBS、博客方法搜集企业内部竞争情报的步骤为：分析企业的信息需求；选定网络上与目标企业相关的 BBS、博客等；发布相应的调查问题或相关的描述，请目标企业的网上用户

参与讨论或发表意见；利用一定的技术手段从中收集与企业信息需求联系密切的回复及相关描述；整理、分析挖掘所收集到的各种信息从中获得目标企业所需信息。

选择正确有效的搜集方法及步骤对于竞争情报的价值有很大的决定性作用，因此在确定搜集步骤和方法时要慎重，并能根据实际运行情况及时进行改进，综合运用各种竞争情报搜集方法、在法律许可范围内搜集涉及商业秘密等方面的竞争情报。

(6) 通过专业的电子商务情报软件搜集企业商业情报

比尔·盖茨在《未来时速》中说："将您的公司和您的竞争对手区别开来的最有意义的方法，使您的公司领先于众多公司的最好方法，就是利用信息来做最好的工作。您怎样收集、管理和使用情报将决定您的输赢。"

在电子商务快速发展的今天，各行各业竞争日趋激烈和残酷。企业要想在竞争中赢得市场、求得生存发展，就应通过电子商务加强对竞争情报研究工作的重视。如何在浩如烟海的海量信息中分拣出有用的竞争情报和商机，提高企业竞争力，这是每个企业运营人员、营销人员挖空心思琢磨的事情。

下面介绍几款优秀的、适应性较强的智能电子商务情报软件。

① "淘师爷"是一款运用搜索引擎、数据挖掘、数据仓库等各类先进技术分析淘宝的智能商业情报系统，拥有一套强大的数据采集和加工系统，应用独特的数据分析模型，对淘宝平台的各种数据进行智能分析和挖掘，通过对淘宝数据多维度、多层次的全面分析，为淘宝卖家制定正确的营销策略提供数据咨询和决策支持。淘宝是目前在全球最具活力的电子商务平台之一，其数据的参考价值是无法估量的。淘师爷能够满足各类客户对于电子商务数据的需要。

② "情报通"是爱德威软件开发公司由 80 多个工程师历时 1 年时间开发，综合公司技术实力倾力打造的一款创新产品。它以每天 5 000 万个页面的处理能力，通过对公开的网络购物交易数据的采集和分析，从而为各类电子商务客户提供全面的商情信息和准客户资源，帮助他们做出正确的营销决策，并提高销售业绩。

它的行业分析模块中拥有超强大的行业分析系统，每月提供所有行业、子行业、各种品牌、各种商品、各种属性的销售情况图表和相关行业、子行业中最热销的前 100 个宝贝和最热销的 30 家店铺信息。

它的店铺分析模块中拥有超强大的搜索热销店铺功能，并每天能及时跟踪、分析自己和竞争对手店铺的成交、调价、上架、改名等情况，实现真正意义上的知己知彼。它的产品分析模块中拥有超强大的搜索热销产品功能，并每天能及时跟踪自己关注的各种产品的销售情况，行业中最热的白马、黑马的一举一动，都逃不出它的眼睛。它的买家分析模块中拥有超强大的买家搜索功能，能按各种指定条件精准搜寻出行业内消费金额最大和消费次数最多的超级买家。

③ "知数宝"是一款针对淘宝集市和淘宝商城(天猫)的数据分析软件，提供及时准确的数据及直观易读的数据报表服务，用户可以用数据了解竞争对手的店铺经营情况及行业趋势，协助客户制定营销策略所需的数据支持。知数宝开发于 2008 年，并荣获当年淘宝官方举办的"赢在淘宝"活动二等奖，获得淘宝官方的高度认可与支持。

知数宝的淘宝店铺分析功能可以轻松了解淘宝网上竞争对手店铺的销售额、热卖商品、买家分析以及成交时间分析。其淘宝商品分析功能可以了解某个淘宝商品的销售量及销售额，竞争对手地域分布、信用分布等淘宝数据。

知数宝数据精准、时效性快。知数宝数据系统提供准确度极高的淘宝数据，值得每个掌柜的信赖. 它以最快的速度分析淘宝数据发布统计报表及调研分析。目前，知数宝分析拥有

1 000件宝贝、日销售量 5 000 件宝贝的店铺平均耗时 15～20 分钟。且知数宝性价比高，其店铺及商品分析两大功能区提供近 50 项子功能的数据分析及报表服务，并对客户使用的地点及次数均不做任何限制，付费用户可免费享受软件功能升级，性价比极高。

2.3.3 商业情报的搜集技巧

1. 情报搜集前要规划好渠道

"凡事预则立，不预则废"，搜集商业情报道理同样如此，要根据企业的实际情况对情报渠道进行规划，分清渠道的主次。对于存在技术或原材料供应需求的企业来说，应该掌握供应商的供应对象、市场供应量、企业规模、对手企业的供应量及业务关系等。对于销售型的企业来说，渠道建立的重点就应该放在对顾客的跟踪，了解客户的需求，根据顾客需求的变化来调整产品和销售策略；当企业面对新产品的时候，渠道的重点应该放在推出之前的市场调查，对手企业的营销情况等方面。即便是同一家企业，随着企业的发展变化，渠道建设的重点也要进行适时调整。比如，企业在初期发展阶段专注于地区市场，就无需考虑全国的市场情报。但当企业需要开辟更多市场的时候，待开辟市场的信息以及客户情况就需纳入企业的情报需求当中来。

规划好渠道，可以事半功倍。对于主要的情报渠道，持续跟进，了解最前沿、最新的动态及变化；对于次要的情报渠道，可以采取定期跟踪调查，不应将过多精力放在上面。分清一个企业目前最需要的信息是什么，分清渠道的主次和重要程度，就能在情报部门人力、物力有限的情况下，将现有资源最大化利用。

案例：

美国海底捞的水土不服

火遍大中华的连锁火锅品牌"海底捞"在美国洛杉矶富人区阿凯迪亚市开了第一家分店。但海底捞的长处在美国全都用不上！

进入美国市场之前，应该说海底捞还是做了一些市场调查及改良的，如在中国流行的"美甲"服务，老美检察员不会理解为何你在店内提供与吃饭这么不相关的服务，取消；在中国大受欢迎的"酸汤鱼"锅底，对老外、土生土长的华侨后代们来讲，像中药汤一样难以接受，取消；一起用大锅就等于"是让我吃别人的口水"，分餐制是必需的。但做了这么多工作，海底捞居然没有提供英文菜单和英文电话预订服务，海底捞人均消费 40 美元，同样价格在美国可以吃牛排套餐、龙虾套餐，还能外带餐前小菜或甜品。更重要的是，美国文化从来都倡导不可浪费，普通人从来不讲究用奢侈品，更喜欢简单、舒适、自由。在美国市场，海底捞要找出顾客需要的服务，并适应当地的文化，还需要花大力气去调查、搜集相关的情报，来改变目前的状态。

2. 监控情报渠道、保证畅通

情报渠道规划好、创建好之后，只有进行有效的监控，才能确保情报搜集的效率。情报部门应该对该渠道一段时间搜集的情报给予评估，考察其质量和价值。如果情报都是价值不大、内容存疑的话，就要审查情报渠道是否有效。如果确实存在问题，就要考虑进行整改了。整改后该渠道依然无效，应当将其取消。

为了保证情报渠道的日常畅通，不能在有需要的时候用，平时则不进行关注与维护。情报渠道，尤其是人际网渠道，应当随时保持联系，持续跟踪。

3. 给予情报工作支持，建立有效的激励机制

一家企业的情报人员往往是少数，甚至很多企业情报人员身兼数职，单靠情报人员个人的人际关系、情报搜集毕竟是单一的、片面的，如果情报部门能跟企业的其他部门进行有效的沟通、协作，借助所有部门的力量，建立一张更大的人际关系网，则情报来源的多样性、客观性可以得到保证。而要让情报人员乃至全部企业工作人员都能参与进来，则需要建立一套有效的激励机制。

案例：

看日本商社如何收集经济情报

当得知力拓集团中国区的一位高管胡士泰因被确认为“刺探窃取中国国家机密”而被上海公安局调查之后，在日本一家著名财团的综合商社任职十多年、现已辞职的邓先生并没有特别震惊。

“力拓集团虽然生产铁矿石，但实质就是一个贸易商，跟这家企业很像。”时时刻刻收集讯息、把这些讯息转给上级部门并使公司获利，曾经是邓先生工作中重要的一部分。

这家著名的综合商社是怎样培训自己的员工成为一名合格的情报搜集和分析人员的？他们又是如何利用这些情报游刃有余地与当地人做贸易？邓先生为我们揭开了一个真实的日本商社情报链。

1. 如何传情报

被冠以五大综合商社之一的这家企业经营钢铁、纺织、机械、化工、能源、电子和信息、粮油食品、有色金属、轻工建材的内贸、进出口贸易和转口贸易等多项业务，以及作为“产业组织者”参与众多领域的投资。

1980 年，邓先生工作的这家商社在北京设立了首家中国事务所，如今在华已发展成为拥有 14 个事务所以及 110 余家合资、独资企业的大规模办事、贸易和生产机构。

邓先生告诉记者，该商社没有真正的情报机构，承担信息传递工作的不是别人，恰恰是像他这样的贸易职员。

每天早上，从事粮食贸易的邓先生会收到来自公司各国家、地区办事处的上百封邮件。

而公司内部强大的“综合情报系统”也会向他和他的同事们提供数以万计的内部数据、各国经济与政治信息的支持。

“大部分邮件都是我经常联系的同事写给我的讯息，如产品的期货和现货价、库存、贸易量、装船情况；而公司的内部系统则有更系统的年度、季度数据汇总、分析报告等。”

如果中国各地的粮食库存、价格有什么变动，邓先生自己也会登录国内的各种专业网站，把重要的数字及时送达到其他人的邮件里。

“每个行业不同，职员们的信息收集方式也存在差异。比如食品行业的同事出差的频率会比较多，他们会和生产商、经销商做更仔细的沟通；我出差的时间不算太多，原因是粮食类的信息时时刻刻在变动，自己就要分配较多的时间在观察和汇总这些数据上。”

邓先生告诉记者，早在 20 世纪 70 年代还没有 E-mail 时，该商社就已大规模使用一种名为“电传机”的设备用于传递信息。

随着信息化高速发展，信息的互动也变得更快、更全面。“比如我对一个不熟悉的粮食品种想更多的了解，这个粮食品种由一位巴西同事负责。我可以从通讯簿中很快找到他的名字，并发电邮询问其价格和库存等。而我个人也会随时接受陌生同事的询问。”

除了商社内部交流，向外界打听产品的产量、销售价格也是另一种重要的情报搜罗方法。与他交往最多的就是一家大型国企。

“但这家企业和其他客户多数时候会守口如瓶，他们一般会说不知道。不过也可能他们真的不知道。我们一般会请客户吃吃饭、聊聊天，这些过程中会获得一些信息。”

2. 分析和整理情报甚为关键

拿到了情报之后，业务人员该如何使用呢？“海量信息是否有用，归根结底还要靠人的经验判断，而这显然需要很长的时间来磨炼。”日本商社通常培养一个贸易员兼情报分析人员，要5年以上的时间。

起初，刚毕业进入该商社的大学生会专门负责名为“Delivery”的工作：他们安排贸易品装船、排期，看库存等。熟练了两三年之后，公司将派他直接去和客户谈合同。

这一阶段中公司的员工们会逐步熟悉相关的贸易法、掌握谈判技巧，并加深对客户所在企业经营情况的认知与了解。而且，彼此的沟通中职员更能慢慢地培养与客户之间的感情。这个阶段需要5年甚至更久的时间。“你会从这些工作中慢慢地甄别情报、培养自己的判断能力，了解哪些情报是很有用的。”

经过锻炼，这位职员就能做到更高级别的贸易主管席位上，他不仅拥有了人脉、掌握情报的能力，还能在第一线做实时的买卖交易。

3. 向上级传递

当然，更重要的买卖决策不是掌握在各国子公司的职员手里，而是在东京总部。

“一些较有价值的讯息或数字，我们会简单地做出一些表格，但最后会由总部的后台做数据的整理和挖掘。”

该商社的神经中枢就在东京，各国、各地区的钢铁、粮油、电信等数据都会传回那里。此后，总部会有专人统一搜集并分析国内外汇总来的情报信息，并把精华提炼出来，给有总经理和董事出席的上午碰头会进行讨论。

从商社的经营战略上来说，东京总部的视野更加开阔，他们能做大势的判断、分析，随后做出全球性的排兵布阵。

邓先生回忆说，中国在20世纪90年代前期都是玉米出口国，突然某一年的某个时间中国开始限制出口玉米了。

他立即把这个信息传回东京。该商社得到讯息之后第一时间让美国子公司订购了一批玉米并首次卖到了中国，自然获利不薄，“这便是情报的重要性。”

2.4 情报人员的基本素质要求

情报人员由于所处的情报搜集阶段不同，每个阶段要求的个人素质也不尽相同，下面将情报的搜集分为五个阶段，分别介绍每个阶段所要求的情报员的素质与技能要求。

2.4.1 谁能做情报人员？

商业情报人员一般通过内部选拔或社会招聘两条途径。来自企业内部的情报人员，对企业的基本情况更加熟悉，能尽快投入到工作当中使商业情报工作快速有效地展开。但也有其缺陷,从内部选拔,可能带来企业内部人员的钩心斗角、不配合,情报工作知识缺乏也会阻碍其视野。相对于内部选拔,外部招聘到情报人员更专业,也有助于企业拓宽视野,超脱于企业本身,但是缺点也很明显,缺乏对企业本身的了解,需要时间来磨合。不论是通过哪种方式招聘来的情报人员,都必须满足以下基本素质要求:

1. 遵守法律

无论在任何场合、任何情况之下,商业情报人员都要知法、懂法、遵法,在法律规定的范围内活动,拒绝以违法的手段探取商业情报,熟悉运用法律所允许使用的一切高科技情报搜集器材,当然对于法律不允许使用的违规器材要敬而远之,以减少在工作中可能产生的负面效应。

2. 职业道德

职业道德,它既是本职人员在职业活动中的行为标准和要求,同时又是职业对社会所负的道德责任与义务。商业情报人员在搜集情报的过程中,会接触到企业内部或外部许多有价值的信息和情报,对这些信息,情报人员要做到守口如瓶,不透露给任何人,甚至在日常的生活中,也不能告诉自己的家人或朋友,尤其是对手企业的人员。如果对手公司高薪挖走情报人员,首先这种行为是不道德的,情报人员要尽量避免卷入这种纠纷之中,以免丧失自己的职业道德。我们有些情报人员到处宣传自己的企业是如何做情报工作的,到处介绍经验、办讲座,这只会给日后自己企业的情报开展带来重重阻碍,也让其他企业对你们了如指掌。

3. 业务素质

商业情报人员应该精通并熟练运用有关情报搜集工作的业务知识。熟悉企业情报搜集的方式方法、掌握情报搜集的技巧;熟悉企业情报的搜集、整理、分析、汇总和编报;懂得应对对手企业的情报搜集,做好反情报工作;扩大与丰富自己的知识面,与商业情报搜集最密切的学科是情报学,商业情报作为情报学的分支,其本身与情报学密不可分,应透彻学习、掌握其内容。除此之外,商业情报人员还应涉猎管理学、计算机科学、档案学、法学、社会心理学、公共关系学等知识。当然在具体的工作中,应根据自身素质及任务需要的情况,加强学习。

4. 人文素养

人文素养的灵魂不是"能力",而是"以人为对象、以人为中心的精神",其实是一种为人处世的基本"德行"、"价值观"和"人生哲学",科学精神、艺术精神和道德精神均包含其中。这就要求我们情报人员应具备一定的文化素质,因为企业情报涉及方方面面,内容五花八门,所以企业情报人员必须掌握广泛的、多学科的知识,并且具有较高的修养,这样才能在与不同层面、不同层次的人打交道时游刃有余。

2.4.2 搜集公开情报

1. 熟悉、忠于本企业

不论是从内部选拔还是外界应聘而来的情报人员,一旦任命,就应该把自己的职责和企业绑定在一起,绝对忠实于自己服务的企业,就算日后职业方向发生变化或者离开原单位,也要对自己工作中曾涉及的保密内容守口如瓶,这是最基本的职业操守。要熟悉企业产品的基本情况、产品的大致种类及现状、目前企业的区位优势及销售情况、企业的发展态势及风险等。熟悉、了解好自己服务的企业,是做好情报工作的第一步。

案例：

侵犯商业秘密罪

某公司花了3年时间投资近100万元设计的“冷油器”技术资料和图纸被公司原技术总监、工程部经理在公司工作期间盗用，给公司造成了极大的经济损失，后经公安机关依法立案侦查，以涉嫌侵犯商业秘密罪为名，该技术总监被抓获并刑拘。

上面这位技术总监利用职务之便，将属于任职公司商业秘密的“冷油器”设计图纸资料以及客户资料盗走，并使用以盗窃手段获取的“冷油器”设计图纸资料，私下成立与任职公司有竞争关系的企业组织产品的生产。其行为不仅违反了我国《公司法》有关公司高级管理人员的忠实义务和《反不正当竞争法》有关商业商业秘密保护的规定，也触犯了我国《刑法》第219条的规定，构成了侵犯商业秘密罪，等待他的只能是牢狱之灾。

2. 敏锐的情报感知能力

面对纷繁复杂的情报信息源及渠道，情报人员应该保持一种敏锐的情报感知能力，面对不同的场合、不同的人员，能够及时捕捉、获取有价值的信息，去伪存真。对来自外界环境的大量模糊、零碎和杂乱的情报信息，应有高度的判别能力和挖掘信息价值的艺术。

案例：

钱包的商机

20世纪末，欧盟各国准备规范货币、统一使用欧元。浙江某皮件公司的商人，在欧洲的一次餐会上，从有关人员口中了解到了欧元的尺寸大小。经过调查发现，即将发行的欧元尺寸规格比原来普遍使用的欧洲货币要大。

欧洲国家过去生产的各式票夹，高度皆不超过80毫米，而新的欧元票夹，起码要达到高95毫米、长170毫米的标准，才能放进欧元。精明的浙江商人马上敏锐地意识到：这一信息中孕育着滚滚财源，尽管欧盟诸国家的制造商虽然也在抓紧设计生产新的欧元专用票夹，但生产量大、成本高，所以，应该还有很大的市场空间。浙江的皮件商人闻风而动，及时给欧元“量体裁衣”，抓紧开发了40多款总计230万只欧元专用皮夹投放欧洲市场。这些皮夹在欧元面市的当天就销售一空，订单接踵而至，他们的产品源源不断地被运往欧洲各国。

这个案例说明了，有很多的信息不一定是商业机密。但是，在这些信息里面也会蕴藏着巨大的商机、巨额的利润。面对这些信息，要有敏锐的情报感知能力将其转化成利润。

——陈彪峰，《企业情报实务》

3. 搜集各类公开信息，对信息搜集、整理、分析、汇总和编报

这是情报人员的入门功夫，情报人员应该熟悉商业情报工作的基本流程、业务范围、基本内容，懂得哪些可为，哪些不可为，熟练运用各种工具、器材与方法，能高效搜集并整理预设的任何目标公开信息。

案例：

不要越界搜集商业情报

某公司老总为了获得同行的技术秘密，竟然隐瞒身份去当“卧底”，来到某竞争对手公司求

职，自称是下岗工程师。凭借自身扎实的技术功底，很快被任命为研发中心主任，得到一系列权限，可以调阅、使用公司所有技术资料和研发设备。这位老总利用权限，将公司电脑上的核心技术资料复制，而且大量复印公司产品图纸，之后不辞而别。接着，市场上就出现了与这家竞争对手公司主打产品相同的产品，并以低价到处竞标，造成该公司市场占有率急剧下降。竞争对手公司经调查后，发现某公司的法定代表人就是之前不辞而别的研发中心主任，随即报案。这位老总也被法院以侵犯商业秘密罪一审判决有期徒刑7个月。

2.4.3　扩大情报源

商业情报的调查表明，情报人员获得情报的渠道，80%来自人际关系，而只有5%来自互联网。著名情报学专家埃里克·约翰森表示："一名优秀的情报人员必须是出色的交际者。他可以与社会名流打成一片，高屋建瓴地谈论国家和社会，也可以与普通的工人把酒言欢，抱怨生活的艰难和工作的繁重。他可以胜任任何一个社会角色，与他的交谈对象建立共同的话题，这样他才有机会在交谈的过程中获取他想要的东西。"

商业情报人员需要与各式各样的人物打交道，不同层次、不同文化背景、不同性格、不同国籍、不同信仰的人；需要面对各种各样的状况，有时候是企业内信息的获取需要协调、组织各部门为你所用、有时候是打探竞争对手的产品行销策略等，任务艰巨，实施难度大，需要情报人员有快速反应、灵活交际的公关能力，能在众多场合中应对自如、游刃有余，并且要构筑起广泛的人际网络。

构筑人际网络的核心是要接触到掌握情报的人员，而这种接触应该是建立在相互信任、有深厚感情基础上的，要想从这些人的手中搜集你所需要的情报，要融入高超的人际交往艺术，一定要事先设计好方案，通过谋略，让这些掌握情报的人主动释放出来，这样搜集到的情报会相当迅速，而且情报内容也会相当准确。

案例：

情报小陈的搜集情报秘诀

小陈是一名硕士，一毕业就来到了一家国企，外派到了某市办事处。领导给予他的任务就是与某市相关部门的工作人员处好关系，了解企业所需要的情报信息，并给他配了一辆用了十年的桑塔纳。

小陈深知近几年某市的公共交通难，特别是上下班期间，更是令上班族苦不堪言。于是，小陈利用这辆车每天将与他们有业务联系的某市的关系户分别接送上下班。遇上双休日，更是开着这辆桑塔纳与这些朋友去郊外进行垂钓、踏青等休闲活动。半年下来，小陈与这些关系户的工作人员结上了良好的私人关系。只要不是绝密材料，一些商业上的最新消息，源源不断地在上下班的途中流入到小陈的耳中，使该国企获益匪浅。

小陈说道，"作为企业来讲，咱不要绝密文件，那是犯法的。我们只要知道事情的百分之七八十左右就可以了。后面部分，自己企业内的专家完全可以推算出来。"

我们从小陈的身上看到，他将有能力产出情报的"知情人"拓展到自己的人际网络圈内，在人际感情的作用下，许多情报信息就源源不断地透露出来了。

——陈彪峰，《企业情报实务》

2.4.4 成熟阶段

1. 从企业内部群体获取情报

企业的全体员工，上至董事长、总经理，下至一般的工作人员，都蕴藏着不同程度的情报搜集能量。即便是小微企业，也可能从朋友、亲戚、社会关系等方面接触到目标情报信息。这就要求我们企业的情报部门要做好调查摸底工作，对员工中间掌握的人际网络做一番梳理、排队与登记，以便到时候运用这些关系去开展工作。企业高管们由于能接触到更多的人与事，往往情报信息是最多、最快和最可靠的，但是由于他们工作繁忙而且情报意识较差，并不会主动汇报开会、出差、参观所获得的情报，这个时候要求我们情报人员用更柔性的工作方法，可以与他们的秘书协商，请高管们外出获得的情报交由秘书撰写；或者由秘书安排，对高管层进行专题访谈等多种形式……对于企业的各个职能部门的要职人员，如企业的营销部门、财务部门、研发部门、采购部门、人事部门等，这部分人大多是知识分子，文化程度较高，有比较充裕的时间和精力，经常外出开会培训，与外界同行接触也较多，信息量广，如果能充分调动他们在情报搜集方面的积极性和主动性，则会给企业情报人员如虎添翼，因为他们专业性强，对自己承担的业务熟悉，这样搜集到的情报也往往可靠、真实、准确；对于企业大多数普通员工来说，由于他们及他们的亲戚朋友分布在城市的各个层面，如果能够对他们进行适当培训、适当指点，他们在与社会上人际交往的过程中，就非常有可能发现一些与本企业至关重要的信息，可以通过规章制度来管理，让员工自觉填写搜集得来的商业情报。而阻碍员工提供与分享情报信息的原因主要有：根本没人来问过自己；提供信息后没获得过反馈、没有激励、怕麻烦、怕威胁自己的地位。要解决掉这些员工心中的障碍与麻烦，才能够真正调动员工的主观能动性。

2. 从企业外部群体获取情报

与企业周围打交道的各种部门、企业都可能成为外部获取情报的来源：与企业有关的政府部门的工商、税务、海关、行业协会、上级主管部门等，这些都是制定或者执行政策的部门，这些部门有关情报的早到或迟到，会给企业带来截然不同的经济利益；与企业有竞争关系的，不仅是指现实中的竞争对手，还包括潜在的、生产替代品的对手，要围绕他们构建一个运转自如的人际网络；从消费者群体也可以获得大量情报，企业可以通过“售后服务”这一类窗口，对消费者反映的各种情报信息统一搜集整理。

对于企业内外两个不同的人际网络情报圈，一定要勤于打理，不能用完则放弃，要勤于经营，除开这些，我们的情报人员要做到以下三个会：

(1) 学会听

学会倾听，可以提高理解别人的能力，也可以增加别人理解自己的可能性。对于初入职场的情报人员而言，学会倾听是第一课。不妨去行业内人员出现密集、对这个行业感兴趣的人多的场合，如展销会、供货会、博览会、行业峰会、行业的QQ群、论坛等，在这种场合，他们会谈论大量跟本行业、本企业相关的话题，你只要首先注意倾听，捕捉有用的信息，适时发表一下自己的看法，甚至可以携带一些录音设备，以便之后自己整理谈话内容。切忌鲁莽、高谈阔论，这种场合出现的人都是懂行的人，以免弄巧成拙，不妨以初学者、初入者的身份加入，虚心请教问题，请教对方，许多有用的情报就在教与学中泄露了出来。

(2) 学会聊

商务行为中有很多非正式的事情，不是开会演讲，也不发商业文件，如广告、新闻报道、操作手册、行业分析、市场调查、协议合同之类，没有记录，也不写汇报，如员工之间的闲聊，同行之间的扯淡，与客户之间的寒暄、聊天。这些事情虽然不能全当真，但同样是商业活动的重要问题，因为它伴随着商业活动，反映着商业活动，也润滑或者阻碍着商业活动。商业情报专家能够从中捕捉到他们需要的东西，聪明的销售人员能够从中捕捉到销售线索，投机商人更能在这里发现套利的机会。一名成熟的情报搜集人员，要学会与不同经历、不同层次、不同文化的人聊，员工、竞争对手、用户，还有行业分析家、官员、记者等，他们怎样聊天，聊些什么，对什么三缄其口，对什么欲言又止，他们跟谁聊、不跟谁聊等。从这些内容中，可以得到非常重要的商业情报。聊的目的是通过独立谈话让对方将信息透露出来。聊的地点不限，可以在茶馆品茶、登山旅游、唱歌猜拳、聚餐郊游、打牌下棋、运动会所等，利用一切非正式场合，反而能放松谈话对象，使聊天气氛轻松、活跃中进行，你只要始终保持话语的主导权即可。最后要注意的是，每次聊天后并不意味着结束，不能有利用完就再也不联系的心理，正如之前所说，要本着交友的心态去聊天，本着交友的方式去相处，用心经营自己的情报源，这对于日后的工作开展都是有帮助的。

(3) 学会问

我们所接收到的信息，所谓的事实或结论，都被加工处理过，那些经过加工的信息，可能是符合事实的，也可能并不是事实。有时候，只需多问几个为什么，你会感到大吃一惊，有些事实或结论是那么的禁不住推敲。做情报人员需要学会提问，懂得如何提问。如果不知道提问，很快就会被大量信息所淹没，分不清是真还是假，是主要还是次要。不懂得刨根问底，是无法找到现象的深层次原因的。尤其是在做访谈时，接受访谈的企业员工，由于各种原因，一般不会轻易向情报人员说出一切，总会有所顾虑，这就要求我们的情报人员对自己的企业了如指掌，有的放矢，出其不意，卸下对方最顾忌的心结，不知不觉中获取需要的信息及情报。但是要注意的是，不能问任何违法违规的问题，不可直接触及对方的商业秘密。

2.4.5　总结阶段

情报人员经历了从入门到成熟的阶段，最后需要的是保持冷静的头脑，面对真真假假、虚虚实实的海量信息，面对复杂多变的各色人等，善于正确分析，做出科学判断。对之前的工作成败得失进行总结，总结一个阶段情报人际网络的建设状况，一个阶段情报信息源的获取状况，一个阶段情报信息的分析、搜集、整理状况，从而让自己的业务能力得到进一步提升，往更高的层次发展。

2.5　阅读材料

阅读材料：一位情报人员的讲述

2004 年，我进入一家公司情报部工作，两年后到了现在的公司，一家专业的竞争情报服务公司。

这些年，在和朋友及客户接触的时候，大多数人对这个行业还不了解，大家都以为我是商业间谍什么的。商业间谍是原原本本拿到一个东西交给雇主，而我们是通过情报分解、交叉认证、比对，通过人脑做分析和判断得出结论，客户看到的是情报对企业带来的机会和预警。

1. 我们服务的是高层

在企业的时候，我所在的部门就叫情报部，有些国企为了避嫌叫信息部或联络部。公司会分配两到三个企业让我长期跟踪。工作流程是每个月月初出差，根据锁定的几个公司，组织人际资源搜集信息，回来就进行情报分析，月底提交报告，并策划下个月的计划。有的企业会有信息分析师，将情报交给他来处理；有的就是你一个人包了，长年定向跟踪。同时要做半年度、年度的情报总结，提交给高层做战略决策支持。感觉工作还是挺累的，每个月都要往数据库加东西，工作量挺大的，有一部分立项的东西还要外包。

2. 一半以上的时间都是和人打交道

最初我以为做情报工作，99%的信息都是从网上获取，后来发现不是这么回事，我现在一半以上的时间都是在和人打交道。网上的公开资料，大多数只能作为情报课题的导入背景，真正要获得有价值的情报还是要通过人的谋略，通过各种人际关系获取，有价值的信息80%以上都是通过人际关系获得，这是认识上一个很大的变化。当然，我们是通过各种交叉渠道来获得结果，所以人际面是比较宽的。

应该说，专注于做一个行业可能会更好，我以前是做工程机械行业的情报工作，三五年就会对这个行业有较深的研究。现在是情报服务公司，面会很宽，深入性会不足一些。现在的工作，最重要的素质就是在尽可能短的时间内获得一些人际资源来进行运作。在从人际关系那里获取信息的时候，会根据价值判断有不同的"表示"。但不会从一个人那里获得太多或全部信息，那就成为商业贿赂了。这里的工作难点是访谈的邀约，人际资源的组织也不是那么容易。至于"表示"的标准，整个行业现在还处于一个比较灵活的情况。

3. 小成本不可能获得大情报

国内20世纪80年代末90年代初开始从日美引进竞争情报，2000年开始兴起，2005年以后就非常普遍了，企业确实有这方面的需求。1998～2000年，人们对竞争情报有很大误区。当时百度有个很大的竞争情报部门，包括慧聪，把情报软件叫得很响。很多客户以为买一套软件就能搞定一切，其实还是要靠人来维护。2004～2007年，当时很多公司对情报的需求很大，但又不知道怎么做，就委托给一些市场调研公司，但这些公司主要是做一些结构化的定量分析，而情报往往是需要通过非结构化的分析。还有一些私人的调查机构，可以称之为民调，如婚姻调查、私人跟踪之类也掺和到商业情报里面，就很混乱。

我们现在遇到的最大问题就是，一些客户获取情报的愿望非常强，指向性也很明确——我就是要某某公司的某个东西。事实上，我们不可能直接把某个公司的某个资料给你，这是商业间谍行为，涉及法律问题了。我们是通过分析给他们做情报背后的建议性报告，就这，我们都要和客户做很多沟通。

很多企业对情报投入产出的理解有严重偏差，有时候甚至觉得几千元就能搞定一个情报，这是我们非常头疼的事，就要和他们耐心沟通。不少企业希望小成本获得大情报就容易上当受骗。小的情报公司收费很低，我们这个行业是要首付50%～60%的费用，情报提交后就再看情况支付剩余费用。小的情报公司收了首付后就随便给你搞个"情报"，也没有下文，剩下的它也不要了，很多客户吃了闷亏。

4. 这个行业容易越界

如今的竞争情报已经是一个系统的概念，从情报软件到制度、规范、流程和考核等。我们的工作，一开始是把一个大的情报目标分解为n个小情报，然后由不同的调查员去做调查，这些调查员之间是没有联系的，只做自己的东西，最后汇总到负责人那里，他再进行交叉分析和总结提交。由于每次信息要归档加密，所以很少有人能够掌握所有细节，只有到高层才会了解得比较全面，这种项目分解是我们这个行业比较惯常的做法。

这个行业确实很容易就越界，有很多职业道德问题。有些朋友常开玩笑，让我给他(她)调查他们的男女朋友。现在市面上私人调查很多，法院在审核证据时有很大一部分是认可的，这就像是法院延伸下来的一个产业，当然，给人设局之类的做法是违法的。对于取证这块，确实界限很模糊。

我们在某个行业有了一个客户，就绝对不会做第二个，这是一个行业基本的潜规则，否则就乱了。而且，我们做情报服务工作，一定要和客户绑定在一起来做，它内部的东西要共享才可以，一般都要签订三年左右的保密协定。

这么多年来，作为一个情报工作从业者，感觉最大的工作难点就是情报资源的组织，它需要在尽可能短的时间内掌握行业的基本背景和发展脉络，在最短的时间内找到这个行业或企业有利害关系的情报员或其他人员，然后开始运作。情报不是短期的事，它具有持续性，要长期跟踪。情报工作要求我们要有对信息的敏感性和视角的敏锐性，要胆大心细，有很多阻力和困难，要通过谋略和方法来完成。另外就是不能嘴碎，我很少和朋友、家人谈具体的工作，在这行要学会默默无闻。

我觉得自己的工作有意思也有挑战性，从喜欢变成一种自然和习惯，不论是在咨询公司还是在企业，其实前景都是不错的。

——陈惜、潘东燕，《中欧商业评论》

思考与练习

1. 商业情报有哪些分类？
2. 商业情报的获取与传播途径有哪些？
3. 商业情报有哪些搜集方法与技巧？
4. 情报人员的素质与技能要求有哪些？

实训应用

实训项目：

小微企业商业情报的搜集

实训目的：

全面实践本章节中所学的内容，增强学生对商业情报的分类、获取与传播、搜集的认识与了解。

实训组织：

1. 全班分成若干个团队，每个团队 6～8 人。

2. 每个团队自选经营特定行业的一家小微企业，在之前与该企业联系，看企业需要哪方面情报信息。针对该企业所需的情报进行搜集，选取多种信息源、运用多种搜集方法。

3. 各个团队经过搜集形成一份该企业的调查报告，并请该小微企业主来评判，是不是搜集到了满意的情报。

实训考核：

考核分数由小微企业主来评判，并上交企业主反馈意见。

操作篇

第 3 章

商业情报搜集的组织实施

学习目标

1. 培养情报需求意识，制定情报搜集目标，设计情报搜集项目方案的能力。
2. 了解各种不同情报搜集形式的问卷设计以及相应的实施方法。
3. 掌握常用的几种情报搜集形式的问卷设计及组织实施技能。

对于小微企业主来说，如何使情报搜集工作完全按照规范的流程和按照完整的计划去实施是非常重要的。本章在介绍不同的问卷设计方式及情报搜集方法上采用列举范例的方式，企业主可以通过对范例的学习，掌握相关的技能。当然，情报搜集以能有效获取相关情报为核心目标，实施过程可以根据实际情况灵活处理，因此在问卷设计及实施方法的介绍方面并没有面面俱到，而是选取几个典型的范例详细列举，让企业主通过本章的学习可以掌握相应的技能，以便在工作中熟练运用。

3.1 情报需求的确立

情报需求对大部分小微企业主来说是被动的，小微企业主就像雷达，不停地接收外部的信息，能接收到多少算多少，有多少信息能转化为情报算多少，没有一个明确的需求。很多情况下，也不制定一个明确的目标，只是心里有一个不是很具体、很清晰的想法，这个想法也可能在工作过程中不停地发生变化，随着工作的开展最终也可能完全不是最初的想法了，甚至可能在工作过程中由于其他事情的干扰而最终不了了之。

3.1.1 确立情报需求的重要性

小微企业主要成功开展情报搜集工作，必然需要制定一份详细的方案并且规范执行，才能取得满意的效果。但在实际工作中，小微企业主在面对情报搜集工作时的一大特点是不制定出完整详细的方案，大多数情况是在心里有个想法，就去执行了。

小微企业主心中的这个想法，一定要清晰明确，才能确定需要哪些信息，采用哪种搜集方式最合适，才能确定方案怎么设计、怎么实施，才能知道最终搜集回来的信息怎么处理，这样才能得出正确而有效的情报。如果只是心里想到什么就做什么，只是眼里看到多少是多少，只是心里记住多少是多少，那么整个情报搜集工作就很容易出现差错，从而导致决策失误。

小微企业主心中的这个想法，一定要像枪靶一样立在眼前，才能知道怎么操作才是真正规范而有效的，而不是完全凭自己的感觉随意地执行下来，才能知道自己的工作最终有没有达成目标，有没有效果。如果眼里没有枪靶，就胡乱打枪，子弹嗖嗖地飞，打着什么是什么，有用的就用，没用的就扔。这样小微企业主在需要某个情报来支撑决策时就容易出现忙活了一通，浪费了财力、物力及时间却没有得到有用的情报。

当然，由于小微企业主大多数都没有接触过专业的情报搜集工作，对这方面的了解也比较少。因此可能会认为那不是自己能做的，也没必要去做这些没用的花拳绣腿，更没这个闲钱去做。其实，这主要是对情报搜集工作不了解、不熟悉，真正规范的情报搜集工作在执行成本上也不一定会比随意地开展需要更多的费用。因此，小微企业主确立情报搜集需求，制定情报搜集目标，因而制定的情报搜集方案在费用预算上也会比较合理，不会因目标不明而做了无用功，花了冤枉钱，造成不必要的浪费。

3.1.2 确立情报需求应注意的要点

1. 需求明确

确立情报需求，制定情报目标的首要原则是明确，一定要非常清楚投入人力、物力、财力及时间去开展这个工作究竟图的是什么，能解决工作中的什么问题，满足什么需要。把这个需求了解清楚了，一切情报搜集的过程都要围绕这个需求开展。

2. 目标明确

清楚情报需求之后，就要确定一个切实可行的目标。情报目标宜少不宜多，尽可能一次行动只冲着一个目标去，不要想着一次就天罗地网把想要的信息都搜集到，这样会增加情报搜集的难度，而陷于无从开展的境地。

3. 合法合规

小微企业主的心态一定要摆正，要想着情报工作是一个正常的工作环节，并且在法律允许的范围内是大有可为的，而不要像影视作品演绎得那样不择手段、惊险刺激，非要钻到敌人的内部去获取最机密的情报才算是情报工作。这样，有些信息就算费了九牛二虎之力搞到手了，也不见得对你有价值，而且还冒着触犯法律的风险，这种观念和做法终将会让你尝到苦果。

4. 加强意识

最后需要强调的是，企业经营管理过程中的各个环节决策都在不同程度上需要情报的支撑，小微企业主还需加强情报工作的意识，这样需求才会出来，如果没有这方面的意识，也就不知道需要哪些情报，也就没有情报需求了，因此加强情报工作的意识是重中之重。

3.2　情报搜集方案的制定及实施

3.2.1　情报搜集方案设计

情报搜集方案的设计与营销策划等文案的设计一样，要确定明确的目标，围绕这个目标设计可行的执行方式，统筹人力、物力等相关资源组织实施，最后在规定的时间内获得能满足目标需要的结果。总的来说，小微企业主在开展情报搜集工作时，对方案的设计可借鉴自己最擅长的制定产品或服务销售方案的结构要求，灵活而因地制宜地设计情报搜集方案。当然，除了相对比较复杂、持续时间比较长等情报工作需要制定详细的方案，大部分情报工作并不需要制定过于详细的方案。

需要特别指出的是，在整个情报搜集方案的设计过程中，在明确情报搜集需求及搜集目标后，根据情报搜集的目标采用可行的执行方式最为关键。如果出现执行方式不适合的情况，就很可能是缘木求鱼了，根本无法实现目标。情报搜集的方式非常多，小微企业主可以在实际工作过程中各显神通，不拘一格地采用行之有效的方式。基本上可根据需要像中医行医一样通过望、闻、问、切等方法进行。

直观点说就是通过观察法、问询法、角色扮演体验法、试用试吃法等，甚至包括试营业、高薪挖角等都是情报搜集的方式。当然，很大一部分信息形式比较单一，获取方式也比较简单，获取后就可以直接支撑决策，这种情报往往不需要制定详细的计划及规范的执行，只要小微企业主在日常工作及生活中能接触到就能获得，并且不需要任何加工及判断就能直接使用，因此我们在这里就不详细介绍了。

但除了这些情报，还有部分信息需要深入挖掘分析才能获得需要的情报，就需要设计相应的问卷及规范执行，这就需要了解相关的问卷设计原则及掌握相应的设计技能。

案例：

某游戏流失玩家线下研究方案(设计范例)

一、研究背景

某游戏运营多年，存在大量流失玩家现象，为了解如何有效令玩家回流，故进行流失玩家研究。

二、研究目的

1. 了解电视广告投放对于某游戏营收增长的效果。

2. 了解流失原因。

3. 了解有效吸引玩家回流的方法。

三、研究方法

本次测试，采用内部数据分析与定量、定性研究相结合的方法进行。

(一) 定量研究形式为电话访问

根据流失玩家资料把流失玩家分为三种，采用电话访问的方法询问玩家流失原因，了解有效吸引玩家回流的方法。

1. 轻度流失玩家(1 个月未上线);
2. 中度流失玩家(3 个月未上线);
3. 重度流失玩家(6 个月未上线)。

(二) 定性研究形式为焦点小组座谈会

8 人一组的焦点小组座谈会,8 名游戏玩家在主持人的引导下针对某游戏进行讨论。

1. 为什么离开某某游戏;
2. 离开之后去玩什么游戏了;
3. 流失回流的原因;
4. 吸引回流的要素。

四、执行方式及研究样本配额

(一) 执行方式

委托调研公司进行电话访问及座谈会组织工作。

(二) 研究对象及配额

参考某游戏流失玩家数据。电话访问样本配额表如下:

	人数
轻度流失玩家	200
中度流失玩家	200
重度流失玩家	200

参考某游戏流失玩家数据,流失玩家座谈会样本配额表如下:

组别	组别说明	城市	研究方式	样本	甄选条件
G1	轻度流失玩家	广州	焦点小组座谈会	8	男:女=2:1 年龄:20～25 岁 玩某游戏 6 个月以上才流失 100 级以下 50%,100 级以上 50%
G2	中度流失玩家	广州	焦点小组座谈会	8	男:女=2:1 年龄:20～25 岁 玩某游戏 6 个月以上才流失 100 级以下 50%,100 级以上 50%
G3	重度流失玩家	广州	焦点小组座谈会	8	男:女=2:1 年龄:20～25 岁 玩某游戏 6 个月以上才流失 100 级以下 50%,100 级以上 50%
合计				24	

五、时间安排(共16天)

项目阶段	执行时间	共需时间
1. 方案撰写及确定	9.28～9.29	2天
2. 问卷、操作手册及物料准备	9.29～9.30	1天
3. 访问员招聘及培训	10.01～10.02	2天
4. 被试预约	10.03～10.08	6天
5. 广州焦点小组座谈会	10.09	1天
6. 电话访问	10.01～10.09	9天
8. 数据整理及数据报告	10.10～10.12	2天
6. 报告撰写	10.13～10.14	2天

六、测试问卷(略)

七、操作手册(略)

八、执行费用(略)

3.2.2　问卷设计的基本要求

情报搜集的问卷设计多种多样，可以是实地搜集的纸质问卷形式，也可以是网络上搜集的电子版问卷形式；可以是开放式的问卷形式，也可以是封闭式的问卷形式等。但总的来说，问卷设计需要满足以下三个条件。

1. 有用性

问卷的设计必然有明确的目的，因此一切都要围绕能不能实现某个特定的目的出发来设计问卷。一般来说，必要的问题不能漏了，而没必要的问题也不要往上堆，导致眉毛胡子一把抓。在设计问卷时更容易出现的问题是贪多，能想到的问题都往上堆，一定要想清楚少了不行、多了也没必要这个有用原则。否则做了无用功还增加执行难度，甚至增加不必要的执行成本。

2. 逻辑性

逻辑性对于简单或者比较少的问题的问卷设计来说显得并不是特别重要，也许逻辑性并不是很强也不至于影响问卷的设计，但对于问题比较复杂或者问题比较多，甚至存在某些内在逻辑关系的时候，在问卷设计时逻辑性就显得比较重要，因为把问题胡乱往上堆的问卷不但会把执行的人搞得一头雾水，更会把受访者搞得云里雾里，这样就平添了问卷的执行难度，所以说要把问卷尽可能设计得简洁明了，条理清晰有逻辑性。

3. 可执行性

问卷设计得漂亮、专业和规范，归根结底还是要能落地，能被执行，因此在整个问卷设计的过程中，务必要想到能不能执行这个原则。甚至在问卷设计过程中，要阶段性地做一次试访，就是拿设计出来的问卷初稿找些人先问问，看看哪些问题可能漏了，哪些问题可能是问了也没实际的意义，哪些问题是受访者听不明白或者感觉不容易理解的等。经过反复试访和调整修改，这样一份具有可执行性的问卷基本上就可以算是完成了。

3.2.3 情报搜集方案的实施

良好的愿望并不能保证良好的结果，因此，一次成功的情报搜集工作必然需要专业而规范的执行予以保障。商业信息的搜集不但需要专业而规范的执行，而且需要根据不同类型的信息源及渠道，采用不同形式的搜集方式，以保障搜集工作的顺利开展。

从信息源及传播渠道的角度来看，商业信息的形态各异，有些是具体的文字、音像制品，各种产品及服务，以及社会及自然中的一切物体等有形的物品，有些是某个人或某些人的行为过程以及由人所掌握的知识、经验及智慧等无形的信息。

一般来说，大部分商业信息是企业主在工作过程中看到、听到，或者通过简单的思考都可以直接获得的。当然也有部分信息采取相应的搜集方式会事半功倍。例如，企业主想知道消费者对产品的满意度，那么采用电话访问的方式会更具操作性；企业主想了解潜在消费者对准备新推出的产品的反应，那么可以采用定点街访的方式先做测试；企业主想对某个方面的问题做深入的挖掘，那么采用座谈会的方式就是一个不错的选择。

由于情报的形式多样，传播渠道各异，因此形成了各种相应的行之有效的情报搜集方式，各种不同形式的情报搜集方式又要求有相应的组织形式来保证工作的顺利开展，因此，下面也介绍几个比较典型的搜集方式的操作流程。

3.3 典型情报搜集方式实施流程之“预约面访”

预约面访（face to face interview），顾名思义分为预约和面访两个息息相关的环节。

预约是指根据项目要求制定出甄别条件，然后根据甄别条件进行电话甄选。对于合格的被访者进行项目前期的约请，约请内容主要包括告诉被访者事由、时间、地点、访问形式及礼品、礼金等。

面访是指经过严格基础培训的执行者，把事前预约合格的被访者进行面对面、一对一进行访谈的一种资料搜集方式。

预约面访的优点：

(1) 可以根据调研内容进行深度讨论。

(2) 被访者接受程度高，可以有准备地接受访问。

(3) 资料的搜集真实性强。

(4) 可以寻找到比较有代表性的被访者。

预约面访的缺点：

(1) 前期要预约合格的被访者，组织时间比较长。

(2) 项目的成本高（联络费用、访问费用、电话费用、兼职费用等）。当然条件允许也可以一个人完成。

(3) 被访者接受访问的时间安排上难度大。

(4) 受交通和时间的影响大。

3.3.1 预约面访问卷设计

面访也许是小微企业主做得最多的一种情报搜集方式了，当然企业主所开展的面访更多时候是比较灵活的，具有较大的随意性。预约面访就是针对某个问题或某些问题，采用一对一面谈的方式获取情报信息。小微企业主在工作及生活中，与社会上各种各样的人交谈，都可以说是一种不太规范但行之有效的访谈。

预约面访在情报搜集方式的分类来说，是一种定性类型的搜集方式。定性是相对于定量的说法，通俗地说就是要获取的信息没有统一标准，也没有严格的数量要求。企业主根据自己情报搜集的需要，在谈话形式上可以最大限度地灵活开展，对于谈话的对象能多点就多点，不能多点的话少点也不至于陷入小样本陷阱。

预约面访的问卷基本上可以说是一个谈话提纲，是为了在情报搜集过程中不至于偏离目标，不至于在开展过程中有所遗忘，而用于提醒自己该获取什么信息而制定的。这个谈话提纲类似于我们日常见到的个人访谈的问话提纲，形式可以多变，但一定要注意是能够起到提醒自己的目的，否则就流于形式了。企业主对通过交谈获取来的内容进行深入挖掘分析，从而获取自己需要的情报。

案例：

某皮包品牌研究经销商深访问卷(设计范例)

受访者姓名：________________

所代理的皮包品牌：________________

经营皮包品牌时长：________________

经营皮包品牌年营业额：________________

职位：________________

商铺地址：________________

联系电话(固话)：________________手机：________________

访问员姓名：________________

访问日期：________年____月____日

开始时间：____________结束时间：____________访问长度：____________

◇ 简单介绍

您好！我们公司正在进行一项有关皮包产品方面的市场调查，您是皮包产品销售方面的专家，现在向您请教并征询意见，请您在百忙之中抽些时间帮助我们完成该项工作，希望能得到您的帮助，在此首先对您表示感谢！

主体部分

访问开始前我想请问一下，在您过去订货会挑选货品的经历中，有没有哪款产品因为您的独特眼光在后来的销售中显得非常成功？您能介绍一下，您在挑选经销的货品时，一般会考虑哪些因素？(追问：款式、价格、材质、流行趋势等)

皮包产品市场状况及经营概况

1. 您经营皮包产品时间也比较长了，就您的经验和了解，近一两年皮包产品的市场发展怎样？跟前几年比有什么不同？（从市场规模、销量变化、消费人群变动等方面进行追问）为什么会发生这样的变化呢？

市场规模：________________

销量变化：________________

消费人群变动：________________

产品流行趋势：________________

2. 在（访问当地）这个市场，主要是在哪些地方销售皮包产品呢？哪些是高端？哪些是中端？哪些是低端？都是以什么形式进行销售的呢？（专卖店、专柜等）

3. 这个行业的淡季、旺季一般在什么时候？为什么？

现在的皮包品牌越来越多，在（访问当地）这个市场，都有哪些皮包品牌销售？主要是哪些品牌呢？销量比较好的是哪些呢？销量比较差的呢？哪些是即将淘汰的呢？

主要销售的品牌：________________

销售好的：________________

销售差的：________________

即将淘汰的：________________

4. 您认为哪个品牌的销售最好？是它的什么产品呢？您觉得它的销售为什么会这么好。（追问：品牌形象、档次定位、产品开发、宣传推广、终端选址、终端建设、消费人群购买力等）

销售最好的品牌：________________

销售好的原因：________________

5. 您代理这个品牌的各种产品（追问：皮包、旅行包等）在档次上的划分标准是怎样的（价格、品牌形象）？各种品类哪种档次的产品销售最好？不同档次的产品销售占同类产品销售的比重如何？

档次	公文包划分标准：	女式挎包划分标准：	旅行包划分标准：
高	具体划分标准： 销售占比	具体划分标准： 销售占比	具体划分标准： 销售占比
中	具体划分标准： 销售占比	具体划分标准： 销售占比	具体划分标准： 销售占比
低	具体划分标准： 销售占比	具体划分标准： 销售占比	具体划分标准： 销售占比

6. 您代理的这个品牌，您对它店面陈列、形象、颜色、装修、选址等各方面的评价如何？

店面陈列：________________

形象 ：________________

颜色：________________

装修：________________

选址：________________

二、产品销售及消费群体

1. 据您的了解，您认为一般购买(代理品牌)这个品牌的消费者多是哪些类型的人呢?(根据年龄、是否时尚等感性标准进行分类)

2. 他们在购买皮包产品时都关心哪些因素呢?

3. 您觉得您代理的品牌什么地方吸引消费者。(品牌形象、价格、质量、款式、档次等)

4. 您这里也有团购，是吧?(是的话续问)那团购在你代理的这个品牌的销售中所占的比重如何?

三、主要皮包品牌运作评价

1. 您对哪些皮包品牌比较熟悉呢?它们的终端主要分布在什么地方?您觉得它们哪些地方做得比A品牌好;哪些地方比A品牌差呢?它们的消费者之间有些什差异呢?(追问:年龄、职业、时尚程度等,逐一品牌问)

2. 您熟悉的这些品牌都做过哪些促销活动?是怎样进行的?在您的印象中，有没有哪个品牌的促销活动是特别成功的?请详细描述。(追问:促销活动的形式、活动的组织者、代理商/经销商在活动中的角色等,您觉得哪种形式的促销活动最有竞争力?)

促销活动:________________

特别成功的促销活动:________________

最有竞争力的促销活动形式:________________

3. 您熟悉的这些品牌在换季时有什么特点?(追问:换季的时机、旧货的处理等)

换季的时机:________________

旧货处理:________________

4. 您喜欢怎样的销售政策呢?为什么?定价方式呢?为什么?

5. 您希望厂方能给您提供哪些支持?

四、对A品牌的评价

访问员注意:将测试使用的皮包给受访者查看3分钟,然后再对受访者提问。

1. 总体而言，您对A品牌集团旗下的A皮包品牌的感觉如何?您觉得A是一款什么样的包?(用三个形容词表示)

总体感觉:________________

三个形容词:(1):________ (2):________ (3)________

2. 您认为A品牌如果在当地销售的话，市场情况怎样呢?(从市场规模、销量变化、消费人群变动等方面进行追问)您认为A品牌未来发展趋势是怎样的呢?(继续不断发展还是会难以开拓?为什么?)

市场情况:________________

发展趋势:________________

原因：____

3. 您觉得A品牌的直接竞争对手是哪个品牌，为什么？间接对手（间接造成影响的）呢？为什么？

直接竞争对手：____

间接竞争对手：____

4. 您认为A品牌的优势是什么？劣势呢？（追问：品牌形象、价格、档次定位、产品、宣传推广、终端选址、终端建设、消费人群购买力等）

优势：____

劣势：____

5. 在市场开拓阶段，您会建议A品牌进行怎样的推广活动呢？（可以从活动形式、力度、吸引力等方面进行评价）

6. 与竞争对手相比，您对目前A品牌产品开发的评价怎样？你有什么期望吗？

7. 就品牌建设和推广方面，您认为未来A品牌应该如何做。

————访问结束，再次感谢受访者————

3.3.2 预约面访操作流程

这里介绍的是预约面访专业的操作流程，小微企业主在工作开展中可以根据实际情况进行一定的调整及简化。整个操作流程划分了不同的环节并且由不同的人员协作完成，小微企业主可以根据实际情况由了解整个操作流程的一个人或者少数几个人来组织开展。

1. 预约面访操作流程示意图（见图3.1）

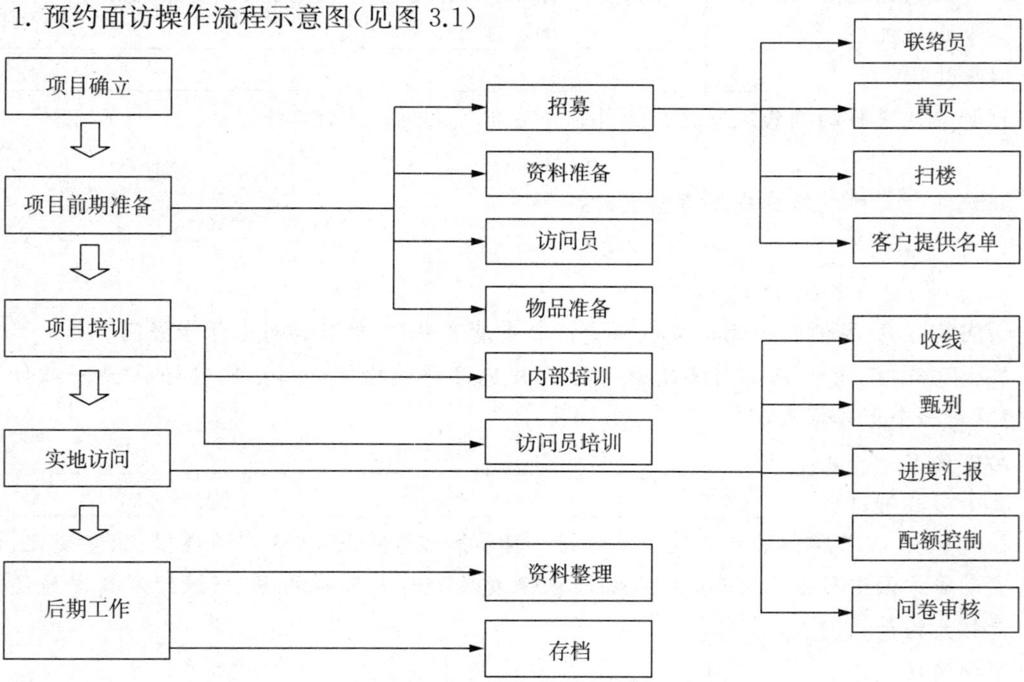

图3.1 预约面访操作流程

2. 前期的准备

招募受访者：针对项目要求有选择地招募，必须使用招募甄别问卷，不能让联络员完全清楚被访者条件，可设置烟幕问题。这样可以避免联络员事先和受访者串通，让一些实际上不符合受访要求的人混到样本中来。

资料准备：产品或服务相应的品牌、价格、类型、规格、产地、商店名称等产品或服务相关的资料，以及情报搜集过程中应该准备的相关办公用品等。例如，录音电话、录音笔等；甄别问卷的印刷；确定放线条件、兼职放线员的工作安排；收线表格的制定等。

访问员准备：根据项目的要求配备合适的访问员，可以找兼职大学生；扫楼或拦截的可以预约有经验的入户访问员；预约有面访经验的访问员。

场地和设备的准备：事前预定好访问房间，设备提前调好，录音笔、录像设备、纸笔领用。借支、领用用品，提前借出酬金、水果、杂费等。

受访者的接待：准备好相应的项目相关资料；受访者到来时要主动接待，有礼貌的请进访问房间；食品、饮料准备好。

3. 人员培训

人员培训由企业主或项目负责人组织并实施，一般分为内部人员培训和访问员培训。

内部培训组织形式：集中培训、中心培训、电话培训；更多会以讨论的方式进行。

内部培训内容：情报搜集的背景及目的；搜集的方法、操作流程；访问区域、时间计划；被访者条件；问卷内容讲解；所需的相关物品等。培训对整个情报搜集具有非常重要的影响，因此对参与人员充分而全面的培训是不能少的。

访问员培训：访问员一般包括兼职督导、甄别员、访问员及审卷员；讲解不同人员的工作内容及相互间的协作方式等；问卷的讲解(问卷逻辑关系、操作要求、开放题的记录方法)；审卷指南的编写和讲解。

模拟小结：培训完之后进行一次或者多次模拟并进行总结改进，使对项目的顺利开展又上了一个必要的保险。

4. 实地访问

确定受访者：联络员应该踊跃，可以保证项目数量的需求；联络员预约的合格被访者要分散，使被访者更具代表性。

甄别：合格率的统计，在项目结束两天内知会不合格人员；对于甄别合格的受访者，应一一预约受访时间及告知受访地点的交通路线。如果合格的受访者不能达到预期的目标，应加大力度，尽可能多派联络员进行预约。

进度控制及进度汇报：及时统计已经预约好的被访者，统计配额；合格者安排面访(条件、时间、地点的再次确认)；按照项目要求向项目相关负责人汇报预约进度。

配额控制：对于已经预约好的被访者及时统计配额，按照要求安排访问；对于没有安排好访问时间的人员，应再次确认安排访问时间。

预约环节的控制：每天统计当天预约合格被访者的数量；分批次进行复核；对于当天出问题的预约问卷进行核实；统计预约的配额，并与实际面访合格问卷进行核对；统计联络员联络的合格数量。

与质量控制人员的配合工作：合格通过预约甄别的问卷交质控人员复核，对合格被访者再进行面访环节；提交电话录音和被访者的详细资料(联系方式、身份证号码、具体条件)。

预约与访问技巧：面访的预约及访问主要是通过联络员和访问员来完成，在实际工作中要提高成功率，主要有以下几个方面要注意。

应反复阅读甄别问卷，尽快熟悉约人要求和配额要求；在项目开始前，必须充分了解研究目的，宣传研究结果对社会和被访者的有利因素来打动被访者，促使访问成功；对甄别问卷的问题要逐一询问，简单介绍面访的基本情况和目的；甄别是在电话、陌生的环境中进行，故谈话的氛围是需要督导来创造和培养；要掌握被访者的心理，让被访者感到亲切，愿意与你交流；在预约好的被访者中我们要筛选反应灵敏、善谈、乐于表达自己想法的人士；在甄别中可以通过一些开放题目体现被访者的合格性和合适性，在甄别时要特别重视这些题目，根据经验及被访者回答的内容，尽可能在条件符合的情况下筛选出最为合格、合适的被访者。

预约到合适的被访者后，基本就是按设计的问卷进行一一面访就可以完成问卷的执行了。

问卷审核：对于要到公司以外执行的样本，及时联系访问员到公司交问卷；合格问卷及时交给复核部门进行复核；按照进度表格的要求进行问卷发放；及时统计已经收回的问卷配额。安排好审卷员、兼职督导的分工；重点审核问卷逻辑关系；漏问的问卷当时安排电话补问，如补问不成功的作废卷处理；被访者的背景资料（姓名/电话）需填写齐全；开放题追问程度足够，其他题型的逻辑关系合理。

5. 后期的工作

资料整理：访问员的样本数量统计；联络员的合格被访者统计；所有问卷的配额统计；进度的汇总及时汇报进度；实地访问表格的整理；问卷等相关资料的整理（项目运作中相关数据的统计）等。

资料存档：使用统一的格式和标识；存档内容需检查是否齐全；项目物品归还或复位；存档资料给企业主审核并保管；有用的存档资料进行必要的备案。

3.4 典型情报搜集方式实施流程之“街头访问”

街头访问分为定点街头访问和流动街头访问两种主要形式，由于它们的执行方式存在一定的差别，因此在问卷设计方面，也相应地存在一定的差别。

定点街访（central location test）是指在热闹繁华的商业区内选择固定的场地，由访问员持问卷甄别合格条件的被访者并引导至固定地点进行一对一的访问，就是定点街访。

较为常见的形式是在人流量较大的地方租下一个固定的场地，当中有三组人员，分别是拦截员、访问员和质量控制人员，拦截员在场外控制人员的监控下，进行现场拦截合适条件的被访者，然后带到指定的场地内，经场内控制人员再次进行甄别，合格后就交由访问员进行进一步的访问。督导是整个流程的总控者，当中还会有辅助人员和一到两位兼职督导协助进行。这种访问形式多用于要使用较多访问工具、问卷操作和流程较为复杂的项目中，如概念测试、价格测试、口味测试、广告测试等。

因此，这种情报搜集方式对小微企业主来说也是较少采用的，但这种情报搜集方式也是非常重要的一种形式。

流动街访（street intercept interview）是指选择恰当的地段，由访问员持问卷选择合适的被访者并且现场进行一对一的访问。较为常见的形式就是由督导、质量控制人员带着少量访问员，选取潜在目标被访者较多的地方进行现场拦截、现场访问的形式。

这种访问形式多用于问卷结构较为简单、没有或者仅有少量开放题、使用的访问工具较少、被访者条件较为简单的项目中。有时这种访问形式也用于面访或座谈会项目中。流动街访这种情报搜集形式对小微企业主来说执行起来会比定点街访更具实际操作意义，也更常使用。

街头访问的优点：

(1) 时间短，反馈迅速，快速获得研究结果。

(2) 易操作，易控制，适合操作难度较大的项目。

(3) 易确认被访者特征，容易找到被访者。

(4) 拒访率低，资料真实性高。

(5) 可随时调整访问技巧。

(6) 问卷长度较短，成本相对较低。

街头访问的缺点：

(1) 属非概率抽样，对整体的推断性不强。

(2) 受时间限制无法包含较多内容。

(3) 需要携带较大量的辅助用品，前期准备较复杂。

(4) 事后（访问结束）较难补救。

3.4.1 街头访问问卷设计

街头访问由于不同类型的企业都比较常采用，所以在设计问卷时受不同行业特征的影响比较大，所以在设计形式上会比较多样化，但总的来说，定点街访由于是在固定场所坐下来一对一的访谈，所以相对来说设计的时候访问内容量会比较大，问卷的逻辑关系更复杂，访问的时间也相对比较长。而流动街访由于来往人流停留的时间不会太长，所以在问卷设计上也会相对比较简单容易理解，访问内容的量也尽可能少点。

流动街访问卷设计范例篇幅较长，请见书尾附录一。

3.4.2 定点街头访问操作流程

由于流动街头访问的操作过程相对比较灵活，企业主在开展过程中可以根据实际条件灵活处理，也不至于影响项目的质量，因此这里就不做详细介绍。但定点街访的流程相对比较复杂，要求也比较高，如果操作不好，将严重影响项目的质量，甚至无法保证项目的顺利开展，因此这里就详细介绍一下定点街访的操作流程。

1. 定点街头访问操作流程示意图（见图3.2）

2. 街头访问的场地（街访点）基本条件

(1) 靠近热闹街道以拥有较多的人流量（人流）。

(2) 可以找到目标消费者（人群特点）。

(3) 整洁、明亮、安静、良好的环境（环境）。

(4) 具有独立不受干扰的场所（场所）。

(5) 它们可以是：宾馆/饭店/学校/文化宫/酒吧/餐厅/茶馆等。

3. 特殊条件

(1) 高档消费者：装修、灯光、气氛、配套设施的要求。

(2) 口味测试：产品保存的要求、分发产品的独立区域。

(3) 电视广告测试：设备、分隔的广告播放室、隔音要求。

(4) 包装或者平面广告测试：灯光/光线特别重要。

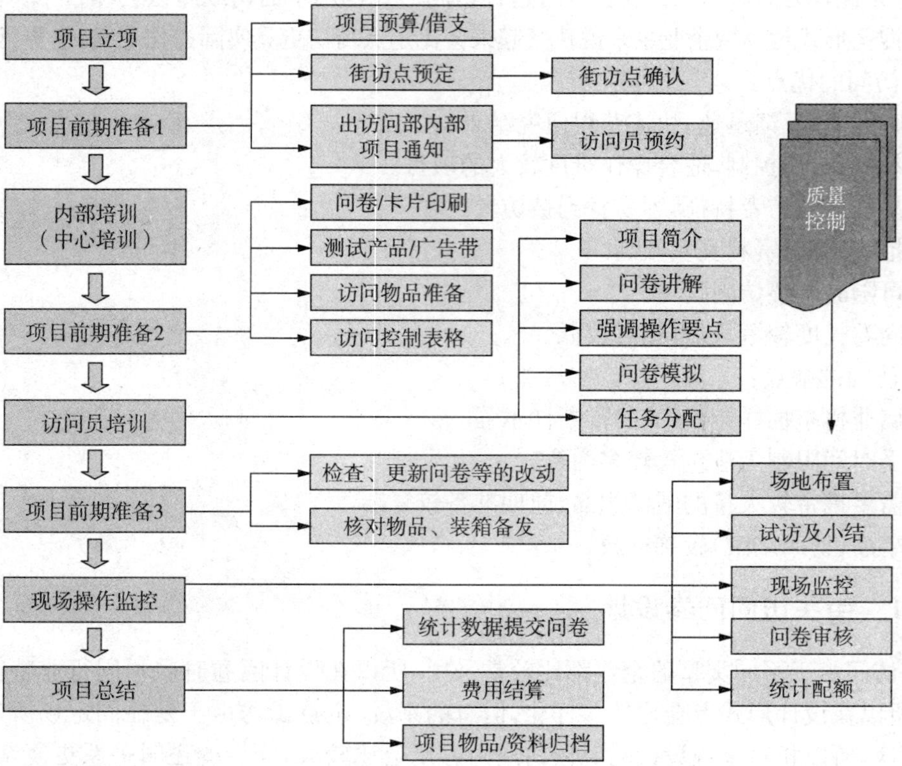

图 3.2　定点街访流程

(5) 香味测试：周围无异味，通风良好。

(6) 概念/价格测试：面积足够大的访问桌/柜台。

4. 前期准备

根据项目的类型、项目难度、项目内容变动频次不同，前期准备的工作量也会不同，但总的原则应使准备工作尽可能提前或前移，这也是保证项目质量的关键。

职责分工：项目经理指定主控督导、辅助督导（项目下达），项目主控督导与辅助督导具体分工一般按主导和配合的关系灵活协调。

街访场地确认：项目主控督导需根据项目类型和项目要求使用街访场地检查表检查街访场地合适性。例如场地的大小、光线、周边环境等（此点仅适用于新的街访点）。

街访点预订流程：(1) 预订时间：正式进行实地访问（现场访问）前 7 天。(2) 预定形式：以书面形式（传真、E-mail）通知为准，并辅之以电话跟进。(3) 查询：研究部可在公共网上查询各地区访问资源使用情况。(4) 预定：访问部接到街访点预订后及时联系并落实街访点使用状况。(5) 形式：访问部需 4 小时以内（工作时间）以书面形式（传真、E-mail）反馈预定结果。(6) 不足：如果访问资源确实不够或客户取消预订，访问部将尽最大可能进行协调和解决，确实不能安排可考虑利用社会临时资源。

访问员预约：方案设计中应列明：所需拦截员/访问员/操作员/兼职督导数量、条件；访问员/拦截员培训时间及地点（需提前预定培训室）。

质量控制员预定：确定质量控制员与拦截员的比列，二次甄别的人数（常规街访为每个街访点配 1 名，若二次甄别要问的题目比较长，如每份卷 10 分钟，则需要配备 2 名二次甄别）。

项目预算与借支：项目主控督导根据项目要求和预算参考比例制做预算表，向财务部门借支所需款项（须提前一天到财务预支，预支费用包括场地租金、交通费、杂费等要用现金支付的费用。借支：填写借支单经上级审批后方可到财务借款）；街访点预订金有时需要提前申领。

物料准备：项目主控督导需根据项目类型和项目要求安排物品准备并使用街访物品检查表进行检查。常规街访、口味测试、广告片测试等不同类型（口味测试、广告测试等项目由于涉及的物品特别多，操作特别复杂，因此需要有专门的课程学习）。

根据物品准备内容的多少可交由辅助督导或兼职督导负责，例如打街访指示标语的准备等。

问卷印刷：问卷数量可按下列公式计算：问卷印刷数量＝规定样本数量＋5%的扩大样本＋访问员培训所需问卷＋试访问卷＋5%的备用样本＋其他。

卡片印刷数量：（每个街访点访问员人数＋3）×街访点数量。

问卷与卡片印刷前需要进行：核对排版，检查有无错漏，请项目经理确认是否是最终版本；填写问卷印刷委印单并叮嘱送达时间（需列明项目名称/项目代号），一般需要提前2小时送达，以便检查、分发、打循环勾等预处理。

卡片、照片、图片、价格卡、概念卡的手工制作时要考虑：确认公司是否提供，如公司负责提供，则告知需要提供的数量；如需要自行制作的，首先制作一套样板，并向项目经理确认是否合适，经确认合适后就要安排人员、准备材料、工具、场地等按照样板进行制作，过程中给予指导和监控，避免出错。

需要用到的控制表格：配额表；访问员签到表格、工作评估表；区域标识条（打印统一格式/版本）圈划配额，制作配额表；制作独立配额表；制作配额表；配额会涉及年龄、性别、收入、区属、产品代号、广告版本、常用品牌、使用习惯、使用者或非使用者；配额表与圈划问卷相结合（圈划应使用彩笔）。

访问礼品：计算所需礼品数量＝规定样本＋扩大样本＋试访＋适量后备；根据项目预算选择适合该项目的礼品类型，切忌使用客户竞争对手产品。

硬件设备：电视机、录像机、饮水机、遥控器、连接线、接线板、屏风等；放行条、出门条、委办单、公司提早开门条等。

人员准备：兼职督导、常规街访一位；操作员、广告播放员、产品管理员、传递员、领位员等。

5. 街访点布置

相同要求：场地整洁、卫生、无异味；桌椅摆放规则、无灰尘；访问区域标识张贴明显、使用统一打印稿；访问区域无噪音；访问区域光线充足等。

不同要求：不同的街访点条件不同，每次项目要求不同。例如是否需要2间房，是否需要有水的供应等。

场地布置要求：复杂项目需提前1天布置场地；划分访问区域，包括：二次甄别区、等候区、访问区、产品与广告操作区、设置屏风或挡板（项目有特殊要求时）；调整被访者所坐位置朝向，要求一致，背向二次甄别地点，应避免被访者互相看到为佳；一般需摆放6～8套访问桌椅，桌椅摆放要求间隔1.5～2米，具有足够的宽度；广告片测试/口味测试需准备相应的放像间/产品储存间，是指离访问室较近的独立间。场地布置：访问前搞好场地卫生、摆放桌椅、设立等候角，检查灯光、铺放桌布、摆设屏风等。灯光要求：灯光齐全且工作正常（灯源最好为日光灯）、光亮度明亮。卫生环境：没有异味、清洁、安静、空气顺畅。桌椅摆放：访问桌之间最短直线距离间隔2米或以上。

6. 试访

试访是再次检查和考核街访现场各小组的运作是否正常、符合项目要求。

每个访问员需完成1个或1个以上样本的试访，专职和兼职督导至少每人全程跟进1份或1份以上的问卷，且详细记录所发现的问题，可选择问题较大或新访问员来跟进。试访问卷不作为正式样本，如作为正式样本，需经项目经理允许，并确保被访者条件经过严格的质控过程。

督导必须观察到整个街访流程的各个环节的操作，并确保各环节都能正确运行才能开始正式访问。例如电视广告测试，督导试访时就得兼顾到拦截、等候、二次甄别、访问、放像等区域的人员都能正确操作。

试访小结：目的是指出访问员、操作人员的错误之处，并给予纠正；同时归结出同一区域人员的出错问题，以免其他人重犯。每个访问员必须全程参加试访小结，未参加试访或小结的访问员不允许操作正式样本。试访小结应归纳所有试访中的问题和操作注意要点，试访小结应集中所有或是大部分访问员共同参加（不能同时参加试访小结不超过30%）。

7. 培训

让负责督导了解项目的背景，清楚被访者的条件，清楚项目的操作时间，清楚项目的配额要求，懂得项目的操作方法。

通知时间：内部培训开始前24小时。

通知方式：书面形式（E-mail或传真）。

通知人员：质控督导、主管、访问督导及其他相关人员。

通知内容：培训时间、培训方式、培训地点、需准备的培训资料（访问问卷、项目手册、卡片、图片等）。

通知回复：内部培训开始前3小时以相同方式做出接收回复，并注明通知中不清楚的内容、对项目的相关建议

培训方式：电话培训、集中培训。

培训内容：项目背景介绍、项目被访者条件及甄别、访问问卷的讲解、释疑、访问操作的具体方法与要求、对编码、录入的具体要求、项目操作时间等。

由项目经理召集并培训。与访问员培训时间间隔应不少于6小时（访问员培训开始时间一般不晚于19:00），项目管理人员和访问充分的沟通和配合，提前预订好资源（培训场地及培训人员），合理安排时间间隔，如因特殊原因（如场地、人员等限制因素）不能在规定时间内进行内部培训的应急处理。

培训结果：确认访问辅助用品的数量。如卡片、图片、测试产品等，确认项目操作要求、操作重点、问卷逻辑，确认街访点条件要求。

访问员培训前准备：问卷修改（印刷后发现问卷改动），复印培训问卷/培训胶片（问卷未印刷回来），主讲督导必须预先熟悉问卷并做好培训准备。

培训工具的准备：投影仪、幻灯机、电视、笔等。

人员的到达情况：访问员、兼职督导、辅助督导等。

访问员培训：让访问员了解项目的背景，使访问员掌握项目的操作要求，评估访问员的合适性，并做出选择，不同街访点的任务分工。

访问员培训：参与人员：主控督导、拦截员、访问员、操作员、兼职督导、项目督导等，拦截员、访问员、操作员分开培训。

培训时间及场地：一般安排在晚上 6:30，但要协调培训场地，必要时可在公司外租。

访问员培训讲解内容包括：项目简要介绍（访问时间、样本量、样本条件、样本配额、操作流程、街访点数量等），问卷内容及操作，封面（配额、被访者资料、访问时间、签名），主体（各题型记录方法、操作方法、逻辑关系、开放题追问技巧、操作流程技巧、辅助用具使用、产品出示、产品品尝）。

问卷模拟：问卷模拟主要是想了解访问员的实操是否达标。督导将对访问员不同的错误给予纠正，从而提高培训效果。访问员多于 15 人，分成 2～4 组，分组模拟，所有督导负责检查访问员操作，其中 1 名督导作为被访者回答，并设置一些问题让访问员处理，以此来评估他们是否理解，访问员坐到被访者面前模拟，重点题目重复 2 次或以上。

问卷模拟小结：模拟小结主要是帮助访问员归结实操过程中要注意的重点，以加强他们正确操作的认识。总结模拟出现的重点问题，统一操作要求，强调操作要点，分配街访点和访问员，新旧访问员原则上平均分配到不同的街访点，规定第二天到达街访点时间、仪表要求（胸卡、服装）。一般要求 8:45 到达街访现场。

8. 现场监控

现场监控总则：新督导（从未操作过街访项目）第 1 次操作街访项目需有街访经验的督导陪同。负责督导需准时到达访问地点，严格遵守项目规定，以身作则。

现场监控内容：场外拦截、场内巡视、现场秩序、现场棘手问题处理、人员激励、访问用具使用和管理、进度汇报、合并街访点、统计合格问卷数量、配额控制等。

场外拦截：访问与拦截分开进行，即使更换拦截员时也适用，拦截员服装整洁、统一佩戴胸卡，工作时不得携带背包，统一存放在访问间内，进度缓慢时，督导应及时了解拦截状况，对拦截员进行鼓励和指导，质控人员与访问员的配比常规为 1∶2，个别项目为 1∶1。

督导在看场外时主要注意的是：鼓励士气、督促开小差的拦截员；哪些配额需要继续做，哪些需要停止；协调好质控人员与访问员的关系。

场内巡视：专职督导用于场内巡视的时间应不少于现场访问时间的 30%，兼职用于场内巡视的时间应不少于 50%。场内巡视的内容包括访问员询问方式、辅助用具操作、问题追问、答案记录、其他操作内容。

督导在场内巡视时应注意的是：等候区有足够的椅子，有报纸或杂志给等候者，不准太乱、太吵。二次甄别正确操作，礼貌处理被访者问题，不吵不乱，不排长龙。访问区访问员按部就班，各就各位，不吵不乱，正确操作。其他功能区域能按照项目要求严谨执行。如放像室：避免中途被打扰或超过规定人数（门开：可进入；门关：放像中，禁止推门）；口味测试的操作顺序及流程；礼品发放规定等。

现场棘手问题处理：被访者不耐烦了（向被访者解析他的意见的重要性，并希望他配合；如不行则送走被访者）。被访者寻事（礼貌解析、道歉，并将他送走，同时送他一份小礼品）。外界环境噪音干扰，直接找到干扰源进行处理，或找场地工作人员。社会人员干扰（保安、围观、社区管理）。第一次碰到这种情况的话给予解析，并争取能继续进行访问。如是第二次的话则预先要办好相关手续避免发生冲突；如是临时意外的话则暂停，并向场地要求延时。访问时间超过规定，及时与场地商议加时，并向访问员讲清楚我们的计划。

拦截员的激励：被访者条件较难（可适当增加劳务费或给予底薪），超过预计的访问时间（对他们的努力负责给予表扬，必要时可增加餐费补贴），环境、天气影响（不可抗力，给予安慰）。

访问员的激励:不能按时休息、午餐(表扬等),被访者不配合(指导方法),访问时间过长(适当增加劳务费)。

访问用品、用具管理:防止丢失(损坏),防止弄脏(涂抹),数量不够而影响速度(及时补充),严禁食用、挪用测试样品(定时监控,责任下到看管人员)。

配额控制:督导在实地访问第一天开始前应向二次甄别员培训配额圈划及统计的内容。每天定时(中午、下午访问结束前各1次)与二次甄别员核结配额。不定时(访问比较清松的时间)核对配额,对于出现错误的配额以问卷中实际配额为准。

统计配额:督导需随时统计完成的配额,及时通知拦截员需要拦截的配额数量,在相应配额上扩大样本1~2本(建议为较难的配额),已经完成的配额要终止拦截,否则不可以接受访问,访问结束前应再次统计配额表及问卷中配额。

进度汇报:项目主控督导每天向项目小组经理和研究员汇报1次进度,项目未能按时完成,项目所有督导需充分沟通并做出相关数据统计,向研究人员反馈并提出补做建议,补做操作细节需与研究商讨并经研究人员认可后实施。

合并街访点:当已经完成的样本超过预计数量,所剩样本不足1天的访问量时,可以考虑并点,并点需经研究人员同意或认可,合并街访点需注意及时对不同街访点配额、样本、物品、礼品的统计,以防出现混乱。

清理现场包括:清理访问现场垃圾,桌椅复位,清点访问物品、礼品、用具,回收测试样品,回收标识牌,付清场租并索要发票等。

9. 问卷审核

问卷一审:问卷的一审和二审应由不同的督导完成,并分别由审核人签名,实施签名负责制。问卷一审专职督导完成需达到80%以上,兼职完成不超过20%,100%现场完成,一审时间最长不超过5分钟。审核质量应达到卷面整洁、被访者与访问员信息完整、无配额错误、无明显漏问、开放题字迹清晰可辨、追问完整、无基本逻辑错误。

问卷二审:专职和兼职共同完成,50%以上需在现场完成,其余部分应在访问结束当天或第二天完成,但最长不超过24小时。二审质量应达到无任何漏问、开放题语义表达完整、追问完整、无任何逻辑错误、无任何记录错误。

问卷抽审:项目经理随机抽审总样本量的10%,需在街访当天或访问结束后的第二天内完成。

10. 项目总结

统计数据,提交问卷,合并所有街访点的问卷,核对并统计配额,标识出扩大样本,提交或寄出问卷。

物品、资料归档:项目结束后1周内完成资料归档,电子文件的资料存放在项目文件夹里,书面的传真、空白问卷、卡片等物品根据存档一览表要求存档。归还租借的硬件设备和相关物品。处理项目测试样品。

总结项目经验:样本要求(样本的配额要求)、样本量,项目的特殊要求、实地访问注意事项,实地访问中出现的问题及解决方法,与其他同事分享,可以通过该项目引起今后注意的地方,操作类似项目可借鉴的地方。

11. 做好街访项目8项注意

第1项:项目计划"筹划在心里";

第2项:宏观微观"兼收并蓄";

第 3 项：一切工作“向前(钱)看”；
第 4 项：“分工明确”和“逐项落实”；
第 5 项：前期准备“充分且足够”；
第 6 项：“培训达标”和“以人为本”；
第 7 项：现场监控“前瞻和预见，把握进程”；
第 8 项：遇事“冷静、敏感、随机应变”。

3.5　典型情报搜集方式实施流程之“入户访问”

入户访问(door to door interview)又叫上门访问，是指经过严格基础培训及项目培训的访问员手持问卷，至事先抽样确定的消费者家中进行一对一访问的一种情报搜集方式。此方式属于一种比较常用的方法，但执行起来难度比较大。

入户访问结合了深入访谈和定点街访的一些特点，问卷设计的结构比较复杂，内容比较多，会结合定性和定量的一些问题设计方式设置问题，甚至包括一些家庭方面的元素都可以通过观察及试验现场搜集。

入户访问的优点：
(1) 问卷容量大。
(2) 样本代表性较好。
(3) 易于回访和复核。
(4) 可以改型为其他形式的研究方法。
(5) 可出示较多的产品和辅助用具。
(6) 受外界天气影响较小。

入户访问的缺点：
(1) 项目时间跨度大，运行周期长。
(2) 不可控因素多。
(3) 调查成本较高。
(4) 入户难度大，拒访率高。
(5) 访问员作弊或违规不太容易被发现，质量控制难度大。

3.5.1　入户访问问卷设计

入户访问的问卷设计结合了预约面访和街头访问的一些特点，主要是封闭问答和开放问答的问题都可以设计，并且可以根据需要设计一些体验测试题。相对来说入户访问时间比较长，访问内容量比较大，问题之间的逻辑关系也会更复杂点。

入户访问问卷设计范例篇幅较长，请见书尾附录二。

3.5.2　入户访问项目操作流程

1. 入户访问项目操作流程示意图(见图 3.3)

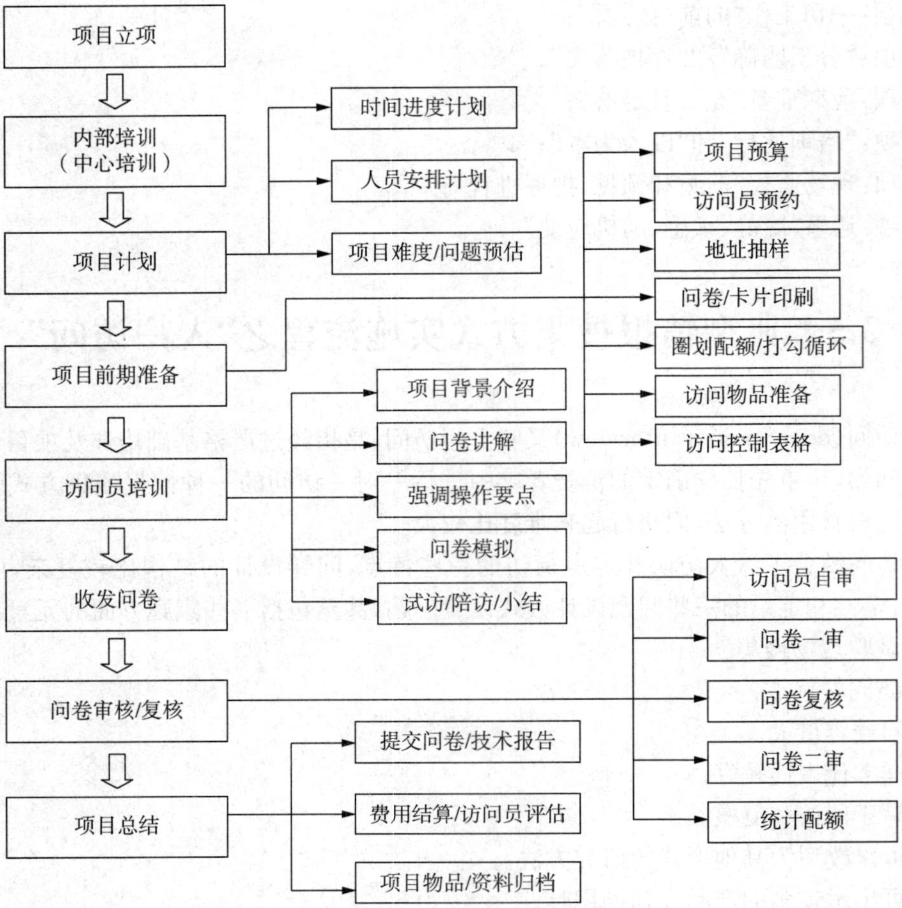

图 3.3 入户访问操作流程

2. 项目前期准备

项目前期准备内容包括：项目预算（项目预决算表），访问员预约（访问员申请表和预约表），问卷、卡片的印刷，最终问卷的确认，打印和排版的检查，送印厂印刷，印刷数量[N＝实际样本＋培训＋试访＋扩大样本（5%）＋备用样本]。

访问物品准备：卡片、照片、图片、测试样品制作，访问礼品准备或领用，介绍信、访问员胸卡、访问员证、相应的配额表、文件夹、手提袋等，培训场地及场地布置，访问控制表格。

3. 访问员培训

项目背景介绍：调查的目的，调查的方法，时间安排，配额、样本量，被访者的定义，问卷讲解，问卷的逻辑关系，问卷的操作要点，问卷的操作难点，开放题的记录要求，其他特殊项目要求。

问卷模拟：一对一分组的形式进行，题型的障碍设定，所有访问员都要参与模拟，访问员提问及解答和特殊问题的讨论，关键点的操作提醒。

4. 收发问卷

合理安排访问区属的访问员及样本量，根据访问员能力合理分配工作量，控制每个访问员在同一项目中的完成量（如 25%），规定固定的交卷日期和时间，且要严格执行，根据时间计划和质量标准，准确记录评估结果，奖优罚劣。

根据项目样本量的大小，可扩大 1～2 个访问员，但不可盲目使用较多的访问员，根据项目进展随时调换不合格的访问员，能够洞查访问员的心理，及时做出应急处理，激励并鼓励访问员工作，“胡萝卜＋大棒”，督导的态度很重要！不要轻易同意访问员中途退出项目。及时统计抽样、访问员、质量、进度、以往类似项目数据，留意任何有关市场信息和社会氛围。

问卷收发应采用“枣核型”。第一批问卷应发放“小剂量”，一般不超过 3～5 本，以后逐步加大，新老访问员区别对待(以“传帮带”为准则)，随时对有问题问卷及访问员做出处理。

抽样的地址的核查：作为每次收发问卷时检查的最前沿内容，控制地址发放比例，严格要求访问员珍惜每一套地址，避免浪费且影响抽样的随机性，及时了解地址使用情况，出现问题尽早进行补救，预估节假日和项目大量使用地址的情况，提前做好准备和应急(但地址的抽取量也要合理)。

实地探测虚实，根据收发问卷的情况及时安排陪访，及时通知复核人员实地复核以取得第一手反馈结果。

问卷收发进度总体时段控制(慢快慢)：第一时间段(项目初期)：进度可稍慢，一般完成样本总量的 30%；第二时间段(项目中期)：进度要加快，一般完成样本总量的 40%～50%；第三时间段(项目后期)：进度可放慢，一般完成样本总量的 20%～30%。

具体时点可以是每天(周一至周五)的“黄金时间”不容错过，一般进行约 40%的样本量，重点看准周六、周日或节假日，一般进行约 60%的样本量，尽量避开白天访问。周一、周三、周五收卷比较有利，项目样本量大的情况可安排每天固定时段收卷(如下午 16:00 以后)。

进度汇报：提前索要或制作进度汇报表，按要求甚至是提前发送进度汇报，注明统计的日期和时间，不要局限在数量的汇报，还要注意质量，有条件的话多做一些关键指标的统计。

5. 访问员管理

通过在项目中对访问员的培训、指导、检查、激励，将之培养成为合格的实地操作人员，通过项目管理，做好访问员的评估工作，帮助他们了解到自己需要提高的地方，不断加以完善和发展。

访问员日常管理中需要加强工作纪律性和端正工作态度，保障问卷操作质量、工作量/工作进度、问卷真实性及入户成功率。

6. 问卷复核

问卷复核要及时配合访问进度，入户复核是事后的，带有一定的危险性。复核是项目督导控制项目的“耳目”，复核是有时效性的，复核是需要固定时间的，复核要及时发现问题，将其消灭在“萌芽”状态，复核结果直接关系到项目进度能否按计划完成，所有批次的问卷均需经过复核的抽查复核，有问题的问卷由复核人员保管并存档，合理且适当地追加或补做样本。

7. 项目结项

提交问卷，统计并核对配额，统计访问员完成份数，项目杂费结算，访问员劳务费结算；项目存档。

使用统一的格式和标识，存档内容需检查是否齐全，项目物品归还或复位。

8. 项目小结

入户访问控制要点：事前控制重于一切，计划非常重要。进度控制和质量控制一个也不能少，不要吝啬你的责任心和能力。各个环节的人员要加强协作和沟通。

3.6 典型情报搜集方式实施流程之"座谈会"

座谈会与预约面访都属于定性类的情报搜集方式,是由一个经过训练的主持人以一种无结构的自然的形式与一个小组的被调查者交谈,相当于一对多地同时开展的深入访谈。主要目的是通过倾听一组从研究者所要研究的目标市场中挑选出来的被调查者所发表的个人想法,从而获取有关问题的多方面信息。

这种方法的价值在于常常可以从自由进行的小组讨论中得到一些意想不到的发现。座谈会的问卷设计也基本是提纲式的,当然一般都要求参会者填写相关的甄别问卷,也可以同时要求与会者填写一些定量问卷。

专业而规范的座谈会一般都要求具备专业的设备设施及人员,例如要求有带监控室的会议室,配备相应的录音录像设备以及主持人和速记员等。小微企业主很难自主规范地采用座谈会这种情报搜集方法,但如果把座谈会想象成一次由企业主做东的饭局,那么开展一次灵活的座谈会就可以是轻而易举的事了。

3.6.1 座谈会问卷设计

座谈会问卷设计一般都必然包括甄别问卷和主题问卷,就形式而言和预约面访的甄别问卷及主体问卷类似,而内容就根据不同的项目需求有不同的具体设计。

座谈会甄别问卷设计范例见书尾附录三。

座谈会主体问卷设计范例见书尾附录四。

3.6.2 座谈会项目操作流程

1. 座谈会项目操作流程示意图(见图 3.4)

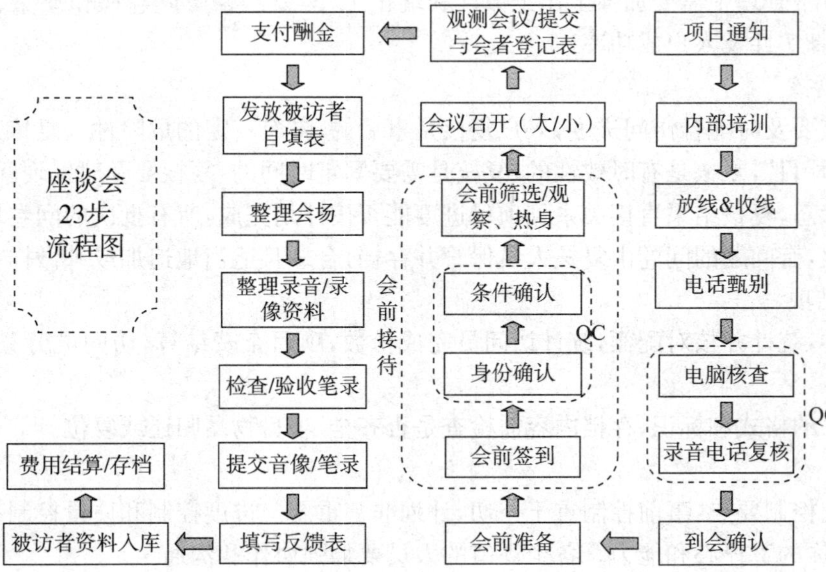

图 3.4 定性小组座谈会的整体组织工作流程

2. 座谈会组成的要素

参会者规模:8～12人。

参会者构成:预先筛选参会者,主持人(经过训练、有经验者)。

座谈会环境:放松的、非正式气氛。

3. 会议形式

会议将围绕被访者所感兴趣的话题,以畅所欲言的方式进行,始终是在比较轻松、和谐、热烈的氛围中进行讨论。

时间长度:1～3小时。

会议记录:使用录音、录像及现场速记笔录。

4. 设施要求

会议室:经过人性化的布置,使会议在一种非常轻松、舒适或适合特殊会议要求的氛围。

监听室:供监控人员观看会议,但不被与会者察觉。同时通过监听设备进行录音和录像工作,将开会过程作为资料保存下来(一般在专业的市场研究公司或者大型企业的市场部门才会专门配置)。

5. 内部培训

召集人:由项目经理组织并召集。

参加人员:项目经理、项目负责督导、质控督导、主持人。

培训方式:面对面或电话会议,多以讨论的方式进行。

目的:从不同的角度去考虑问题,若参加的人员对这个项目有什么疑问、建议或意见,都应当场提出和讨论,共同找出解决问题的方法。

培训内容主要包括:研究背景及研究目的介绍;落实座谈会通知书内各项内容;甄别问卷的讲解;被访者合适性掌握尺度;进度汇报计划及存在问题解决方式。

6. 参会者招募

招募对象:通过联络员系统、访问员系统、其他亲朋好友的介绍等方式招募合适的参会者。

设计甄别问卷:根据项目的需要设计,并将其作为招募条件通知联络员等。

规范招募:不允许透露座谈会研究的产品名称及品牌;不允许将终止条件给联络员;需经过项目经理确认才能使用甄别问卷。

7. 甄别问卷

A卷:是关于被访者的基本条件,其条件可供联络员约人使用。

基本问题:被访者姓名、被访者性别,被访者实足年龄、学历、职业、婚姻状况,个人与家庭月总收入、工作单位、家庭住址、联系电话、身份证号码、联络员姓名等。

要求被访者能讲流利的普通话(在电话中沟通时,督导都请用普通话);被访者在开会日期的时间内是否有空。

B卷:是针对每个项目的研究要求和目的而设计的。

C卷:是针对被访者的沟通能力、反应速度、抽象思维能力、想象力、合作性等方面的测试。

8. 进度汇报

目的:让项目经理了解项目进展情况,可以帮助项目督导及时调整操作方法。

汇报时间:在每组座谈会预约人数达到3～4人时或2～3天一次;即使预约人数没有达到以上数量,督导也必须按照内部培训确立的时间准时反馈进度给项目经理;项目进度汇报贯穿于项目始终。

进度表:得到项目经理对预约情况反馈后的跟进工作;需同项目经理沟通清楚以下内容:被访者不合格/合适的原因;再次明确甄别被访者的标准和把握尺度,掌握更贴近研究要求的甄别尺度;掌握项目调整或更新的甄别条件;根据以上情况及时调整;剔除不合格的被访者。

进行调整:将合格但不太合适的被访者作为后备人员;根据调整后的配额要求调整每组会的配额结构。

9. 电话录音复核

目的是判断被访者是否合格,防止不合格(与甄别条件不符)的被访者参加会议。检查电话甄别员是否按照规定的要求询问和记录。

操作方式:甄别员在甄别过程中需全程录音,甄别员需将录音带中的所有被访者姓名等内容记录在被访者录音记录表。督导把录音、被访者录音记录表和相对应的甄别问卷一并提交至质量控制人员。督导按照拟定的时间准时提交,遇到特殊情况不能及时提交,需要同质量控制人员协商,妥善处理。

复核方法:质量控制人员随机抽取 30%的甄别电话录音进行复核,根据甄别电话录音,核对甄别问卷上的答案,检查甄别人员甄别过程的真实性和规范性,复核过程中如发现任何问题,需及时反馈至项目督导进行处理,及时把合格名单反馈给项目督导。

10. 到会确认

发邀请函:由项目督导本人或兼职督导来完成。

发送方式:对于会前 2 天或以上成功约请的被访者,寄发请柬和邀请函。对于没有时间发送请柬和邀请函的被访者,则通过电话或传真、E-mail 发送请柬。

电话通知不合格的被访者:不合格被访者是指条件不符合的被访者、配额已满的多余被访者、没有时间参加会议的被访者。婉言谢绝并说明原因,可邀请其参加以后公司其他的座谈会项目。

到会确认电话:确保邀请被访者能准时到会,时间:在会议召开前 1~2 天;操作人:督导或由兼职督导协助完成。

具体操作:对于所有被邀请的被访者都需打电话确认,确认其是否收到请柬或邀请函。确认其是否能够准时参加会议,不能参加或思想动摇者要晓之以理、动之以情;能参加的被访者也要说明会议和重要性,谨防“临时变卦”。

到会确认电话应注意方式方法:通过提问来确认,例如,请问您是否知道开会时间?请问您是否知道如何前往?请问您是否清楚开会地址?请问您确定您肯定能过来?最后加深印象,加强表达希望他/她准时出席的强烈愿望,重复一遍所有的确认信息。再次强调需要携带的物品(身份证原件和相关物品等)。

11. 会前准备

座谈会开始前 1~3 天内完成。具体操作包括借支项目费用,根据预算,由财务出领取项目费用:被访者礼金(酬金+遣散费用);项目杂费(食品、音像用品、交通、餐费、代购其他产品等);领用/购买会议用品(根据预算);领取会议用品(白板笔、白板纸、录像、录音带、广告板等);领取问卷;领取、购买会议食品、饮料;注意是否有对食品的特殊要求;注意客户人数。

兑换零钱,分装礼金:按预约人数和预算分装大会(酬金)、小会(遣散费用);将礼金和联络信用信封装好,准备签收劳务单。

12. 设备检查和场地布置

检查设备/场地情况:使用会议设施及场地检查表;至少开会前 1 天进行仔细、全面、彻底地检查；调试并确认所有相关设备运作正常；如果发现问题应及时联系 IT/行政部门解决(不拖到开会当天)；场地布置在会前 2～3 小时内完成。

会场：桌上物品摆放(例如座签、座签卡、笔、水杯、纸巾、零食、水果、饮料等)。确保场地符合标准：清洁，空气，通风，温度，白板、白板纸及白板笔，垃圾桶等；放像设备、电视机，广告带、广告板，测试品等。

监听室：记录纸、记录笔，录音、录像、耳机、话筒，应急灯，冰箱等准备妥当。食品摆放，客户座椅调试及摆放，灯光及遮帘符合要求等。

被访者接待室：桌椅摆放，温度，烟缸，垃圾桶，报纸杂志，水杯，与会者登记表，记录笔等。

13. 会前接待

会前签到：提前 30 分钟到门口迎接被访者或客户。

负责签到人员：签到记录工作可由督导完成或安排兼职督导、笔录员完成。使用事前准备的进度表签到；将参加会议的被访者引领到不同的房间休息，切忌不向其提及会议产品名或品牌名。

发放并检查填写会前登记表：签到完毕后立即发放。表格填写的具体操作：指导与会者填写，督导需在接待室指导与会者完成填写，对于被访者不清楚的地方需进行解释和说明。检查被访者填写的会前登记表：目的是确认被访者条件的真实性，检查完成的登记表有无遗漏或填错，使用进度表进行核对，检查登记表内容与原先甄别的条件/配额等内容是否相同，如发现问题应及时与被访者进行核实和确认。

身份确认：目的是防止假冒被访者入会。检查时需特别注意身份证是否是原件及上面的人物照片是否是其本人。需礼貌地要求与会者出示身份证件，经核查不合格或有重大嫌疑的与会者将无权参加座谈会，没有携带身份证原件的被访者将无权参加座谈会。

操作方法：将进度表与会前登记表进行核对，检查是否相符。针对核对后不相符的情况，需由督导和质量控制人员一同重新确认核实。如核对后条件确实不符，该名被访者不能参加会议。经核查条件不合格或有重大嫌疑的与会者将不能参加座谈会。对于严重影响甄别条件的被访者将不能参加访问，同时追查该名被访者的介绍人，如该介绍人确实有不规范行为，将立即终止所有其介绍的被访者参加会议。

会议热身：目的是使被访者放松，以使正式开会的气氛不陷入僵局或冷场，使督导能寻找出更适合开会的被访者。陪同与会者聊天，讨论或交流一些与被访者感兴趣的话题，观察被访者的性格、态度、参与性、合作性，以此来选择更合适开会的受访者。简单介绍公司情况、座谈会形式，增强被访者对公司的了解，以便更能配合督导和研究员工作。注意绝不可透露会议内容或有关细节，更不要透露研究的产品或品牌。

14. 会前筛选及带人进场

大会、小会的定义。大会：正式召开的座谈会。小会：特指为落选被访者所组织的、由兼职主持的 15～30 分钟的小型会议。目的：为保证大会的顺利进行，准备客户、主持人在会议开始后的 10～20 分钟内更换与会者。为了不让落选的被访者产生失落感或气愤的情绪，避免不必要的误会和争执。

被访者合格与合适性的筛选：目的是确保大会与会者的合格性与合适性。会前筛选的优先次序：首先，选择质量控制人员经过身份和条件确认的合格的被访者；其次，选择符合会议甄别条件和项目配额的被访者；再次，在配额相同的情况下，选择合适性强的与会者；最后，在合适性相同的情况下，遵循配额要求均匀分布。

操作注意点：在筛选过程中，可以让主持人来参与筛选大会的与会者工作。遇到难以把握时，请及时与主持人确认，得到明确筛选尺度。

带大会与会者入会议室开会。“带人”定义：指将被访者引领入会议室的行为。带人前需确定被访者入座的顺序号；顺序号的确立需征求研究建议。带人前需按照事先确定被访者的顺序，摆放好座位卡。

“带人”的原则：分批带。目的是为了不引起小会与会者的怀疑，同时也为了使大会的开展不受影响。先将“大会”总人数分割成2批。带入次序分别为：第一批带大会与会者入大会会议室、第二批带小会与会者入小会会议室、第三批再将剩余的大会与会者带入会议室。

15. 会议召开

召开小会：目的是保证大会召开后，有后备人员可更换；使落选的与会者不产生被骗上当的感受。

操作时间：大会召开后马上开始，会议时间不能少于30分钟。按照座谈会大纲或事先督导准备的大纲进行访问；询问被访者兴趣、爱好、对此次会议相关产品的消费习惯等，气氛需要活跃，并做适当记录；如有需要，可向被访者解释：希望今后再邀请他们参加公司其他类型的座谈会；支付小会礼金（遣散费），并礼貌送出公司。兼职人员的穿着、仪态都要求得体、大方、正规，小会也需准备必要的食品、茶水等。

大会召开后，督导需要做的事情：督导应在带人完毕后立即回到监听室；查看确认是否已经录音、录像，其他设备是否正常运行；观察与会者是否有问题，如主持人需要，则及时更换被访者；选择正在进行小会中的被访者作为更换对象。

密切观察会议室外的情况：禁止大声喧哗、吵闹、聊天，打电话等也需避免对会议产生影响。

观察会议过程：督导应在监测室聆听至少20～30分钟的会议内容。观测设备、录音、录像设备工作是否正常。观察与会者有无临时特殊情况出现，如有出现需及时配合研究处理。观察监听室内的客户有无需求或需要招待的内容，做到热情且周到。注意事项：督导在观测会议期间，也可以利用这段时间准备下一组会议的工作。会议期间现场必须有专人服务和守候，如督导无法做到，必须由兼职督导代替。

酬金支付：估计会议结束时间，督导可不定时到监测室内观察会议进展情况，估计结束时间。督导提前准备好礼金和劳务费发放单。督导引导被访者再次进入接待室并发放酬金。

整理会场：打扫、清洁所有会议室。

16. 座谈会资料管理

检查设备、录音录像资料：保证每场会议监听设备的正常运行。确保录音、录像资料完整和质量完好。

检查调试设备：两会中间重新对所有监听、监试系统进行检测，并做试录，以保证下场会议录音、录像资料的完整和设备的正常运行。

检查录音、录像资料：以抽听和抽看的方式检查所录音、录像的资料有无问题，并在录像带和磁带上贴上标签，同时把磁带交给笔录员接收。

主动了解会议情况：目的是为下几场会议的会前筛选工作做好充分准备，避免出现大会与会者不合格的问题。了解内容：与会者在会中的表现情况；与会者在会中的合适或合格情况；会议所需时间的长短；如确实需要对被访者筛选要求进行调整和更正，必须及时落实，保证下场会议的顺利进行；如应调整幅度较大督导无法做到，需及时研究沟通商量，并通知上司得到帮助和指引。

整理录音、录像资料：检查、标贴、复制、补救。操作时间：在项目结束后的 5 天内完成。检查所有录音、录像资料的质量；所有录像带、磁带都需标贴统一的组别和顺序标识；如研究人员需要，根据要求，进行复制。补救：如因内容不清晰或未录完整，需请 IT/行政人员协助及时进行补救和补录。所有录音、录像资料的内容必需完整、准确、清晰。所有录音、录像带必须有标贴。

3.7　典型情报搜集方式实施流程之"电话访问"

CATI(computer-assisted telephone interviewing)即电脑辅助电话访问系统，是指由电脑随机抽取电话号码，在实际访问中以电子问卷代替纸问卷，访问员直接在电脑辅助下，通过电话进行的一种资料收集方式。

CATI 访问的优点：

(1) 计算机自动快速拨号，控制问卷的复杂逻辑跳问并及时查错，大大提高访问效率及降低人为失误。

(2) 全程数码录音，便于监控访问员的访问质量，也便于对访问质量的监督。

(3) 计算机自动控制配额，即时生成访问的技术报告，以保证访问顺利进行。

(4) 可在访问进行中随时生成数据报告，便于研究员及时发现问卷设计的错漏之处及撰写初步的文字报告。

(5) 可快速调整问卷的错漏之处，保证访问进度。

(6) 系统的有效控制可缩短访问时间，从而降低拒访率及调研成本。

(7) 可获得比普通电话访问更加详尽的数据。

CATI 访问的缺点：

(1) 专业场地和设备设施要求高。

(2) 对人员的心理素质要求比较高。

(3) 拒访率比较高，有效样本成功率比较低。

(4) 访问时间短：问卷时间不宜过长，一般只能 20 分钟左右，太长会影响被访者耐心，影响访问结果的准确性，甚至会造成访问中途拒访。

(5) 访问操作简单：无法进行复杂的访问操作，不能出示图片、概念卡片、录像片等。

电话访问问卷设计范例请见书尾附录五。

坦率地说，小微企业很难自主开展 CATI 访问，因为 CATI 访问需要专门的设备设施，一般小微企业不具备自主开展的条件。但企业主可以自主安排相对灵活的电话访问，甚至可以说企业主打出的每一个电话都是一次灵活的电话访问式的情报搜集。因此，在这里也简单介绍下电话访问这种情报搜集方式。但如果需要大量开展 CATI 访问，企业主可以寻求社会上专业机构的帮助。

思考与练习

1. 通过本章的学习，试着设计一份消费者满意度调查问卷。

2. 常用的情报搜集方式的实施流程是什么？

3. 督导的职责与作用有哪些？

4. 质量监控的重要性有哪些？

5. 你认为情报搜集是企业主一个人的事吗？其他人员怎么配合开展情报搜集工作？

实训应用

实训项目：

就某个产品的消费者满意度开展一场座谈会

实训目的：

全面实践本章中所学的内容，培养学生对商业情报搜集工作的需求确立、方案设计及组织实施的能力。

实训组织：

1.全班分成若干个团队，每个团队 8～12 人，一个主持人。

2.每个团队自选一种消费品，然后根据本章的学习内容，确定该场座谈会的目标，设计相应的甄别问卷及主体问卷，邀请并确定符合要求的参会人员，正式开会，做好相关的录音、录像、现场笔录等工作。

3.各个团队对会议笔录资料进行分析，深入挖掘有价值的信息，形成可以使用的商业情报，撰写满意度报告。

第 4 章

商业情报分析

学习目标

1. 通过本章的学习，可以掌握基本的数据处理方法、数据分析方法以及熟练使用数据分析工具。

2. 通过对小微企业在开展情报工作方面存在的问题以及企业主思维误区的介绍，帮助企业主认清情报工作中的不足及误区，改进情报工作的工作方法及判断情报是否正确的思维方式。

对于小微企业主来说，也许日常工作中较少对各种数据及报表进行处理，通过本章的学习，小微企业主可以了解并掌握比较常用的一些数据分析方法，可以运用相关的理念去解释实际工作中的一些现状及做出一定的预测。

关于情报可用性的判断，主要的问题是情报搜集工作流程不够规范，存在较为突出的系统性问题，从而容易导致情报出错率偏高。并且要注意避免一些直觉比较容易接受，但实际上容易对情报产生误判的一些思维误区，在实际工作过程中要注意避免陷入这些典型的思维误区中去，从而避免情报判断出现低级错误，造成严重后果。

4.1 数据处理应注意的一些要点

对大部分企业主来说，数据处理并不是每天都必然要做的工作选项，甚至是从来没有考虑过也没有真正做过的工作选项。对待每天接收到的各种信息，企业主除了依靠自己天赋异禀的超强大脑外，在应对外部纷繁复杂的信息资料时，如果能掌握点数据处理的原则及方法，可能就是锦上添花的技能，也可能是雪中送炭救企业于万一的基本技能。

在搜集回来的各种商业数据中，必然要经过一个数据处理的过程，才能得出可以运用的情报。在这个数据处理的环节，有些原则要引起重视并严格遵循才能保障数据的真实有效，从而最终保障得出的情报真实有效。

数据处理的方法有很多，而且也不是通过文字介绍就可以掌握的，建议企业主可以通过互联网搜索相关的资料进行自学。而且网络上有很多资料是视频形式的，通过视频学习会更形象、更直观，这里就不做详细介绍，只是介绍一些数据处理应注意的要点。

4.1.1 完整性

在准备对一份数据进行处理的时候，首先要做到的就是保障这份数据的完整性，不能随意根据主观想法进行删除或者补充。对待可能重复的数据要进行明确的查证才能剔除重复多余的数据，对待有可能缺漏的数据，也要进行必要的查证才能进行补充，不能随意凭空填写数据。这样面对着一份杂乱无章、残缺不全的数据，我们首先要做的就是根据自己的分析需要，做出相应的净化处理。

首先，就是数据清理，就像洗菜，把多余的泥巴、不能吃的烂菜叶菜根等清洗掉。其次，就是把数据中可能重复和残缺的部分找出来并且一一净化，把重复的剔除掉，把残缺的补回来。最后，还要注意看看这些数据的内在逻辑关系，这样一个流程下来，就可以得到一份干净的数据。

数据处理及分析等工作在强大的 Excel 表里基本都可以实现，只要花点时间、花点心思好好学会了 Excel 表的一些基本功能，处理再多、再纷繁杂乱的数据，那都是小菜一碟。

4.1.2 真实性

我们在对一份数据进行了必要的清理后，得出了一份干净、整齐的数据，但我们不能被这个外表迷惑了，还要看看数据的真实性，要把失真的数据找出来，进行充分的查证，如果是错误的数据，则进行相应的调整。如果整条数据都是由于作弊等各种方式导致失真的，则应做删除处理，把影响数据真实性的一切水分都挤掉，把影响数据真实性的一切杂质都清理掉。

数据的真实性方面，很典型的一点就是极端值数据的纠偏，极端值有比较显而易见的，也有隐藏在内在逻辑里面的，要认真细致地辨别。对于较为隐秘的，例如在做潜在客户方面的情报搜集，本来该产品是面对年轻消费者的，出现了一个年龄特别大的受访者的数据，那这个受访者就是不符合我们的搜集要求的，是一个不可用的数据，那么也要查实并做相应的调整。或者说本来该种产品只是针对本地常住人口的，但是搜集回来的数据发现有外地受访者的数据，就要查实这份数据究竟是受访者的居住地写错了，还是这个受访者确实就是外地的流动人员，如果是前者，这份数据可以调整受访者居住状况的信息，如果是后者，就只能直接删除样本处理。

4.1.3 可用性

数据最终有没有用，我们在做出分析、得出情报前难以知道，但数据可不可用，则直接决定我们的数据分析能不能进行得下去。对待一份我们需要进行分析的数据，需要根据我们的分析需要做出相应的字段选择，也可以说是维度的选择。没有经过这个环节的处理，这份数据顶多是一份干干净净、真材实料的食材，要做出各种不同的美味佳肴，我们一定要根据煮、煎、焖、炒、焗等不同做法的需要进行加工。例如要分析不同时期的同比产品销售增长率，那么就要对原始数据进行统一口径、统一单位、统一算法的处理，这样才能做对比分析，最终才能得出所需要的增长率对比分析结果。

4.1.4　时效性

一份数据就像一份食材，如果不及时做成可以上桌的菜，等到整份食材都变味了再做菜，那么不管厨艺多么高超，也不可能做出美味的佳肴了。同样，一份搜集回来并且经过一定的净化处理的数据，如果由于数据时间过长而失去了时效性，没有了解释现实真实情况的意义，那么这份数据就没有进一步分析研究，形成情报的必要，甚至就算得出所谓的情报，也是不准确的，会形成误判的失效的情报。

4.2　数据分析方法

企业主需要掌握几种基本数据分析方法，在对情报信息做必要的分析时才能得心应手。当然，数据分析的方法有很多，也不能面面俱到地介绍，企业主掌握了基本的几种分析方法后，对更复杂的分析方法的学习也比较容易掌握。

数据分析方法相关的学习资料网络上也有很多，有需要或感兴趣的企业主可以通过网络搜索相关的学习资料来自学。这里介绍几种基本的分析方法。

4.2.1　对比分析法

对比分析法，是指将两个或两个以上的数据进行比较，分析它们之间的差异，从而发现这些数据所代表事物的发展变化情况，并且发现其中的变化趋势或者规律。任何两相比较的两个及两个以上的事物，都是既有共性的特征，也有个性特征。两个企业、两种产品、两个时间段的产量等商业活动中，也都可能存在个性特征，只有通过对比，才能发现其中的优劣、长短、高低等，从而更深刻地认识到自身在其中的优势或者劣势。因此，在面对外部环境、面对竞争对手时，通过某些指标的对比，可以做到知己知彼，知道自己的优势及劣势，可以在竞争中掌握主动权。

这里要指出，不是任何两种事物或数据都可以进行对比分析的，它们之间的指标口径、计算方法、计量单位等必须一致。例如不能拿一个产品的月度销售额与月度环比增长率进行对比。

对比分析法可以说是最基本也是最常用的分析方法。例如某种产品的季度销售/采购数据对比（如图 4.1）。

4.2.2　分组分析法

在做对比分析时，很多时候不能总是对某两个指标进行对比，有时对一些性质相同的指标要按不同的需要，划分为不同的部分或者类型进行分析，以便进一步运用各种数据分析方法来分析内在的数量关系。分组的目的是为了便于对比，因此分组法必须和对比法结合运用。

分组法的关键在于确定组数和组距。在数据分组中，各组之间的取值界限称为组限，一个组的最小值称为下限，最大值称为上限，上限和下限的差距称为组距。上限和下限的平均数称为组中值。

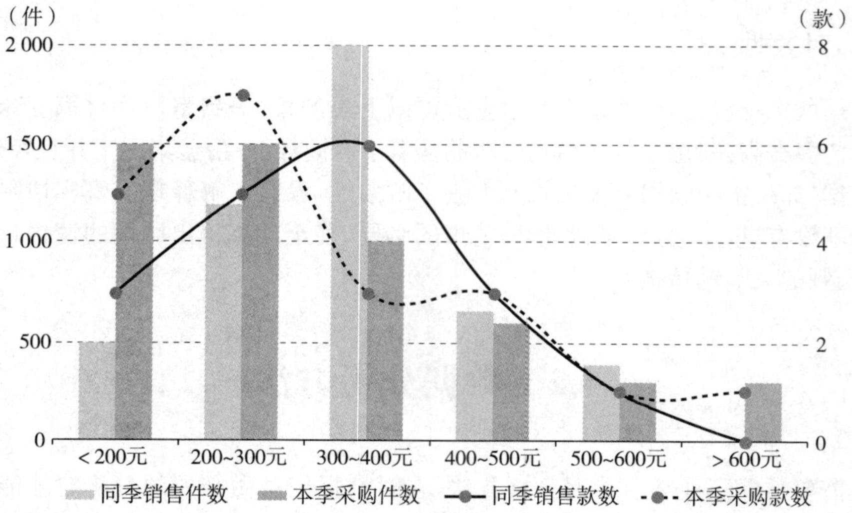

图 4.1　某种产品的季度销售/采购数据对比

4.2.3　结构分析法

结构分析法是指被分析总体内的各部分与总体之间进行对比的分析方法，即总体内各部分占总体的比例，属于相对指标。一般来说，某部分的比例越大，其在总体中的重要性就会越大，对总体的影响也越大。

结构相对指标（比例）的计算公式为：

结构相对指标（比例）=（总体某部分的数值/总体总量）×100%

结构分析法的优点是简单实用，在实际的商业情报工作中，市场占有率就是一个非常典型的应用。

市场占有率=（某种商品的销售量/该种商品市场销售总量）×100%

市场占有率是分析一个企业在行业中的竞争状态的重要指标，也是衡量企业运营状态的综合经济指标。市场占有率高，说明企业运营状态好，竞争能力强，在市场中占据有利地位。反之，则说明企业运营状态比较差，竞争能力比较弱，在市场中处于不利地位。

在商业情报工作开展方面，企业主不仅需要了解销售额、产品毛利润等绝对数值的指标，还要了解毛利率、市场占有率等相对数值的指标，从而严密跟踪本企业和竞争对手在市场竞争中的状态及发展态势。如果竞争对手的市场占有率在市场上明显上升，并且有持续发展的态势，那么反观本企业的运用情况，哪怕绝对销售额也是明显上升的，财务数据再漂亮，你的企业在竞争中都可能面临越来越不利的地位，甚至可能被竞争对手赶出市场的危险，所以企业主在关注自身企业发展的各种绝对值指标的同时，也应该密切关注市场上与竞争对手相关的相对值指标，从而发现自身企业在市场竞争的状态及发展趋势，从而及时做出各种应对措施。

4.2.4　平均分析法

平均分析法就是运用计算平均数的方法来反映总体在某一特定时间、地点条件下某一数量特征的一般水平。平均指标可用于同一现象在不同地区、不同部门或不同时间段之间的对比。

平均分析法的主要作用有两点：

1. 利用平均指标对比同类现象在不同地区、不同行业、不同类型单位等之间的差异程度，比用总量指标对比更具有说服力，也更容易操作。

2. 利用平均指标对比某些现象在不同时间段内的变化，更容易观察其发展趋势和规律。

平均指标有算术平均数、调和平均数、几何平均数、众数和中位数等，其中最为常用的就是算术平均数，也就是平时大家说的平均数或平均值，这也是绝大部分企业主都已经掌握并且可以熟练运用的。

算术平均数＝总体各单位数据的总和/总体单位个数

算术平均数是非常重要的基础性指标，平均数是综合指标，它的特点是将总体内各单位的数量差异抽象化，它只能代表总体的一般水平，掩盖了在平均数后面各单位的差异。

平均分析法要结合各种分组和指标对比来进行，例如分析本企业和竞争对手某个时间段内的平均销售额等。总之，对于所有数量指标都可以依据不同的分组用单位数来平均，进行对比与分析。这是数据分析比较基础性的分析方法，能够解释一定的经济现象，并且对大多数商业信息分析来说也基本能满足解释现实经济现象的要求了。

4.2.5　交叉分析法

交叉分析法通常用于分析两个变量(字段)之间的关系，即同时将两个有一定联系的变量及其数值交叉排列在一张表格内，使各变量值成为不同变量的交叉节点，形成交叉数据表，从而分析交叉表中变量之间的关系，所以也叫交叉表分析法。交叉表一般来说除了最基本的二维表，还有更多维度的，维度越多，交叉表就越复杂，所以在选择几个维度的时候要根据分析的目标来决定。一般来说，在日常的企业经营及商业情报工作中，二维交叉表是我们更多使用到的，更多维度的交叉表反而很少用到，这也与企业主的数据分析能力及使用习惯有关，越复杂、难度越大的分析方法，就会越少用到。

对比分析法、结构分析法、平均分析法和二维交叉分析法是在数据化信息的分析过程中较为基础，也较为常用的分析方法，对于分析简单的数据信息，解释更宏观层面的经济现象是完全可以满足的，也是企业主更容易掌握的分析方法。

4.3　数据分析工具

前面介绍了分析方法，现在就介绍一些数据分析工具。数据分析工具有很多，对于一般数据分析来说，我们使用一个 Excel 自带的数据分析工具就可以实现，那就是数据透视表。这个透视表的功能非常强大，几乎我们日常工作中需要用到的数据分析都能实现。

数据透视表就是对 Excel 数据表中的各字段进行快速分类汇总的一种分析工具，它是一种交互式报表。我们可以利用它较为方便地调整分类汇总的方式，以多种方式灵活地展示数据的特征。

数据透视表有机地综合了数据排序、筛选、分类汇总等数据处理分析功能，同时数据透视表也是解决使用函数公式时速度比较慢比较繁琐问题的有效方式之一。因此数据透视表是最常用、功能最全的 Excel 数据分析工具之一。

数据透视表在 Excel 的不同版本会有不同的表现形式，越新版本的功能会相应更丰富一点，使用体验也会更好，因此建议还没使用过透视表的企业主可以从最新版的学起，不用再学旧版的了。

数据透视表使用方法的教学视频互联网上可以搜索到很多，有兴趣的企业主可以上网下载一些来学习。

4.4 情报可用性判断应规避的系统性风险

情报的可用性顾名思义就是情报可不可以使用，或者说情报有没有使用的价值。我们不管是在工作中，还是在生活中，做任何决定都是出于某种目的或倾向的，而以盈利为目的的商业活动，做出的决策也都毫无例外地指向更有利或者更无害这个目的，那么任何决策都必然需要某些特定信息的支撑。而作为决策支撑的任何信息我们都希望是正确而有用的情报，那么我们在判断某种信息是否正确、有用时，就需要遵循一些必要的原则，尽可能提高情报的准确率，让自己的决策尽可能不犯错误。

在现实商业活动过程中，小微企业由于各方面的资源制约，小微企业主在经营管理过程中的情报工作，往往容易出现一些系统性的问题。总的来说，系统性问题容易提高情报缺失或误判的概率。企业主在实际工作过程中应尽可能避免这些问题的影响。

4.4.1 随意性

小微企业主可以说无时无刻不在开展商业情报的工作，但又可以说小微企业主从来都没有真正开展过商业情报的工作。商业情报工作在企业经营过程中很重要，但没有得到足够的重视，往往是根据企业主的商业嗅觉，根据商业利益的趋利避害倾向以及现实的可行性条件来开展。在这个过程中，没有明确的目的，也没有建立在这个目的上的相应计划，一切只是顺其自然。

4.4.2 表面性

人类实在是不善于理性思维，也不喜欢逻辑思维，更多情况下是受直觉性思维和一般行为习惯支配。小微企业主在开展商业情报工作方面，也体现出这个思维特点。小微企业主更偏好直接可以获得商业利益的信息，或者选择性忽略风险的信息，而不愿意或者不善于通过表面现象去深究事物发展的内在规律，探寻决定事物发展的根本性因素。获取的信息大多比较浅显，很多人只要接触到，几乎都能识别并作出相应的判断，这种现象对于直接的商业机会或商业风险是有帮助的，但从中长期的发展趋势考量，这实际包含了许多隐患。

4.4.3 秘密性

很多企业主对商业情报工作的理解过于碎片化，也过于狭隘，认为商业情报就是所谓的商业秘密，而事实上商业秘密只是商业情报中的一个层面或一小部分内容。商业情报从价值高低的层面来说，可以分为可分享信息、商业秘密、商业机密及绝密等几个层级，小微企业主往往是对所有的市场信息和经营信息同等对待，这影响了相关信息的管理和分享，在工作开展过程中，容易造成使用失当，该分享的没有及时分享，该保密的又没能做好保密工作。

4.4.4　不持续

小微企业主在经营管理过程中，有些工作没有持续的投入时间和相应的资源去开展，尤其是商业情报这种不直接产出产品或服务的工作。对商业情报的工作是时有时无，想开展就开展，不想开展就不开展，有时间就开展，忙起来就不管这摊子事，更没有安排相应的人员专门负责这个工作，一切随自己的性子，做到哪算哪，做到什么样子算什么样子。商业情报工作为什么要持续开展呢？因为市场变化、社会发展、技术进步，以及产业行业发展，都是一个持续变化的过程，如果不持续关注相关情报信息，通过相关信息的对比分析，就难以察觉到趋势的变化及发展方向，企业主在经营企业的过程中，步子就容易慢半拍，甚至在竞争中败下阵来，最后只能抱憾出局。

4.4.5　不够规范和系统

从某种程度来说，不规范是一定存在的，而且会长期存在。这里提到不规范的问题，不是指望完全避免这个问题，而是要指出不规范容易对数据造成污染，甚至导致信息出现误导判断的情况。因此，小微企业主在开展商业情报工作的过程中，一定要注意整个过程的规范性，确保整个过程的各个环节形成严密的闭环，不受不利因素影响。因为受污染的信息甚至可以得出与事实相反的结论，从而误导判断。

相对来说，小微企业由于各方面的资源制约，很多方面的工作都不是很系统，商业情报工作也存在类似的不足，有不少企业主是东一榔头、西一榔头地搞，自己喜欢搞的信息就花心思去搞，自己没感觉或没有意识到的就不搞，并且不管其中的重要性，而是凭着自己擅长的方式去搞，长期下来就形成了某些方面的情报信息搜集得多，用得多，而有些方面的信息，就几乎没有涉及，形成了一个死角，一个雷区，不碰就顺风顺水，一遇到就是大问题。

4.4.6　缺少评估和总结

在大型企业的工作流程中，商业情报工作往往会设立一个专门的团队负责，因此情报信息会得到更高层级的领导层评估，而小微企业的情报工作往往是企业主一个人全权负责，从头到尾都是一个人把控，因此最终结果如何，这个情报工作是做到位还是没有做到位，只有企业主心里知道。这样一来，这个工作就是在无声无息中开始，又在无声无息中结束，完全没有一个严格意义上的评估，对其中的优劣好坏都不加以追究和改进，容易原地踏步，完全靠企业主的自觉。

4.5　情报可用性判断应规避的思维性风险

企业主在开展商业情报工作过程中，个人的商业情报素养及思维模式也容易存在一些误区，企业主应该尽可能在决策过程中避免出现这些情况，从而提升决策的科学性及准确率。当然，情报可用性的判断很难完全不受企业主的思维模式影响，也没有一劳永逸的方法可以彻底解决，企业主应该做到的是对各种思维误区多加了解，在工作中尽可能避开容易导致情报误判的思维误区。

4.5.1 差不多先生

坦率来说，我们的文化并不是特别推崇严谨精细的理念，反而是比较崇尚中庸之道。因此，我们在为人处事、待人接物等社会生活中，往往容许大概、差不多的情况出现。而反映到商业情报工作方面也存在不够严谨细致的问题。对待商业信息本身的甄别、分析和研究不够严谨，对待商业情报工作的组织管理也不够严谨，整个商业情报的工作过程受到的影响和干扰过多，导致最终的情报差之毫厘、谬之千里，从而导致误判，最终造成不可挽回的损失。

商业情报工作与其他工作有个比较明显的特征，那就是商业情报在正确与错误之间，没有存在模糊空间，不能做得差不多就行了。正确面对决策就有正面的价值，错误面对决策就有负面的影响。因此，企业主在面对商业情报真与假的判断、正确与错误的判断时，千万不要做差不多先生，否则后果可能很严重。

4.5.2 经验主义

人类有个思维特点很矛盾，那就是一个人并不善于从他人及历史事件上吸取经验，但又对自己亲身经历的经验过于自信，甚至绝大多数情况下只相信自己亲身经历过的经验，排斥他人总结出来的经验。用老生常谈的例子说就是人们非要自己亲自用手去摸下灶台，给烫着了才愿意相信灶台是热的，而不会相信别人所说。

当然也要辩证地去看待他人的经验，不能不加以独立的判断拿来就用。但是同样要给予足够重视的是，不能过于迷信自我的经验主义，对一些外部的信息，要尽可能多地去搜集，然后再加工分析研究及做出判断。由于商业情报绝大部分都是来自外部的信息，企业主对待这些商业信息不能因为自己没亲身经历过就不重视，甚至完全视而不见，应该以开放的心态，尽可能全方位的去感知和搜集有利的信息并加以运用。

4.5.3 忽略竞争

商业活动，甚至是商业活动之外的几乎所有领域，都存在竞争，竞争就像空气一样无处不在，如影随形。但每个人对待竞争的态度和方法也不尽相同，有些企业主对竞争反应过激，凡事都想着竞争多么残酷、多么凶狠、多么不择手段，非要你死我活，最终出现了违背商业道德的行为，被市场抛弃，甚至触犯了法律，受到了法律的制裁，导致企业最终抱憾出局。对竞争反应过激不好，但如果忽略竞争，对企业主来说也是存在很大风险的。竞争反应过激和忽略竞争都面临一个共同的问题，那就是竞争对手不知道在哪里，不知道是谁，也不知道什么时候会出现。这样企业主就会要么草木皆兵，要么麻痹大意，眼不见就当不存在。相对来说，忽略竞争是比较突出的问题，是比较幼稚的行为，因此要加以重视，要形成一个观念就是，看待一个商业机会时，一定要考虑到竞争问题，最好还考虑到应对策略。

企业主往往会对自己的公司更为熟悉，而对竞争者则知之甚少，甚至自然地认为竞争对手与自己没什么关系，对企业的发展也没有什么影响。他们往往是把注意力集中在自己的目标、计划或服务上，只关注自己想做的和能做的，却忽略了竞争对手也同样有他们的目标，有他们的计划，有他们的产品或服务，甚至他们的总体实力比你还强几个等级。

4.5.4 忽略基础比率

基础比率的认识一般都会存在于人们朴素的观念里，人们口头常说的成功率，往往就包含基础比率的思考，因为人们会想到别人做成的可能性有多大，自己有什么优势比别人做得更好。之所以说这个概念是存在人们朴素的观念里，是因为所有人都无法确定这个基础比率究竟是多少，专业的研究机构可能会有某些数据的评估，但也无法认定某个数值就是正确的并且不会发生变化。而绝大部分人是无法接触到专业的数据的，往往都是从自己的记忆里模模糊糊地把数据拎出来就用，甚至很大一部分人对基础比率的问题压根就没有意识到，直接就按自己的想法去做决策，甚至直到彻底失败的那一天都不会想到，正是由于自己没有考虑到基础比率的问题，导致自己做出了过于草率、天真的决策。

4.5.5　小样本及抽样偏差

由于我们在做商业信息搜集方面，限于现实条件的制约，往往是需要在小范围内抽样来开展的，但抽样过程中，一个比较容易忽略的突出问题是，我们几乎无法确定多少样本就刚好足够了。因为样本量过少，会导致最终的情报失真，如果样本量过大，又会浪费大量的人力、物力及其他资源。在统计学的角度来说，样本量超过 30 个，基本就具有了统计意义，具有代表性。但就算有这个标准，也只是理论上的，没能从根本上保证最终数据具有代表性，不失真。样本量究竟要多少才合适，就算是具有丰富经验的相关专家，也无法确保自己在这方面不犯错误，因为每个人都会认为一定量的样本足够得出正确的结论了，但事实上这个结论是不是符合事实却无从加以论证，但如果用于商业竞争中，一旦统计结果失真，从而导致误判，企业主就要承担所有责任。

小微企业主在涉及抽样问题时，往往更倾向于小样本，甚至只是一小部分特例的样本，因为小样本更容易获得，并且不用花费一段时间及成本去搜集更多的样本，然后就匆匆做出判断，得出结论，这样的结论往往会失之偏颇。尤其是在商业机会的发掘上，这种失误更容易出现，并且代价往往是全军覆没、血本无归。

一般来说，小样本不一定意味着就一定存在样本偏差，就算样本量到了一定的数量，也不意味着一定不会存在样本偏差。但抽样偏差的情况在样本足够大的时候会有一定程度的纠偏功能，不影响总体样本的代表性，所以说抽样偏差也往往伴随着小样本而出现。样本偏差说直白点就是抽样时选错样本了，这样的样本就算执行得再专业、再规范，得出的信息也是不正确的，数量再多也是白搭，甚至会误导你。

因此，由于小样本得出的商业信息，企业主们在采用时一定要注意辨别这个信息究竟是不是真实的，是不是准确有价值的？抑或是会产生误判的错误信息，这个一定要慎之又慎。

4.5.6　忽略随机性和回归现象

人的一生，无论从事何种工作，都必然面临着随机性，尤其在战争、投资及商业活动方面，没有人可以根据一时的成败论英雄。由于随机性的存在，我们不能单凭一项决策的最终结果就断定这项决策的优劣。但现实中，成功是不被责备的，而失败是任何解释都没人愿意听的。因此，一个成功的人也许仅仅是随机性的宠儿，比失败者的运气稍微好点而已。人们只能看到所有可能性中的一个现实，没能看到其他可能发生的历史。

在面对随机性方面，有两个极端的人群：一类是完全不考虑随机性，做任何决定及看待任何结果，都认为是必然的，就该是如此的，也只能是如此的；而另一类人就是为随机性所苦的人，对任何决策和看待任何结果，都思前想后，难以定夺，对将要发生的事情完全没有自信。当然走向任何一个极端的人都是非常少的，但在两个极端之间摇摆不定，要么过于冒失莽撞，要么过于谨小慎微，这都会影响决策的正确性。

回归现象是统计学里的一个非常重要的概念，也是社会心理学的一个重要概念，甚至在生物学上也是一个重要的发现。回归现象通俗点说就是只要时间足够长或者次数足够多，任何事物都会回归到正常的水平。例如投掷一枚硬币，只抛一次，它停止后可能是正面，也可能是背面，如果抛十次，也有可能十次都是正面，或者十次都是背面，但只要次数足够多，正面和背面的次数就会越接近平均。

我们的老祖宗虽然没有提出回归这个概念，但对回归现象的理解和体会却是相当深刻的，我们可以从老祖宗留下的名言警句以及成语中窥知一二，例如，乐极生悲、否极泰来、物极必反、时来运转等。

4.5.7 误解因果关系

世间万物存在着各种各样的联系，其中很多事物的发展都具有其固有的内在规律。可在面对随机性事件时，任何因果关系的解释都是错误的。人类自从远古发展至近现代文明，遇到过各种各样的自然现象和奇人怪事，人们在无法解释这一切时就容易通过想象力做出各种因果解释，因此形成了各种宗教及民俗以及具有特定文化特点的行为仪式。有些我们作为所谓的封建迷信看待，有些作为特定的文化来继承。在商业活动方面，也有大量的事件是随机性的，完全没有因果关系，也没有规律性可遵循，如果主观的建立某种原则，做出因果关系的解释并作为决策的依据，就容易犯决策性错误。

但很遗憾，人类的思维偏好进行因果思考，这是科学进步的重要探索精神，但在估测真实的随机性事件的随机性时就容易犯明显的错误。例如一个店铺某个时间段依次来了 6 位客人，男顾客和女顾客出现的次序明显是随机的，而每个顾客的出现也都是相互独立的，前面出现的客人是男还是女，并不会影响下一个顾客是男还是女。现在来看下面排列的一些次序：

男男男男男男

女女女女女女

男男女男女女

出现上面 3 种次序情况的可能性是一样的吗？人们猛一看的直觉肯定会觉得不一样，第一、二种可能性弱些，而第三种的可能性更强些。但是，从概率来说，人们往往会被直觉欺骗，这种不一样的反应是错误的。因为每个顾客的到来都是独立不相干的，而且来男顾客还是来女顾客的概率也几乎是相等的。即使如此，你依然会认为第一、二种可能性还是小些，而第三种的可能性大些，因为只有第三种是随机的，但真实的概率是反直觉的。当我们平时见到更多的情况是随机的次序，认为自己探寻到了一个可能的规律时，我们就会抛开这个过程是一个完全随机的事实。从概率的角度来说，不管前面男女次序如何出现，都不会影响下一个顾客是男还是女的概率，我们做出任何的规律性猜测都是毫无影响的，对我们的猜测来说都只是蒙对了还是蒙错了而已。

在商业情报工作中，企业主应该特别注意这个问题，不要因为一个随机的利好信息，或者被运气撞了一下腰尝到了随机性事件的甜头，而做出因果关系的判断，从而投入大量的资源准备再次抓住某个机会，而实际上这只是守株待兔而已。反过来，也不要因为一个随机的利差消息，或者吃了一个随机性事件的苦头，就裹步不前。企业主要做的，关键就是辨别某个事件是不是随机性的，从而避免决策的失误，而不能仅仅关注甜头或苦头本身，更不能猜测下一次。

在人们的日常生活中，不管是商用活动或者是日常生活，都时刻面临着快速决策的局面，而且任何人都不能保证每次决策都是正确的，只能希望尽可能少犯错误，尽可能不犯致命性错误。当然，决策优劣的影响因素也很多，科学的决策理念只是影响决策最终正确与否的一个基础性因素。因此本章介绍的一些判断情报可用性的原则并不能确保企业主在做决策时一定正确，一劳永逸地解决问题，然后就高枕无忧了。但通过对本章的学习，希望可以让企业主在做决策时尽可能避免一些思维上的误区。

4.6　情报的输出管理

情报工作对于小微企业主来说很多时候不是显得特别重要、特别紧迫的工作，因此在管理方面也显得比较随意，资料也散落各处。对于各种形式的情报资料，企业主应该根据重要程度的不同做出不同等级的管理。对于可分享的，可以让不同层级的人员及时地分享，对于不可分享的情报，则一定要注意做好保密工作，严加管控，以免泄露。

对于各种不同形式的情报来说，有些可能仅仅保留在企业主的脑子里，这些情报可能会随着时间的推移而淡忘了，不能最大化地发挥其作用。有些也可能仅仅是保留在员工的脑子里，如果不及时整理出来，员工本身可能会遗忘，再者员工也可能随时离职以及其他原因导致离开，那么他脑子里的情报可能就永远丢失了。因此，各种形式的情报都落实到可管控的文字或影音资料是非常有必要的。

对于各种文字、数据、影像及音频等情报资料，要做到妥善保管。首先，要做到专门的集中保管，不要散落到各处。电子版的情报资料要有专门的电脑或硬盘保管并且设置密码，非电子版的情报资料也要有专门的储物柜或保险箱保管并加锁加密。其次，对于情报保管的设备不但要相应配备，对于情报保管设备的存放环境也要注意安全，要注意做到防火、防盗以及防水等。最后，对于什么人能获取或使用这些情报资料也要有严格要求，以免出现有人出于其他目的，复制、偷取或销毁情报资料，造成不必要的损失。

情报输出统一规范，情报资料保管集中有条理，对企业主更有效地使用情报也是大有好处的。首先情报输出如果不统一规范，就会出现一些是脑子里的信息，一些是在展会收集回来的产品手册，一些是手机里的通讯录，一些是财务室的账本，一些是电脑里的文档等，如此样式繁多的情报载体，在需要使用情报时就难免挂一漏万，造成情报不完备，有些有用的情报没利用上，找到的情报又没有多少实际的价值。因此，企业主应该根据自己的阅读习惯或者工作习惯选用自己最合适的情报载体，做到情报输出统一规范，自己可以随时调用相关情报资料。

思考与练习

1. 你真的熟练使用 Excel 吗？你懂得使用 Excel 的加减乘除还是查找替换？

2. 你真正掌握并使用过哪一种或几种分析方法？使用相应方法试着分析产品毛利润率、同比增长率及环比增长率。

3. 你有没有存在本章介绍的思维误区？你真正懂得随机性及概率吗？你能在现实中发现它们的奥秘吗？

实训应用

使用 Excel 透视表对一份数据进行相应的处理，掌握透视表的使用技能。

实训目的：

全面实践本章节中所学的内容，培养学生对数据进行符合分析需要的处理，并且可以运用符合需要的分析方法进行数据分析，以得出有价值的情报的能力。

实训指导：

1. 通过网络下载一份透视表培训教程的视频。
2. 通过观摩及实践，理解并掌握透视表的各种基本功能及使用方法。
3. 在不看培训视频的情况下，独立通过透视表处理一份数据。

应 用 篇

第 5 章

商业情报在企业决策中的应用

学习目标

1. 了解企业的典型性决策误区。
2. 熟悉科学决策的几种方法。
3. 能够利用大数据得到支持企业决策的情报。
4. 掌握商业情报在企业经营决策中的应用技巧。

在企业经营过程中，有些管理者由于欠缺将商业情报应用于科学决策的理论，容易出现迷信自己经验，做出重大决策时想当然、拍脑袋，甚至迷信自身魄力，在完全不了解竞争环境及自身优劣势的情况下，或者只是掌握片面信息，只看到商业信息表象而没能看到其本质及趋势的情况下，轻率地做出决策。等到决策失败后，就自认倒霉，运气不佳，没能从自身知识结构或思维模式上找原因，导致错误的决策一再发生，直到致命的错误把整个企业断送。因此，要提高决策成功的概率，要从两个方面下手：一是要搜集、掌握与决策相关的商业信息；二是分析商业信息，将其转化为有用的商业情报，再创造性地应用于企业的经营决策中，提高企业的竞争力。前面几章的内容已介绍了如何去搜集与分析商业情报，完成了第一方面的工作。本章做第二方面的工作，即阐述如何将商业情报创造性地应用于企业的决策中。根据企业的创立与运营过程，结合管理决策理论，本章首先阐述企业的典型决策误区、常用的决策理论，然后选取创业项目确定、企业选址、直接竞争应对、营销决策、客户管理与危机管理等主要经营环节来讨论商业情报在决策中的应用。通过本章的学习，学生要能够应用基本的科学决策理论，充分利用商业情报来为企业做经营决策，从而提升企业的竞争力。

案例导入

情报在海尔小冰箱进军美国市场决策中的应用

第一，海尔明确企业战略需求——打开美国市场。有了明确的战略需求，海尔竞争情报工作目标、范围和任务得以迅速锁定，竞争情报功能得以迅速激活。第二，展开全面的情报搜集。海尔迅速启用自身拥有的国内外的多个信息点，收集与整理各类竞争情报，高质量的竞争情报搜集工作，成为海尔成功进驻美国市场的重要原因。第三，进行科学的情报分析。海尔竞争情报工作部门综合运用了PEST、SWOT、竞争力分析模型、财务分析法等工具，展开对美国市场多角度的分析，确定海尔进军美国市场的竞争对手，并对美国市场竞争对手进行深层次的战略分析，密切关注竞争对手产品市场、技术市场动态。第四，通过对竞争对手以及竞争市场的跟踪分析，海尔根据差异化竞争策略，找到了进军美国市场的战略突破口——小型冰箱。第五，海尔竞争情报工作部门将相关信息分析结果，以专项报告的形式呈送给最高层决策者和事业部负责人，使他们获知最新行业信息和相关情报分析结论。第六，海尔最高决策层做出快速的信息反馈，决定实施进军海外的竞争战略，并对彩电事业部和冰箱事业部的生产计划进行相应的调整。第七，通过对海外市场的跟踪调查，海尔在美国市场大获全胜，不仅将产品成功打入了美国市场，而且使海尔品牌在国外获得了市场份额，为海尔后续战略的推进打下了基础。

5.1 企业的典型性决策误区

随着经济全球化的发展，市场竞争日趋激烈，情报已成为继人才、资金、技术之后企业发展的第四要素。据统计，美国《财富》杂志全球500强企业的前100名企业和美国90%的公司均拥有自身的情报机构。情报在中国快速发展仅20余年，我国企业越来越重视竞争情报的作用，然而对它的认识及实际操作还存在颇多问题。国内企业竞争情报普遍现象有：国内多数企业情报工作停留在信息搜集层面；市场信息搜集和加工缺乏强有力的技术手段支持，存在人力资源浪费和效率低下现象；情报工作没有形成统一规范的工作流程和运作机制；现有外部付费信息产品信息结构具有通用性，信息量大但针对性不强，对重要信息不能做到系统、持续跟踪；信息来源渠道比较单一，而且各部门的信息来源渠道得不到有效整合，信息及时性和全面性受到限制；内部信息缺乏整合和交流，大量不同渠道、不同格式和不同形态的情报信息散落在企业各处。

从很多企业的经营案例中，我们发现，为数不少的企业经营者在获得商业情报或使用情报的研究结论支撑企业决策的过程中，很容易落入一些决策陷阱，从而做出一些错误的决策，导致企业经营失败。从最开始的创业决策，到后期的企业经营过程，从创业的新手，到具有丰富经验的企业家，很多决策者都容易陷入以下三种典型的决策误区。

5.1.1 迷信激情盲目创业

案例：

迷信激情 公司开业九天就倒闭

4月22日，西安某媒体报道，23岁的大学生舒正义信心十足，他和其他7名大学生共同创办的公司正式亮相了。几天之后，另一家媒体又报道：4月29日，舒正义一天没有吃饭，跑学校、跑银行，但是没贷来款，“原因很简单，现在我没有房子、汽车做抵押，也没公司做担保”。困境中，舒正义做出决定，召开记者招待会让公司“破产”。

舒正义大学毕业后，换过几份工作，但都觉得不满意。偶然的机会，他在火车上看到有人在销售一种不用电池的环保手电筒。舒正义如获至宝，回到西安后就跟厂家联系，希望代理这个产品。对方要到他的公司考察，他借了同学父亲的公司，被对方察觉后拒绝，在他再三恳求下，对方答应如果一次性进3万元的货，就授权他做陕西总代理。

几乎与此同时，他应聘到西安一家有名的网络公司做网站设计，他发现这家大公司有一个缺点，看不上小单子。有一家公司想做网站，公司太忙说不做。他就主动跟这家公司说给3 000元，他来做。9天后，舒正义辞职，开始筹备创业。他的提议得到了很多同学和朋友的支持，舒正义东拼西凑了4万多元，其他七个大学生拿出2万多元，用7万多元租房、买设备，开始创办自己的公司，公司主营域名注册、网站建设开发等项目，并取得了一种环保防水手电筒陕西总代理的业务，开始了经营。舒正义白天做网站设计，晚上就去摆小摊卖环保手电筒。

真正促使他注册公司，是因为陕西某市一个政府网站项目要求招标，要求招标对象注册资本在100万元以上。做这个网站可以得到1.3万元，舒正义太想得到这个项目了，他去工商局咨询，出门时碰到有人在发宣传卡，说只要出1万元即可代办注册公司，想要注册多少资本都行。于是舒正义给了对方5 000元，另外5 000元约定注册成功之后再支付。几天以后对方的电话就打不通了，舒正义这才意识到遇到了骗子。开业9天用光7万元，除了有1 000多元是他自己的积蓄外，其余都是借的。他给记者看了一个笔记本，上面记着从今年3月份以来借的每一笔钱。其中有不少还许以高利息，比如一笔2.5万元的款项许诺一个月以后要归还4万元。舒正义说，他现在之所以宣布“破产”，是因为借款人提前催款，而他连吃饭的钱都没有。借款人还搬走了他的传真机、打印机、笔记本电脑和手机，要他拿钱去赎。被逼债的舒正义跑到多家银行去贷款，但被拒绝。毫无头绪之下，只能宣布企业破产。

尽管企业破产了，但舒正义认为他没有赔钱，只是钱都投入到公司了。租办公室时，所有的朋友都反对，认为设计网站只要有台电脑就可以了，但舒正义还是把它租了下来，并花了2 000多元买了原房客的一些工艺品，又花了不少钱添置会议桌、办公桌以及二手的传真机、打印机等一大堆办公用品。

舒正义的案例告诉我们，光有激情，没有理性的创业是很难成功的。不论是环保手电筒项目，还是承接网站制作的小项目，舒正义看似从商业信息中得到了情报，抓到了商机，但从科学决策理论来看，姑且不论他的这两个项目开展时没有经过市场调研来确定市场需求，只是凭借他个人的感觉和客户个例，就匆忙做了创业项目决策，即使这两个都是很好的有发展空间的项目，但是他没有做详细周全的计划，在无法确认项目启动资金的足够来源时，就匆忙地把自己仅有的资金全部投入，用在购买公司的一些暂时还用不上的硬件设备上，资金筹集和使用上盲目决策，导致后期资金跟不上，企业经营无以为继，只能宣布破产。

很多人都很崇拜成功的企业家，但只看到了他们的成功，却看不到他们成功背后所付出的种种艰辛。我们需要激情，很多企业家正是因为有了创业之初的激情，支持他们渡过许多难关，最后才走向了成功。但我们更应该清楚地认识到，激情之外，我们需要根据商业情报，理性地做出各个经营环节的决策，这才是我们能够成功的关键所在。

另外，大学生创业无论是在资金、心态还是人脉方面都还很欠缺。过度提倡大学生创业会适得其反，令大学生的心态更加浮躁。大学生需要鼓励，但更需要引导。所以，对于绝大多数大学生来说，毕业以后还是要先就业，通过实践开阔眼界，锻炼心智，积累经验和资源，时机成熟后再创业，成功的概率会更高。

5.1.2 迷信经验随心决策

近年来,管理界非常推崇韦尔奇式的管理理念,很多领导者甚至盲目模仿韦尔奇的经验,去管理自己的企业。但是世界上只有一个韦尔奇,他经历的事情,绝不会完全相同地发生在别人身上。所以,借鉴可以,但如果一味按照他的经验去决策,势必会失败。古今中外的企业家为决策者提供了许多成功的经验,这些经验只供决策者借鉴。过度自信、迷信经验的企业经营者主要表现是乐观主义,在经营过程中,曾经的成功经历会反复印证其对自己的判断和掌控能力的信心,这种自信甚至会因其他人的崇拜或恭维而增强,而这种状态下其承担的风险远大于其所能意识到的水平。

案例:

巨人大厦建设的经验决策

1992年史玉柱开始构想建造巨人大厦,但当时他只是计划建一栋18层的自用办公楼。受到当时全国房地产热的各种商业信息冲击,史玉柱下决心在房地产行业大展宏图。在年轻人的固有冲动下,巨人大厦计划不再是一份合理的构思,由原来的18层增至38层,后来当地政府的一些领导建议巨人集团为珠海建一座标志性大厦,因此,巨人大厦又由原来的38层改至54层、64层,最后决定盖幢70层的大厦,完全变成了一座空中楼阁。预算也因此从2亿元增至12亿元。1996年巨人由于管理不善,资金告急,巨人大厦终在1997年停工,"巨人"名存实亡。该决策的失败可以说是导致巨人集团瓦解的最直接也是影响最大的一个原因。

史玉柱决定建设巨人大厦本身是一次非常规决策,且属于不确定型的决策。史玉柱在做出该决策时,仅仅是因为当时国内正值房地产热,同时公司为了达到多元化经营,分散风险的战略目的。建设大厦的决策在制定过程中,多为史玉柱通过自己的知识、才能和经验做出的决策,属于经验型决策,从决策科学性的角度来看,该决策的制定并没有很好的遵循科学的原则、规律、程序,依靠科学的方法和技术进行决策。对该决策也缺乏科学的评估,即对该决策的目标、执行结果、成本、负面影响等方面评估经验决策,主要是靠以往同类决策或自己所积累下来的经验进行决策。但人的经验总是有限的。决策者不可能万事都有经验,而经验往往只对重复的事情进行决策才有效,而对于发生了新情况的事情或不同地域、不同时间、不同对象的事情,是不一定起作用的。

研究表明,许多创业者初期的经营确实很成功,但是在从小老板变成中老板的时候,他们有些人就会开始沾沾自喜,迷信过往经验,盲目地对一些随机事件做出因果解释,导致情报分析应用过程中太过主观,决策失败。

案例:

沃德公司埃弗里失败的经验决策

1872年,美国人沃德在芝加哥成立了沃德公司,这是全美第一家全部通过邮寄来销售各种商品的商店。公司面向农村的消费者,业务发展很快,到1929年底,新开设了500家商店,而此时美国最大的零售连锁商店西尔斯公司也不过才324家商店。

第一次世界大战后美国发生了严重的经济危机,沃德公司也受到了巨大的冲击,顾客稀少，到1931年，公司亏损了870万美元。1932年，休厄尔·埃弗里担任董事长，他改变策略，声称："我们不再依靠那些乡下佬和土包子，我们不再只卖工装裤和防粪鞋。"他在沃德商店增加高档品，进入时髦商品市场，关闭了70家亏损商店，埃弗里成功了。12年后，他扭亏为盈，盈利2 043.8万美元。

正在沃德公司事业蒸蒸日上时，发生了第二次世界大战。埃弗里的"聪明脑袋"犯了经验主义错误，第一次世界大战后发生过萧条，所以他认为第二次世界大战也会发生萧条，并预言，"经济形势的恶化将是我们始料不及的"。因此，埃弗里采取了袖手旁观的态度，做出了停止发展的决策。结果，事情并非他想象中的那样。由于经验决策带有一定的表面性，埃弗里被它的表面现象蒙蔽了，他失算了。他预言的第二次世界大战后的大萧条并没有发生。相反，由于战争后人口的增长主要集中在大城市，居民购买日常生活用品数量急剧增加，造成了零售商店的明显短缺。面对这一购买方式发生的重大变化，沃德公司的竞争对手西尔斯公司敏锐地抓住了这一扩展自己实力的大好机会，不断扩张。

第二次世界大战后的市场环境给沃德公司提供了很好的发展机遇，但埃弗里只相信他的经验。这期间，他不仅没有开设一家商店，反而关闭了多家商店。西尔斯公司不断扩张，沃德公司不得不拱手将市场让给了自己的竞争对手。由于沃德公司面对奉行"捏紧每一个便士"的经营哲学，公司最后到了面临倒闭的绝境。

沃德公司由盛转衰的主要原因就是，公司的决策者犯了经验主义和教条主义的错误。凭借经验，对随机事件做出因果解释必然是错误的。对随机事件不管做出多详细的分析，都是毫无因果关系的。决策重在实际，只有从实际出发做出的决策才会推动企业的发展，对于直觉和经验，决策者只能作为借鉴，而不可将其视为决策的唯一标准，否则极有可能做出脱离实际的决策，甚至将企业推向失败的深渊。

5.1.3 迷信人际关系武断决策

中国人的人际关系植根于几千年的历史文化传统，无论你身处何地，通过熟人办事必然会方便很多，原本是复杂曲折的程序很可能会因此变得异常简单。但同时，中国人也有这样一个共识：工作中的人际关系实在难处理，以至于上升为一门"艺术"，稍有不慎，便有可能"躺着也会中弹"。

人际关系在企业经营过程中非常重要，领导者要做的就是处理好相关的人际关系以及来自这个关系的情报，以便于最大限度地发挥它在经营中的积极作用，而不是迷信人际关系，听风就是雨，导致做出错误决策。

案例：

迷信人际关系 创业失败

王某为一家年销售额6 000万元的国有公司副总经理、35岁、MBA硕士，从事电力电子科研产品开发14年，拥有专利4项，28岁就在国家级科研单位任科级干部。但是，由于有着一颗年轻和不安分的心，在好朋友和原单位客户的怂恿之下，决定半脱产(还在上班)地创业。

创业之前，怂恿他的两个要好的朋友本来要加入，但是，当要入股真拿资金时，他们却犹豫了，很明显是要等公司盈利或有眉目时才加入。没有办法，王总只好50万元全部自己出资。由于王总仍在国有公司上班，因此公司进展缓慢，原来自认为关系还不错的客户，真正要他们与自己的小公司做项目时,他们也都沉默了,怕担风险。更气人的是,有几个项目经过长时间的努力,在最后要签合同实施的时候,要加入的朋友却因担心被单位发现,没有时间做也不敢做。

王总用业余时间拿项目很难,财力投入不说,公司发展的时间也耽误了,公司承接的寥寥几笔小项目远远抵不上消耗,加上正常每天的开支和宣传费,人员也因看不到希望而流失,最后不得不忍痛关门。

王总的创业失败案例告诉我们,除了没有下定决心全职去创业而导致的项目推动缓慢外,很大一部分失败原因在于过分迷信人际关系,一方面合作伙伴临时不干,导致几个项目无法正常运营;另一方面,被想象中的虚假的大市场冲昏头脑,被原来的客户关系所迷惑,有些关系网实际上是建立在你原来单位基础上的。来自人际关系的商业信息同样具有不确定性,不要盲目相信,一定要谨慎判别真假后,才能将其作为情报来应用于企业决策。

接下来,我们先来了解一下科学的决策理论,然后再详细阐述如何应用商业情报在企业经营中科学地做决策。

5.2 决策理论

5.2.1 决策理论的主要观点

决策理论是在系统理论的基础上,吸收了行为科学、运筹学和计算机科学等研究成果而发展起来的。主要代表人物是美国人赫伯特·A.西蒙,其代表作有《管理行为》《经济学与行为科学的决策理论》《管理决策新科学》等。西蒙因其在决策理论研究、决策应用等方面做出的开创性研究,而获得 1978 年诺贝尔经济学奖。

决策理论的观点主要表现在三个方面。

1. 突出决策在管理中的地位。决策管理理论认为:管理的实质是决策,决策贯穿于管理的全过程,决定了整个管理活动的成败。如果决策失误,组织的资源再丰富、技术再先进,也是无济于事的。

2. 系统阐述了决策原理。西蒙对于决策的程序、准则、类型及其决策技术等作了科学的分析,并提出用“满意原则”来代替传统决策理论的“最优原则”,研究了决策过程中解决冲突的方法。

西蒙认为,决策应采用“有限的理性”准则或标准:

(1) 经济人的“绝对的理性”准则。

(2) 组织中人的行为是为实现一定目的,具有有限理性的以任务为中心的合理地选择手段的“管理人”的行为。

(3) 有限的理性导致管理人寻求“符合要求的”或“令人满意的”措施。

3. 决策和组织机构、集权与分权以及信息联系的关系。

(1) 组织的划分必须以所要做出的决策类型为依据。

(2) 集权和分权不能脱离决策过程而孤立存在。

(3) 直线领导和参谋人员都有决策问题。

(4) 决策前提赖以从一个组织成员传递给另一个成员的任何过程。

5.2.2　决策的含义与类型

1. 决策的含义

决策是指决策者为了实现特定目标，在大量调研、预测资料的基础上，运用科学的理论和方法，发挥人的智慧，系统地分析主、客观条件，围绕既定目标拟定各种预选方案，然后从若干个可行方案中选择一个满意方案的分析判断过程。

2. 决策的特征

(1) 程序性。程序性是指科学决策不是简单拍板、随意决策，更不是头脑发热、信口开河、独断专行，而是在正确的理论指导下，按照一定的程序，充分依靠领导班子、广大群众的集体智慧，正确运用决策技术和方法来选择行为方案。

(2) 创造性。创造性是指决策总是针对需要解决的问题和需要完成的新任务而做出选择，不是传声筒、录音带，而是开动脑筋，运用逻辑思维、形象思维、直觉思维等多种思维进行创造性的劳动。

(3) 择优性。择优性是指在多个方案的对比中寻求能获取较大效益的行动方案，择优是决策的核心。

(4) 指导性。指导性是指在管理活动中，决策一经做出，就必须付诸实施，对整个管理活动、系统内的每一个人都具有约束作用，指导每一个人的行为方向。没有指导意义的决策就失去了决策的实际意义。

3. 决策的类型

(1) 按照决策的重要性划分：①战略决策；②管理决策；③业务决策。

(2) 按照管理的职能划分：①生产决策；②营销决策；③财务决策；④人事决策；⑤研究与开发决策。

(3) 按照决策的重复性划分：①程序化决策：日常例行决策，可以依标准化的例行做法处理的重复决策。例如，上班迟到的处罚决策、招聘新员工的决策。②非程序化决策：通常用于对新出现的、不确定性的机会或威胁做出应对。例如并购决策、再造流程以提升效率、是否卖掉赔钱的部门等决策。

(4) 按照决策主体划分：①组织决策(群体决策)；②个人决策。

案例：

沙漠求生的游戏

事发在当天上午 10:00，一架飞机在美国西南部的沙漠紧急着陆。着陆时，机师和副机师意外身亡，余下你和一群人幸运的没有受伤。出事前，机师无法通知任何人飞机的位置。不过从指示器知道距离起飞的城市 120 公里；而距最近的城镇，是西北偏北 100 公里，该处有个矿场。该处除仙人掌外，全是荒芜的沙漠，地势平坦。失事前，天气报告气温高达 42℃。

你穿着简便：短袖恤衫、长裤、短袜和皮鞋。口袋中有 10 多元的辅币、500 多元纸币、香烟一包、打火机一只和圆珠笔一支。你现在可以在以下物品中做出选择：①手电筒(4 节电池)，②匕首，③坠落区的地图，④塑料雨衣(大的)，⑤指南针，⑥救护箱，⑦0.45 口径手枪，⑧降落伞(红色和白色)，⑨装有盐片的瓶子(1 000 片)，⑩每人一公升水，⑪书："沙漠里能吃的动物"，⑫每人一副太阳镜，⑬烈性伏特加酒 2 公升，⑭每人一件外套，⑮化妆镜。

将最重要的排列作第①,如此类推,⑮为最不重要,请按次序排列。

步骤1:个人排序。

步骤2:小组排序。

步骤3:对比个人排序与小组排序的差别,思考群体决策好还是个体决策好?哪种决策更有利于你在沙漠中的生存?

"沙漠求生"的启示:

差异	个人决策	集体决策
1	信息大多不完整	比较完整的信息
2	备选方案不多	备选方案多
3	创新性	屈从于压力
4	自由性	少数人驾驭
5	责任清晰	责任不清
6	时间短	花比较多的时间
7	经济	费用较大
8	正确率一般较低	正确率一般较高

5.2.3 决策的程序

决策是一个提出问题、分析问题、解决问题的完整的动态过程,遵循科学的决策程序,才能做出正确的决策。决策程序包括四个基本步骤:

(1) 识别机会或诊断问题:评估机会和问题的精确程度有赖于信息的精确程度,所以管理者要尽量获取精确的、可信赖的信息并排除信息在解释过程的扭曲以提高做出正确决策的可能性。

(2) 识别目标:目标体现的是组织想要获得的结果。所想要结果的数量和质量都要明确下来,因为目标的这两个方面最终指导决策者选择合适的行动路线。

(3) 确定方案:管理者在征询他人的意见后拟定备选方案,确定所拟订方案的价值,确定最优方案再根据事实以及考察结果确定最好方案。

(4) 选择实施战略:在方案选定后,管理者就要制定实施方案的具体措施和步骤。

(5) 监督和评估:一个方案的实施阶段,形势可能发生变化,因此管理者要不断地对方案进行修改和完善,以适应变化了的形势。

科学决策的关键在于信息的收集,管理者在决策时离不开信息。信息的数量和质量直接影响决策的水平,所以决策者需要在决策前及决策过程中尽可能地通过多种渠道收集商业信息,转化为商业情报,作为决策依据。当然,收集商业信息时要注意成本—收益分析。

经验决策与科学决策的本质区别在于方式方法的不同。经验决策的主体一般表现为个体,而科学决策是集体智慧的产物;经验决策主要凭借决策者的主体素质,科学决策则尽可能采用先进的技术和方法;经验决策带有直观性,而科学决策不排斥经验,但注重在理论的指导下处理决策问题。因此,应该把经验决策与科学决策结合起来,实现决策的科学化。

5.2.4 决策的方法

1. 确定活动方向的决策方法

(1) 经营业务组合分析法

大企业都有两个以上的经营单位。企业要为不同的经营单位确定不同的活动去向。确定去向时要综合考虑企业或该经营单位在市场上的相对竞争地位和业务增长情况。假设一企业有金牛、明星、幼童、瘦狗四个经营项目,我们可采用经营业务组合分析法(如图 5.1 所示)来确定下一步的经营方向,分析如下。

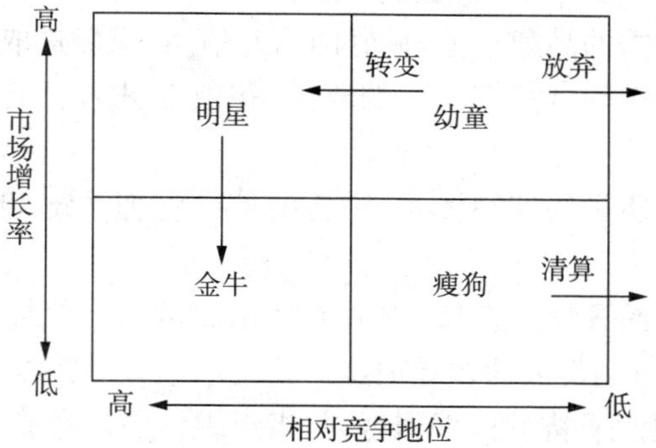

图 5.1　经营业务组合分析

① 金牛。市场占有率高,业务增长率低,是企业现金的来源,该业务产出可满足经营需要;根据此情报,企业做出的决策为,市场已经成熟,不必做大量投资来扩展市场规模。

② 明星。市场占有率高,业务增长率高;可分析出,该业务投入多产出也多,代表最高利润增长率,最佳投资机会;根据此情报,企业做出的决策为,企业要增加这块的生产规模。

③ 幼童。市场占有率低,业务增长率高;可分析出该项目为刚开发的有前途的业务;根据此情报,企业做出的决策为,企业要增加投入金,提高市场占有率,使其变为明星业务。

④ 瘦狗。市场占有率低,业务增长率低;根据此情报,企业做出的决策为采取放弃战略。

(2) SWOT 分析法

SWOT 分析法又称态势分析法。早在 20 世纪 80 年代初由旧金山大学的管理学教授提出来的,它是一种能够较客观而准确地分析和研究一个单位现实情况的方法。SWOT 分析是把组织内外环境所形成的机会(opportunities)、风险(threats)、优势(strengths)、劣势(weaknesses)四个方面的情况结合起来进行分析,以寻找制定适合本组织实际情况的经营战略和策略的方法。如表 5.1 所示。

表 5.1　SWOT 分析法

内部分析 / 外部分析	优势(S)	劣势(W)
机会(O)	SO 战略 (发挥优势,利用机会)	WO 战略 (克服劣势,利用机会)
威胁(T)	ST 战略 (利用优势,回避威胁)	WT 战略 (减少劣势,回避威胁)

竞争优势(S)是指一个组织机构超越其竞争对手的能力，是组织机构的内部因素。

竞争优势可以是以下几个方面：

① 技术技能优势：独特的生产技术，低成本生产方法，领先的革新能力，雄厚的技术实力，完善的质量控制体系，丰富的营销经验，上乘的客户服务，卓越的大规模采购技能。

② 有形资产优势：先进的生产流水线，现代化车间和设备，拥有丰富的自然资源储存，吸引人的不动产地点，充足的资金，完备的资料信息。

③ 无形资产优势：优秀的品牌形象，良好的商业信用，积极进取的公司文化。

④ 人力资源优势：关键领域拥有专长的职员，积极上进的职员，很强的组织学习能力，丰富的经验。

⑤ 组织体系优势：高质量的控制体系，完善的信息管理系统，忠诚的客户群，强大的融资能力。

⑥ 竞争能力优势：产品开发周期短，强大的经销商网络，与供应商良好的伙伴关系，对市场环境变化的灵敏反应，市场份额的领导地位。

竞争劣势(W)也是组织机构的内部因素，是指组织机构自身能力的缺陷。

可能导致内部弱势的因素有：

① 缺乏具有竞争意义的技能技术。

② 缺乏有竞争力的有形资产、无形资产、人力资源、组织资产。

③ 关键领域里的竞争能力正在丧失。

公司面临的潜在机会(O)。市场机会是影响公司战略的重大外部因素。公司管理者应当确认每一个机会，评价每一个机会的成长和利润前景，选取那些可与公司财务和组织资源匹配、使公司获得的竞争优势的潜力最大的最佳机会。

潜在的发展机会可能是：

① 客户群的扩大趋势或产品细分市场。

② 技能技术向新产品新业务转移，为更大客户群服务。

③ 前向或后向整合。

④ 市场进入壁垒降低。

⑤ 获得购并竞争对手的能力。

⑥ 市场需求增长强劲，可快速扩张。

⑦ 向其他地理区域扩张、扩大市场份额的机会。

危及公司的外部威胁(T)。在公司的外部环境中，总是存在某些对公司的盈利能力和市场地位构成威胁的因素。公司管理者应当及时确认危及公司未来利益的威胁，做出评价并采取相应的战略行动来抵消或减轻它们所产生的影响。

公司的外部威胁可能是：

① 出现将进入市场的强大的新竞争对手。

② 替代品抢占公司销售额。

③ 主要产品市场增长率下降。

④ 汇率和外贸政策的不利变动。

⑤ 人口特征、社会消费方式的不利变动。

⑥ 客户或供应商的谈判能力提高。

⑦ 市场需求减少。

⑧ 容易受到经济萧条和业务周期的冲击。

SWOT 分析有四种不同类型的组合：SO 组合、WO 组合、ST 组合和 WT 组合。

① 优势—机会(SO)战略是一种发展企业内部优势与利用外部机会的战略，是一种理想的战略模式。当企业具有特定方面的优势，而外部环境又为发挥这种优势提供有利机会时，可以采取该战略。例如，良好的产品市场前景、供应商规模扩大和竞争对手有财务危机等外部条件，配以企业市场份额提高等内在优势可成为企业收购竞争对手、扩大生产规模的有利条件。

② 劣势—机会(WO)战略是利用外部机会来弥补内部弱点，使企业改劣势而获取优势的战略。存在外部机会，但由于企业存在一些内部弱点而妨碍其利用机会，可采取措施先克服这些弱点。例如，若企业弱点是原材料供应不足，从成本角度看，这会导致开工不足、生产能力闲置、单位成本上升。在产品市场前景看好的前提下，企业可利用供应商扩大规模、新技术设备降价、竞争对手财务危机等机会，实现纵向整合战略，重构企业价值链，以保证原材料供应，同时可考虑购置生产线来克服生产能力不足及设备老化等缺点。通过克服这些弱点，企业可能进一步利用各种外部机会，降低成本，取得成本优势，最终赢得竞争优势。

③ 优势—威胁(ST)战略是指企业利用自身优势，回避或减轻外部威胁所造成的影响。例如，竞争对手利用新技术大幅度降低成本，给企业很大成本压力；同时材料供应紧张，其价格可能上涨；消费者要求大幅度提高产品质量；企业还要支付高额环保成本；等等。这些都会导致企业成本状况进一步恶化，使之在竞争中处于非常不利的地位，但若企业拥有充足的现金、熟练的技术工人和较强的产品开发能力，便可利用这些优势开发新工艺，简化生产工艺过程，提高原材料利用率，从而降低材料消耗和生产成本。另外，开发新技术产品也是企业可选择的战略。新技术、新材料和新工艺的开发与应用是最具潜力的成本降低措施，同时它可提高产品质量，从而回避外部威胁影响。

④ 劣势—威胁(WT)战略是一种旨在减少内部弱点，回避外部环境威胁的防御性技术。当企业存在内忧外患时，往往面临生存危机，降低成本也许成为改变劣势的主要措施。当企业成本状况恶化，原材料供应不足，生产能力不够，无法实现规模效益，且设备老化，使企业在成本方面难以有大作为，这时将迫使企业采取目标聚集战略或差异化战略，以回避成本方面的劣势，并回避成本原因带来的威胁。

SWOT 分析运用于企业成本战略分析可发挥企业优势，利用机会克服弱点，回避风险，获取或维护成本优势，将企业成本控制战略建立在对内外部因素分析及对竞争势态的判断等基础上。

2. 确定活动方案的决策方法

根据决策结果的确定性程度决策方法可以分为：确定型决策方法、风险决策方法、不确定型决策方法。

(1) 确定型决策方法

决策问题所处的环境是确定的，每一个方案只有一个结果，决策者只需从备选方案中选择经济效果最好的方案。例如，某公司决定向银行申请一笔贷款，假设现有 5 家银行愿意提供此笔贷款，其利率分别为 8%、7.5%、7%、6.9%、6.5%。在其他条件相同的情况下，公司当然会选择贷款成本低、利率低的银行。

(2) 风险型决策方法

这是指各种备选方案的自然状态有若干种，但每种自然状态发生的概率是可以做出客观估计的决策。例如，某厨师打算用6只鸡蛋做蛋饼，已经向碗里打了5只鸡蛋，现在做出了向碗里打第6只鸡蛋的决策。显然，根据概率论的知识，我们可以得到，向碗里打第6只鸡蛋，好蛋(自然状态)没有损失的概率为90%；坏蛋(自然状态)全部损失的概率为10%。做出这种分析后，要想将损失降为最小，最好的解决方法为，将第6只鸡蛋单独打在另一个碗里。

风险型决策方法有很多，最常用的是决策树法。决策树法利用概率论的原理，并且利用一种树形图作为分析工具。其基本原理是用决策点代表决策问题，用方案分枝代表可供选择的方案，用概率分枝代表方案可能出现的各种结果，经过对各种方案在各种结果条件下损益值的计算比较，为决策者提供决策依据。

如果一个决策树只在树的根部有一决策点，则称为单级决策；若一个决策不仅在树的根部有决策点，而且在树的中间也有决策点，则称为多级决策。整个决策树由决策节点、方案分枝、状态节点、概率分枝和结果点五个要素构成。决策树法的步骤为：按从左到右的顺序画决策树，此过程本身就是对决策问题的再分析过程；按从右到左的顺序计算各方案的期望值，并将结果写在相应方案节点上方，期望值的计算是从右到左沿着决策树的反方向进行计算的；对比各方案的期望值的大小，进行剪枝优选，在舍去备选方案枝上，用删除符号隔断。

例如，某企业为扩大某产品的生产，拟建设新厂，运作10年。据市场预测产品销路好的概率为0.7，销路差的概率为0.3，有两种方案可供企业选择(如图5.2所示)。

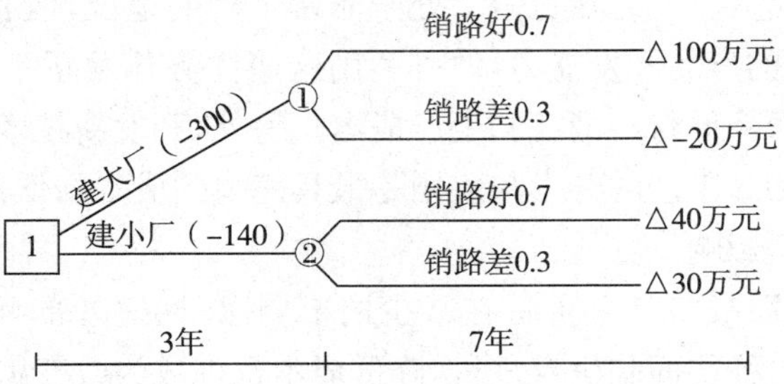

图5.2 决策树示意

计算各方案的期望收益值：

$$期望收益值=收益值1\times概率1+收益值2\times概率2$$

$E1=[0.7\times100+0.3\times(-20)]\times10-300=340$(万元)

$E2=[0.7\times40+0.3\times30]\times10-140=230$(万元)

比较E1、E2，选择方案1为最好。

(3) 不确定型决策方法

不确定型决策方法又称非确定型决策、非标准决策或非结构化决策，是指决策人无法确定未来各种自然状态发生的概率的决策。不确定型决策的主要方法有：等可能性法、保守法、冒险法、乐观系数法和最小最大后悔值法。假定某一企业有甲、乙、丙三种产品可供其选择进行生产。这三种产品在销路好、一般、差三种状态下所获得的收益是不一样的，决策损益如表5.2所示。

表 5.2　**决策损益表**

状态	甲产品	乙产品	丙产品
销路好	40	90	30
销路一般	20	40	20
销路差	−10	−50	−4

① 等可能性法。也称拉普拉斯决策准则，采用这种方法，是假定自然状态中任何一种发生的可能性是相同的，通过比较每种方案的损益平均值来进行方案的选择，在利润最大化目标下，选取平均利润最大的方案，在成本最小化目标下选择平均成本最小的方案。按这种方法，生产甲产品的平均值为(40＋20－10)/3、乙产品为(90＋40－50)/3、丙产品为(30＋20－4)/4，那么生产平均收益最大的乙产品为最佳决策。

② 保守法。也称瓦尔德决策准则、小中取大准则，是指决策者不知道各种自然状态中任一种发生的概率，决策目标是避免最坏的结果，力求风险最小。运用保守法进行决策时，首先在确定的结果中，力求风险最小。运用保守法进行决策时，首先要确定每一可选方案的最小收益值，然后从这些方案最小收益值中，选出一个最大值，与该最大值相对应的方案就是决策所选择的方案。按这种方法，生产甲产品的最小收益值为－10、乙产品为－50、丙产品为－4，那么生产最小收益值中最大的丙产品为最佳决策。

③ 冒险法。也称乐观决策法、大中取大准则。决策者不知道各种自然状态中任一种可能发生的概率，决策的目标是选最好的自然状态下确保获得最大可能的利润。冒险法在决策中的运月是：首先，确定每一种可选方案的最大利润值；然后，在这些方案的最大利润中选出一个最大值，与该最大值相对应的那个可选方案便是决策选择的方案。由于根据这种准则决策也能有最大亏损的结果，因而称之为冒险投机的准则。根据乐观决策法原理，生产甲产品的最大收益值为40、乙产品为90、丙产品为30，三种方案中乙的收益值最大，即生产乙为最佳方案。

④ 折中法。根据决策者的判断，给最好自然状态一个乐观系数，给最差自然状态一个悲观系数，两者之和为1。计算出各方案的期望收益值。比较各方案的期望收益值，做出选择。

例如：设乐观系数为0.7，计算折中收益值：

产品甲：40×0.7＋(－10)×(1－0.7)＝25

产品乙：90×0.7＋(－50)×(1－0.7)＝48

产品丙：30×0.7＋(－4)×(1－0.7)＝19.8

运用乐观系数计算出各方案的乐观期望值，并选择期望值最大的方案，即选择产品乙方案。

5.3　大数据在企业经营决策中的应用

5.3.1　大数据的来源

对于企业而言，大数据的数据来源主要有两部分，一部分来自于企业内部自身的信息系统中产生的运营数据。企业内部信息系统又可分两类，一类是“基干类系统”，用来提高人事、财会处理、接发订单等日常业务的效率;另一类是“信息类系统”,用于支持经营战略、开展市场分析、开拓客户等。传统的商业智能系统中所用到的数据基本上属于该部分。而另外一部分则来自于外部,包括广泛存在于社交网络、物联网、电子商务等之中的非结构化数据。这些非结构化数据由源于微博、微信及其他来源的社交媒体数据构成,其产生往往伴随着社交网络、移动计算和传感器等新的渠道和技术的不断涌现和应用。具体包括呼叫详细记录、设备和传感器信息、地理定位映射数据、通过管理文件传输协议传送的海量图像文件、Web 文本和点击流数据、科学信息、电子邮件等。由于来源不同、类型不同的数据透视的是同一个事物的不同方面,以消费客户为例,消费记录信息能透视客户的消费能力、消费频率、消费兴趣点等,渠道信息能透视客户的渠道偏好,消费支付信息能透视客户的支付渠道情况。这些数据从不同的方面表达了客户消费过程的特征。因此,一般来说,企业用以分析的数据来源越广越全面,其分析的结果就越立体,越接近于真实。因此,大数据分析意味着企业能够从不同来源的数据中获取新的洞察力,并将其与企业业务体系的各个细节相融合,以帮助企业在创新或者市场拓展上有所突破。针对“数据量”这个话题,亚马逊技术总监 Vogels 曾经说过,“在运用大数据时,你会发现数据量越大,结果越好。为什么有的企业在商业上不断犯错?那是因为他们没有足够的数据为运营和决策提供支持。一旦进入大数据的世界,企业的手中将握有无限可能。”

在大数据的领域里是否数据量越大越好?

对于这个问题,应该分两个层面来看,第一个层面是,对大数据这个整体而言,数据量肯定是越大越好的,多元的数据能让不同行业、不同组织可以从大数据中寻找到解决问题的方法。基于此,现在越来越多的企业、组织通过不同的终端、应用或者其他手段去疯狂地收集多元的数据,大数据让人们有足够的能力和视野将地球(包括地球上的一切)作为一个整体去看待,这是在以前无法想象的。

第二个层面是,对于大数据的具体应用而言,数据量是否越大越好?在大数据的实际应用中,数据量越大,能得到的东西就越多,而至于得到的那些东西是否是你所需要的,或者对你是否有价值的,没有人能保证。就如同树林里有 100 条路,每条路上都有一些你觉得有意思的东西,如果你有足够的时间,你可以走遍这 100 条路,收获很多有意思的小东西,但不是每一条路都会让你得到真正有价值的东西。在大数据的具体应用面前,我们先要做的是把“大数据”这个概念忘掉,我们必须弄清楚到底想从大数据中得到什么,然后带着目的去收集有用的数据,输入至分析模型中,直接导向我们想要的结果。否则你将花费大量时间、资源成本去获取数据、分析数据。我们需要的大数据应用是能够帮助解决问题的行为洞察,而不是试图研究每一条能够得到的信息。

为了避免应用者困在“大数据的金山”,大数据必须细化,针对不同行业不同领域的特定问题制定不同的解决工具,未来大数据将会遵循消费化模式,核心基础设施将作为服务或应用程序来提供。

5.3.2 大数据是商业情报的重要基础数据

众多学者和企业加入对大数据时代的预测和探讨,他们得出的结论是:在未来,数据将会像土地、石油和资本一样,成为经济运行中的根本性资源。有人估算,数据正在以每年超过50%的速度增长。这意味着每 20 个月左右的时间,世界上的数据就会翻一番。

数据是能产生价值的,因为数据背后反映的是信息,经过分析利用后就是情报。哈佛大学量化社会科学学院院长 Gary King 认为,大数据将掀起一场管理革命,无论是企业界、学术界,还是政策界都将受到重大影响。大数据的资源太丰富，如果没有明确的目标，就算没有走入迷途，至少也会觉得非常迷茫。确实，对于企业而言大数据很必要，其可以实现的东西也很多，稍微梳理一下，大概包括：支撑业务战略决策，提高顾客服务水平，促进销售获得客户，开发创新产品，强化财会业务，实现决策自动化，进行基础研究，产品功能监视和检测情况，强化内部治理，等等。基本上囊括了企业所有的行为，这也就是大数据的价值所在。

不论是美国的谷歌还是中国的淘宝，它们的成功，或多或少让人感觉像是创业家的探险和尝试。迄今为止，互联网行业完成的还主要是硬件和基础设施的搭建。如果类比经济史的话，这些仅仅是积累原始资本的阶段，随着用户的普及、商业模式的形成和数据的积累，真正的互联网经济时代才刚刚开始。

互联网中的数据就像埋藏在地下的矿石，品位是不一样的。其中最有价值、最方便使用的数据当然是直接产生于交易活动的数据。以"淘宝"为例，每天有数以万计的交易在淘宝上进行。与此同时相应的交易时间、商品价格、购买数量会被记录，更重要的是，这些信息可以与买方和卖方的年龄、性别、地址、甚至兴趣爱好等个人特征信息相匹配。运用匹配的数据，淘宝可以进行更优化的店铺排名和用户推荐；商家可以根据以往的销售信息和"淘宝指数"进行生产、库存决策，赚更多的钱；而与此同时，更多的消费者也能以更优惠的价格买到心仪的宝贝。

20 年前，各大中小城市的百货大楼做不到这一点；10 年前，大大小小的超市做不到这一点；而互联网时代的淘宝可以。所有的企业都可以在大数据中淘宝，但如果你以为只有像淘宝这样的电子商务企业才能在大数据时代大显身手的话，说明你还是没能理解大数据的本质。美国一位政治学教授通过对微博或博客上网民言论的动态数据分析，成功预测了议员和总统选举的结果。而且他得出结论，如果竞选团队足够聪明和有心，还可能借助他的方法通过更巧妙、更有效的竞选宣传以影响选民的态度。

有趣的故事远不止这些。只要你闭上眼睛想一想自己平日里在网上的各种行为：网购、发微博、点人人……你就会很自然地发现，互联网承载太多的信息和信号：大众的情绪、消费者的喜好、市场的潮流、不同人群的关注点等。这其中当然有很多是数字垃圾，但聪明的人似乎总能从垃圾中找到珍宝。如果你足够聪明和努力，就能找到潜在的市场需求，创造经济效益。在传统的管理理念中，数据分析的理念尚未被很多管理者接受。而在互联网兴起之前，由于真正可用的数据极少，"拍脑袋"或许还可以被原谅，不会对企业经营造成太大的影响。但在大数据时代，不重视数据和数据分析的企业是不会被市场原谅的。如何把数据炼成应用于企业经营的商业情报是现在开始最严峻的挑战。

5.3.3　大数据作为情报在各行业中的应用

对于企业而言，大数据有时候像是一个侦探，能够拨开重重迷雾，找到问题的本质以及解决方案，而关键在于，你是否真的懂得如何去驾驭它，让它为你服务。先来看一则案例：某超市通过分析一位女顾客的购物数据(包括购物清单、浏览物品、咨询信息、视频监控信息等)，根据分析结果给该女顾客寄来了孕婴童试用品，这一举动让该女顾客的父亲非常生气，立马致电该超市投诉，因为她女儿还未成年！超市经理立马登门拜访道歉，不过事实是，不久后这位小女孩因遮盖不住隆起的腹部而不得不向父亲告知真相：她真的怀孕了。

大数据应用的关键，在于"IT"与"经营"的融合。经营的内涵非常广泛，小至一个零售门店的经营，大至一个城市的经营。以下是几个行业在大数据方面的应用案例。

1. 旅游行业：辛辛那提动物园使用了 Cognos 商业智能系统，为 iPad 提供了单一视图查看管理即时访问的游客和商务信息的APP服务。借此，动物园可以获得新的收入来源和提高营收，并根据这些信息及时调整营销政策。

2. 快餐行业：麦当劳的部分门店安装了搜集运营数据的装置，用于跟踪客户互动、店内客流和预订模式，研究人员可以研究菜单变化、餐厅设计以及培训等是如何影响了劳动生产力和销售额。

3. 零售行业："我们的某个客户，是一家领先的专业时装零售商，通过当地的百货商店、网络及其邮购目录业务为客户提供服务。公司希望向客户提供差异化服务，如何定位公司的差异化，他们通过从社交平台上收集社交信息，更深入理解化妆品的营销模式，随后他们认识到必须保留两类有价值的客户：高消费者和高影响者。希望通过接受免费化妆服务，让用户进行口碑宣传，这是交易数据与交互数据的完美结合，为业务挑战提供了解决方案。"Informatica的技术帮助这家零售商用社交平台上的数据充实了客户主数据，使其业务服务更具有目标性。零售企业也监控客户的店内走动情况以及与商品的互动。它们将这些数据与交易记录相结合来展开分析，从而在销售哪些商品、如何摆放货品以及何时调整售价上给出意见，此类方法已经帮助某领先零售企业减少了17%的存货，同时在保持市场份额的前提下，增加了高利润率自有品牌商品的比例。

4. 金融行业：数据收集和分析工具能够帮助银行设立最佳网点，确定最好的网点位置，帮助这个银行更好地运作业务，推动业务的成长。

5. 通信行业：电信业透过数以千万计的客户资料，能分析出多种使用者行为和趋势，卖给需要的企业，这是全新的资料经济。中国移动通过大数据分析，对企业运营的全业务进行针对性的监控、预警、跟踪。系统在第一时间自动捕捉市场变化，再以最快捷的方式推送给指定负责人，使他在最短时间内获知市场行情。NTT docomo把手机位置信息和互联网上的信息结合起来，为顾客提供附近的餐饮店信息，接近末班车时间时，提供末班车信息服务。

6. 运输行业：通过在城市多处设置的传感器，我们能随时掌握在某个地方有多少辆汽车，车速是多少。有了这些数据就可以建立起模型进行分析，从而指导人们确定出行计划，避免拥堵。IBM的六位数据分析工程师准备通过整合、分析现有交通数据，以及来自社交媒体(Twitter)的新数据源，来医治波士顿的交通恶瘤。这些数据包括市政网联网能够实时采集的交通信号灯、二氧化碳传感器甚至汽车的数据，这些数据能够帮助乘客重新调整路线，节省时间，节省汽油。东日本旅客铁道(JR东日本)集团在车站里设置了内置摄像机的触屏式自动售货机，识别顾客的性别和年龄等，在屏幕上显示推荐商品，扩大了销售额。这套系统除了顾客的属性之外，还按照天气、气温和时间分别积累了商品的销售额记录，建立了预测消费者行为方式的模型。

7. 汽车制造行业：在沃尔沃集团，通过在卡车产品中安装传感器和嵌入式CPU，从刹车到中央门锁系统等形形色色的车辆使用信息，正源源不断地传输到沃尔沃集团总部。这些数据正在被用来优化生产流程，以提升客户体验和提升安全性。将来自不同客户的使用数据进行分析，可以让产品部门提早发现产品潜在的问题，并在这些问题发生之前向客户预警。

8. 能源行业：智能电网现在欧洲已经做到了终端，也就是所谓的智能电表。在德国，为了鼓励利用太阳能，会在家庭安装太阳能，当你的太阳能有多余电的时候还可以卖出去。通过电网收集每隔5分钟或10分钟收集一次数据，收集来的这些数据可以用于预测客户的用电习惯等，从而推断出在未来2～3个月时间里，整个电网大概需要多少电。有了这个预测后，就可以向发电或供电企业购买一定数量的电。因为电有点像期货一样，如果提前买就会比较便宜，买现货就比较贵。通过这个预测后，可以降低采购成本。维斯塔斯风力系统依靠的是BigInsights软件和IBM超级计算机，然后对气象数据进行分析，找出安装风力涡轮机和整个风电场最佳的地点。利用大数据，以往需要数周的分析工作，现在仅需要不足1小时便可完成。

9. 政府管理：在一个被称作“面包实时在线价格”(Real-Time E-pricing of Bread)的项目中，Global Pulse在6个拉丁美洲国家建立了每日价格指数。这个研究发现在线零售价格由于和线下价格的波动有联系，能比官方的数据更早发现通货膨胀的苗头。在另一个研究中，Global Pulse希望发现社交网络中情绪和失业率之间的关系。在爱尔兰，当社交网络上“困惑”和“沮丧”这些指标升高3个月后，失业率也会升高；而在美国发生在失业率升高之前持续升高的是“愤怒”这一指标。当然，也许对政府部门而言更有意义的是失业之后他们在谈论些什么：在“失业”指标上升2个月后人们在谈论“房子”，这也许意味着他们准备卖掉自己的房产；在过后的几个月，谈论“公交”和“地铁”的在上升，这也许意味着他们承担不起开车的油费，或者已经准备将车卖掉。“政府现在得到的数据是滞后的，他们做出的决定也非常缓慢。等政策做出几年后发现有错时，时间也不可能倒流。如果一个政府做决定能像广告商根据数据分析更新自己的营销策略那样快，那也许这个世界会变得更美好一些。

5.3.4　大数据作为情报在企业决策中的应用

大数据作为商业情报在企业经营决策中的应用，本节以免费的大数据平台“淘宝指数”为例，具体展开阐述。

1. “淘宝指数”是什么

淘宝指数是一款淘宝官方的数据分享平台。无论是淘宝买家、卖家还是媒体从业者、市场研究人员，都可以利用淘宝指数来了解淘宝搜索热点，查询成交走势，定位消费人群，研究细分市场。

淘宝指数的数据来源主要有：搜索数据，来自于用户在淘宝网、天猫上的搜索行为；成交数据，来自于淘宝网、天猫的后台成交明细数据。

几种淘宝指数的数据定义：

① 搜索指数：指数化的搜索量，反映搜索趋势，不等同于搜索次数。

② 成交指数：由搜索带来的成交量，并进行指数化处理。反映成交趋势，不等同于成交量或成交金额。

③ 热销指数：成交宝贝的标题中包含该关键词的商品，成交笔数的指数化。

④ 喜好度(TGI)：反映不同人群对该搜索词的偏好程度，数值越大则偏好程度越高。数据为100时，表示无明显偏好。该数值不受人群基数的影响。例如，某搜索词的搜索人群中喜好度最高的星座是“白羊座”，则说明“白羊座”比其他星座更喜欢搜索该词。

$$喜好度(TGI)=搜索词的该人群占比\div全网的该人群占比\times100$$

假如你是一个淘宝买家，想要了解当下流行趋势，了解同一类人的购物倾向及特点，你可以定义出一个角色类型，如中等消费、白领、适合的年龄等，这时在选定的商品类目下，淘宝指数就会给你推荐出许多相关商品。

无论你是淘宝卖家还是实体店的卖家，都可以从淘宝指数排行榜中看出，最近什么东西卖得最火，对自己店铺经营的商品的主流消费者人群进行定位，以便做更加精确的目标人群营销。比如说，针对这一类人群去改善网点设计，将产品标签化来获得更多的推荐展现机会等，由此所获得的收益将大幅度提升。用淘宝指数减少自己数据搜集和分析相关的时间。

讲到淘宝运营，相信资深的淘宝卖家都知道要做数据分析，需要分析市场。一说到数据分析，老手们都知道需要用到数据魔方，需要用到“生 E 经”，可是，小卖家是用不了的。数据魔方和“生 E 经”不单是收费的，而且还需要店铺达到一定的级别，所以对于小卖家来说，等于一开始就落后人家一截了。不过，淘宝在给我们关上了一扇大门的同时也给我们打开了另外一扇大门，免费的数据平台，即“淘宝指数”。

首先，打开淘宝指数：http://shu.taobao.com，那么，淘宝指数能告诉我们什么呢？如图 5.3 所示：

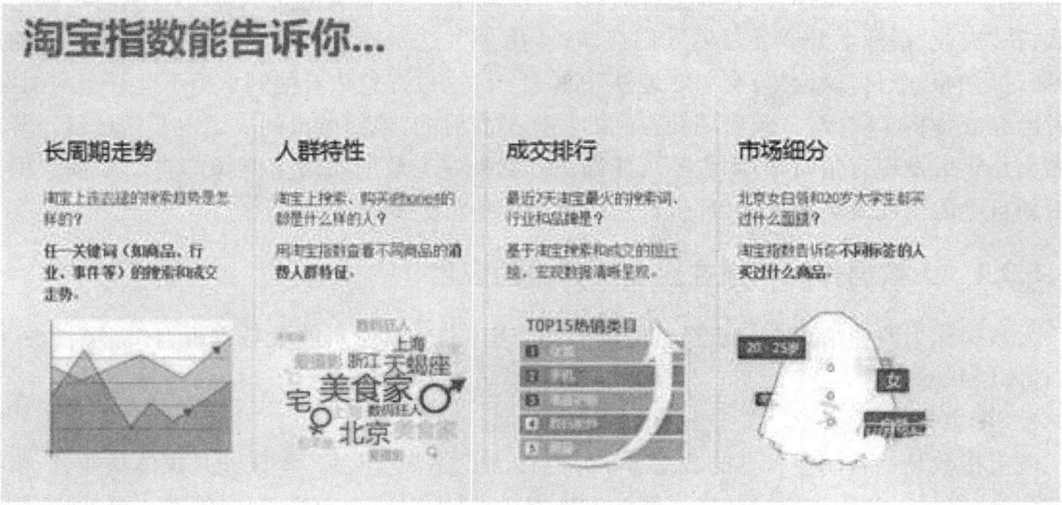

图 5.3　淘宝指数

淘宝指数主要有四大功能模块，主要是：长周期走势、人群特性、成交排行和市场细分。长周期走势能告诉我们某一个关键词长期的走势，可以看出其搜索和成交趋势。人群特性指的是关键词背后消费者的人群属性，比如男女比例、星座比例等。成交排行和市场细分都很容易理解。不论是开网店还是开实体店，都可以利用平台的这些数据进行分析，将得到的情报应用于店铺运营。

2. 在产品长周期走势方面的应用

排行榜是“淘宝指数”的一项重要应用，在首页的顶端，如图 5.4 所示：

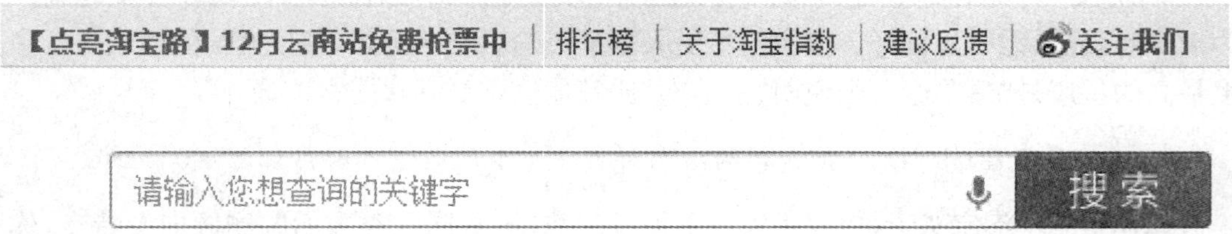

图 5.4　淘宝指数——排行榜

点击“排行榜”三个字，进去可看到，如图 5.5 所示。

图 5.5　打开排行榜

我们可以发现，在“搜索排行榜”中，它统计了淘宝 Top20 类目的热搜词以及该类目下最近一周的热门搜索词。在这里，我们就可以清楚地看到目前哪些类目是热销类目以及哪些产品是有市场潜力的。比如 Top20 排在第一的是女装，第二的是手机。同时，我们也可以看到大类目下面的子类排行。比如说，我们点击“手机”类目，就可以在页面右侧看到在手机这个大类目下的分类热搜词。如 iPhone5s、手机、小米 3 等，这些词都是有涨幅的，iPhone5s 的搜索涨幅(2014 年 1 月 1 日～2014 年 1 月 7 日)相对于前一周而言，增长了 116.92%，小米 3 增长了 91.99%。从数据中不难发现，这两款手机是现阶段市场上关注度最高的产品，同时也是未来一段时间内市场上最有销售潜力的产品。

另外，我们可以从排行榜中统计出最近的热搜关键词有哪些。如果你开网店，为了提高自己店铺的浏览率，促进销售，你可以适当地把一些热词放在店铺的标题描述里面。当然不是说搜索的词越热越好，有些热词搜索量非常大，反而会像是在大海里捞针，吸引不到客人。

如果说“搜索排行”在一定程度上是代表着市场需求趋势，那么，“成交排行”则表示某个类目下某段时间内某种产品受消费者青睐的程度。在实际运营店铺中，我们要结合“搜索排行”与“成交排行”来综合判断产品的市场需求状况，进而决定店铺的经营产品方向。“成交排行”如图 5.6 所示。

在“成交排行”下面有三个分类，即品类排行、品牌排行与行业排行。点开“品类排行”来看，我们可以从中观测到不同品类的发展趋势，并根据其发展趋势来指导我们店铺的运营。

图 5.6 以女装来举例，我们可以看到，在女装中，打底衫品类是成交量最多的，但其本周涨

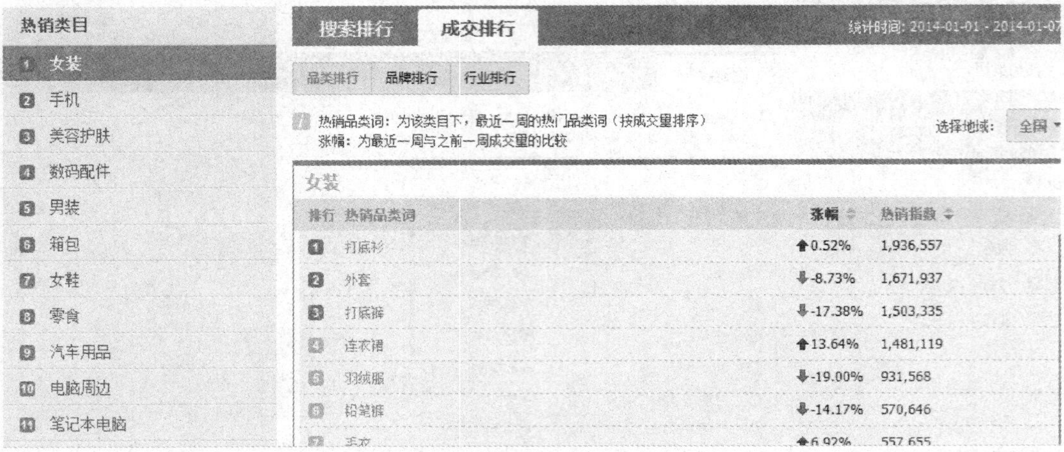

图 5.6　淘宝指数——成交排行

幅低于成交量排名第 4 的“连衣裙”的涨幅。在成交量排名前 6 的女装品类中，打底裤的成交量较前一周跌了 17%左右，羽绒服的成交量跌了 19%。我们可以从这些成交数据中初步提炼经营情报，提出问题，打底衫虽然成交量仍排女装中的第一，成交量也在增长，但是否有市场逐渐饱和的趋势？打底裤和羽绒服市场是否已饱和？要想进一步得到精准的商业情报，我们还要结合其他的一些长期的具体数据来做判断。以女装中的“打底衫”为例进行分析，我们把鼠标放到“打底衫”上面，然后点击进入，点进去则如图 5.7 所示。

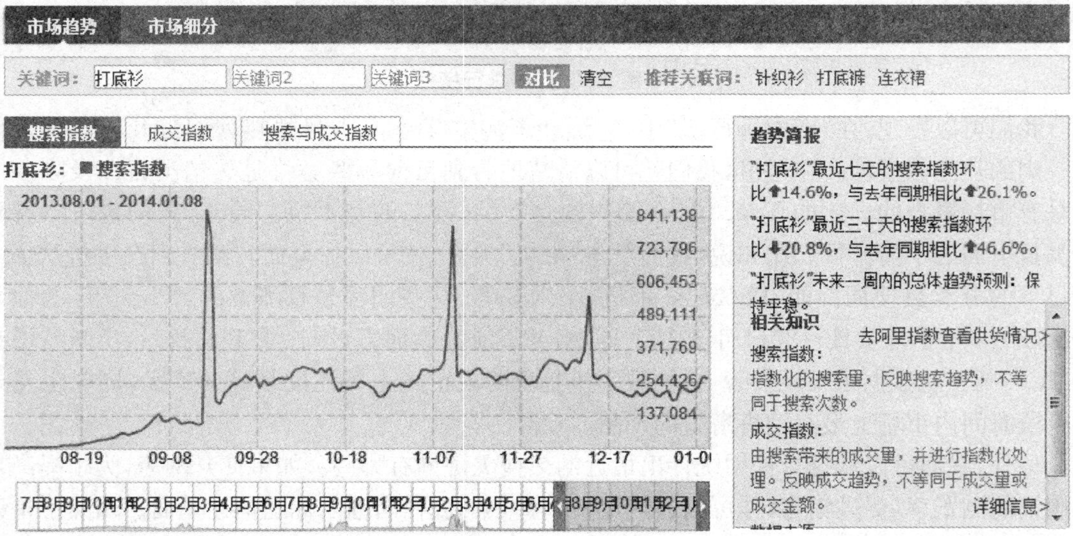

图 5.7　打底衫市场趋势

在这里，我们可以看到打底衫的发展趋势，我们在选择准备进入的类目或是在做月度计划时，就可以利用淘宝指数，找出相应类目的一个发展趋势，根据其旺、淡季来合理地安排自己的运营计划。如图 5.7 所示，打底衫的搜索高峰期在 9 月中旬和 11 月中旬，这两个时间段刚好是入秋和入冬的两个时间节点，消费者在这个时段要开始准备采购这类衣物了。再来看搜索指数与成交指数的并列图，如图 5.8 所示。

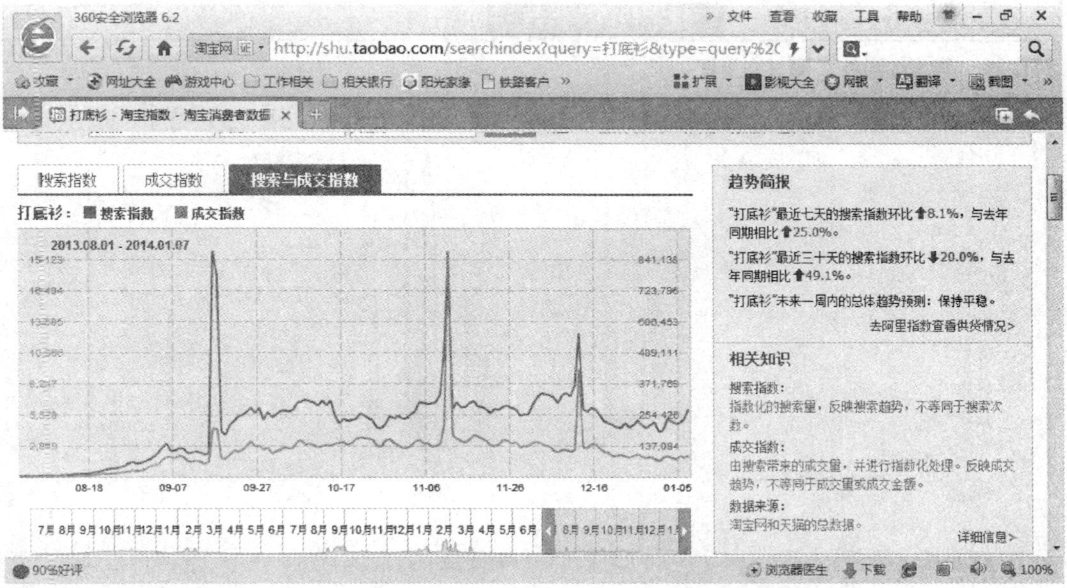

图 5.8 打底衫搜索与成交指数

图 5.8 中，我们可以发现，尽管 9 月中旬的搜索指数很高，但成交指数较低，这说明很多消费者还在到处看，没有下手买，可分析出的原因有两个：第一，2013 年 9 月全国各地都还很热，消费者虽然意识到要提早准备打底衫，但还没有必要马上就购买；第二，2013 年下半年中，在淘宝网上成交指数最高的时间节点在 2013 年 11 月 11 日，说明很多消费者都在这个促销阶段集中购买，也由此可以看出，打底衫的价格对需求影响是很大的。对于这类产品，降价促销可以在很大程度上促进成交。

那么，我们具体怎么查看其发展趋势呢？点进去之后，我们看页面右侧的文字（如图 5.9 所示）。

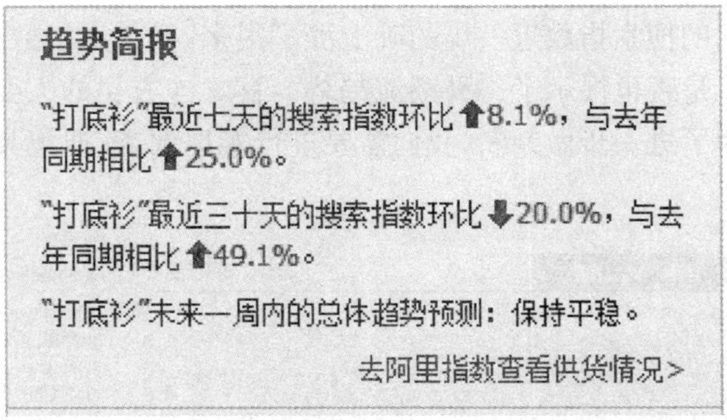

图 5.9 趋势简报

这里是最近 7 天的趋势，而我们要根据发展趋势来指导我们做运营计划，肯定不能只看最近 7 天的发展趋势，如果我们想看一个月、一个季度或是去年一年的发展趋势，我们应该怎么看呢？如图 5.10 所示。

我们把下面的小三角拖到 2012 年 1 月，就会出现 2012 年 1 月～2014 年 1 月的一个整体的发展趋势。从淘宝和天猫网上打底衫的销售图，我们可以判断，从 2012 年"双 11"的井喷，到 2013 年 2 月，整体上都呈下降趋势，然后一直到 2013 年 2 月中旬的时候，才开始有走高的

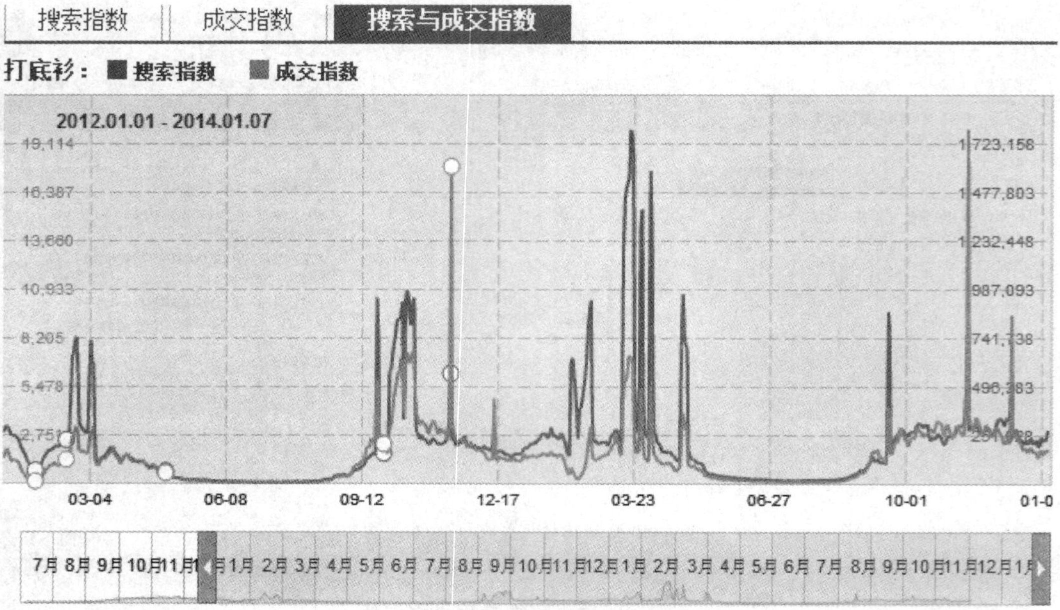

图 5.10　历史搜索与成交趋势

趋势，一直到 9 月，它的搜索与成交指数都是偏低的。由此销售情报我们可做什么决策呢？如果我们是经营“打底衫”这个类目的，那么，我们在接下来做运营计划的时候，是大力囤货加大力度推广吗？当然不是，因为“打底衫”这个类目是明显有季节性的，虽然 1～2 月还处于寒冬季节，但是打底衫的需求量是在不断走低的，那我们可以适当调整一下我们的经营方向和推广方向，把重点放在未来几个月发展趋势更好的商品上。所以，我们千万不能根据自己的经验去判断，在做计划的时候，一定要选择未来发展趋势比较好的商品加大推广力。大家根据相同的方法，去分析一下“秋冬连衣裙”这个小类目（如图 5.11 所示），从销售的季节性来看，它正好是可以接替“打底衫”这个小类目而作为接下来几个月的推广产品。同时，从图中右侧的趋势简报中，发现虽然连衣裙的搜索指数近一周的确上涨了很多，但是众多数据也显示，与上年的同期数据相比是下降的，是否也揭示了一种潮流趋势？喜欢连衣裙的人变少了吗？又或是什么原因？那么接下来，为了进一步做判断，我们需要进行实地调查，搜集其他辅助信息来做最后的决策。

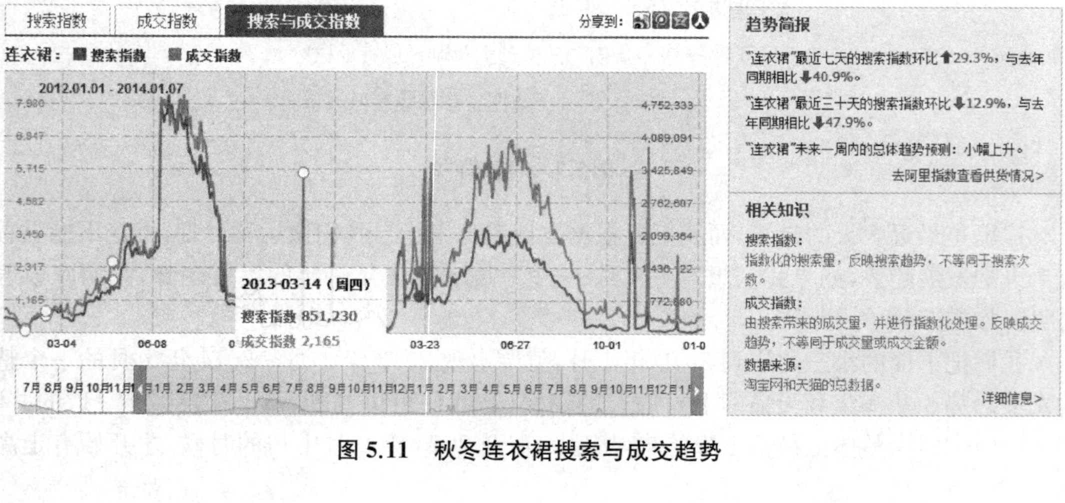

图 5.11　秋冬连衣裙搜索与成交趋势

虽然本节选择“打底衫”、“连衣裙”的热销类目来做分析，但是我们在选择产品的时候，应该根据自己的实际情况选择。如果是新店或是竞争实力较弱的卖家，建议选择排名比较靠后的细小类目来做。当我们经验、资金等积累到一定程度的时候可以根据自身情况考虑选择大的类目去做。如果是一个新手卖家，贸然进入到女装的大类目，那无疑是虎口夺食。

3. 在市场定位与推广方面的应用

在“淘宝指数”中有一个功能，叫市场细分，如图 5.12 所示：

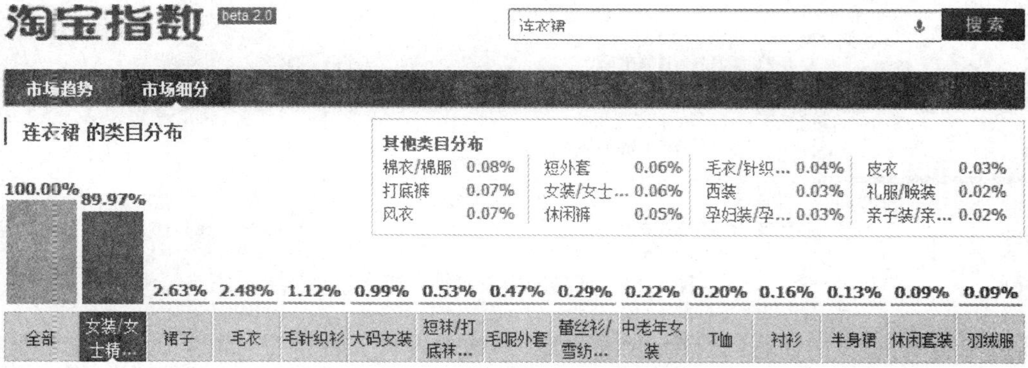

图 5.12　淘宝指数——市场细分

我们可以利用“市场细分”的相关数据来做产品的市场定位与推广。从图 5.13 中，我们可以看到，在淘宝和天猫中，最受欢迎的连衣裙的品牌为 ZARA、哥弟和韩都衣舍等，而欧时力品牌价格较高，在热销榜中居于第 4。

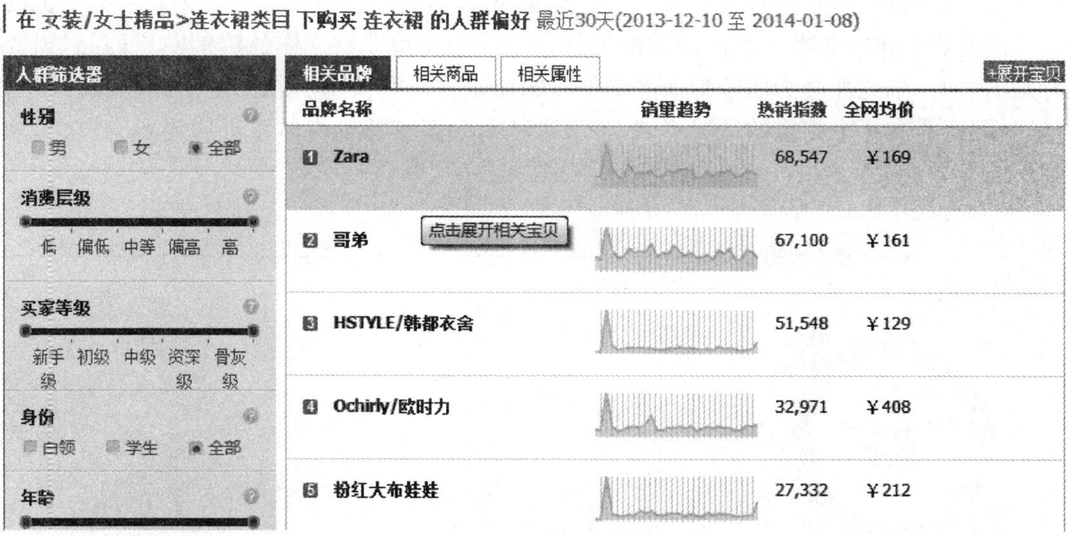

图 5.13　“连衣裙”的人群偏好

再看关键词的相关产品和相关属性分析，以图 5.14 为例，可以很容易地把消费者喜好的产品属性、相应的心理价位，通过一个维度的列表估算出来，而且这样的数据收集也有利于销售在与客户交流的时候向客户推荐合适的产品，或是根据大众的消费行为去引导客户，从而促进成交率。

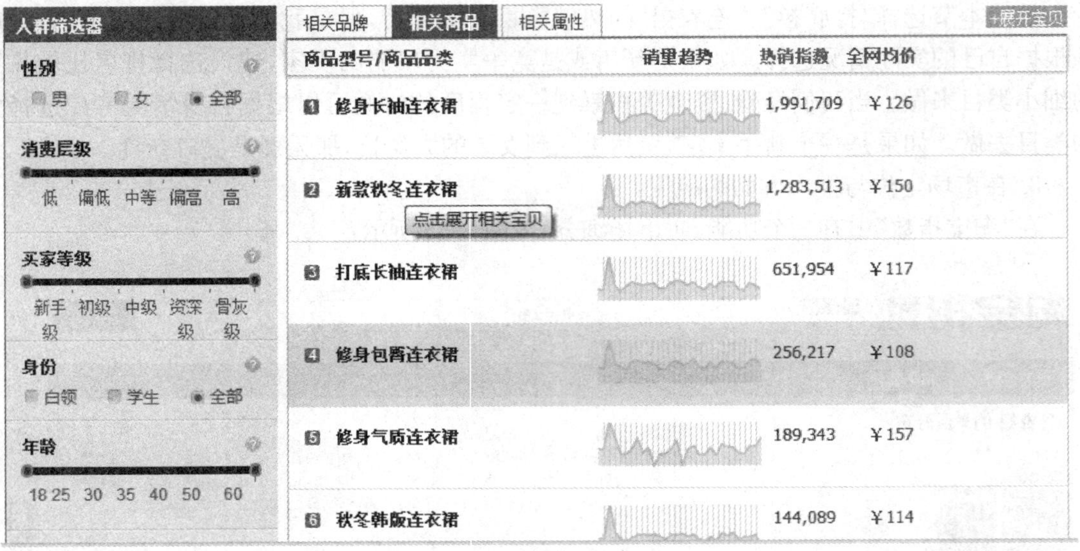

图 5.14　产品的相关属性分析

通过淘宝指数，我们还可以对购买“连衣裙”消费者进行人群定位，如图 5.15 所示。根据图形数据显示，当我们在做连衣裙推广时，18～30 岁左右、爱美女生和健美一族的女生是主要推广对象，而价格中等的产品更受欢迎。我们重点分析引流款和爆款的定价。引流款和爆款在某些情况下可以认为是相通的。比如，引流款和爆款一定是最有人气，性价比一定是看起来较高的。而定价最先需要参考的便是行业的客单价分布。如图，在某时间段的“连衣裙”类目下，成交人数分布最多的客单价区间是“108～157 元”。那么在定价主打款时，基本要保证不能脱离这个价格区间，否则很容易被大众消费者摒弃，因为价格确实是驱动消费者购买的动力之一。同时我们也可参考行业的商品标价分布。引流款和爆款这样的店铺明星商品，需要卖家特别的关心，如此才会为店铺带来源源不断的流量。而有关基本款的定价问题我们不做详细描述，因行业和每个商家的情况不同，各家对基本款商品的价格体系都应当各有逻辑，才能做到求同存异。

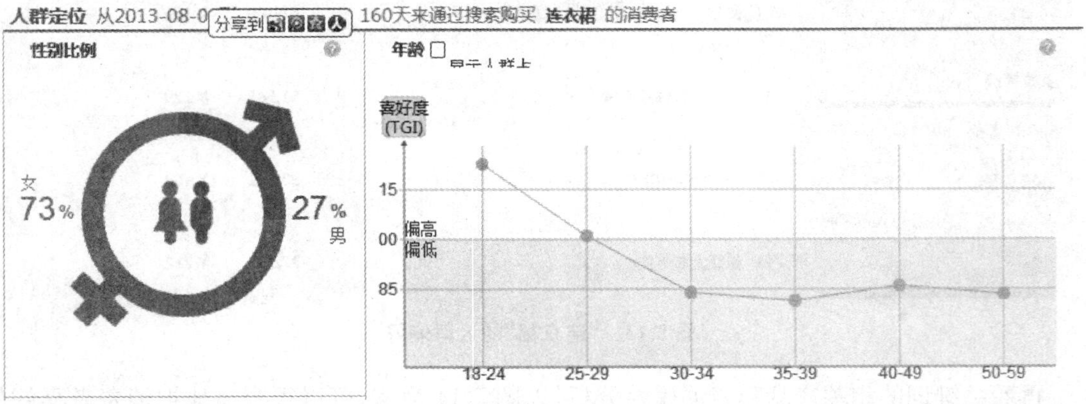

图 5.15　对消费者进行人群定位

只有在商品研究这部分下足功夫，我们的定位才算真正做到位，店铺的前期运营工作才算得上完整。如果觉得这些数据还不够具体，不能落地到某个具体的宝贝和品牌的话，可以查看

“相关品牌”和“相关商品”，这些都能让你更进一步了解这群消费者的兴趣点。可以查看到关联品牌下的相关宝贝，每个宝贝点进即可查看在淘宝上的链接。我们搜索“爱情公寓”这个某段时间比较热门的网络词语，可以看到以下数据：首先是该词搜索和成交的消费人群层级处于中等，因为《爱情公寓》这个关键词下的很多商品都是电视剧《爱情公寓》演员的同款服饰，而且是夏季服饰，所以这部分商品本身客单价就不高，消费也偏向中等消费能力的人。买家等级和人群身份中，新手和初级买家较多，白领和学生占比较大。

指数还提供了一些消费者的星座分布数据，该数据用于直接分析的可能性不大，但可以从这里挖掘一些数据的趣味性。最后我们看消费的爱好，其实这部分数据就是通过该消费者的关联收藏、购买的信息多维度定义消费者的兴趣点。通过打标签，帮助卖家更好地理解消费者形象。比如搜“爱情公寓”一词的人是爱美女生（会买很多女装、女鞋等类目）；同时她也是宠物一族（购买过宠物用品）等。

除了上面说到的通过数据去做消费者研究以外，一些店铺、宝贝的图片页面展示也是需要仔细研究的。数据分析最终要落地到提高成交转化，所以对于网店而言，装修风格就是一种销售的语言，在定位清楚目标人群时，需要知道目标人群喜欢什么风格，然后找到最适合的消费者的视觉系，这样所做的一切工作才会落地到转化。

电商和线下零售的不同之处在于，我们可以花费较低的成本进入一家网店，查看每一个商品的详情，研究学习别人的优势，运用到我们自己的宝贝和店铺运营中。许多刚做电商的卖家都会问，什么推广方式是最有效的，该怎么打造爆款等诸多问题。其实通过查看优秀店铺的数据，自己研究就能找到答案。分析别人的热销宝贝是如何推广的，推广方式有哪些，宝贝的流量比例是怎样，包括宝贝的转化率也可以计算得出。熟悉这些数据，就会方便我们去参考制定相应的营销策略。举个简单的例子，如何利用大数据促进销售获得客户？首先大数据能告诉策划人员什么样的实时优惠对某个用户群更有效，基于此用户群的偏好，哪种服务渠道能产生更好的服务效果，哪种支付方式能够快速实现交易达成，还可以分析当一个潜在客户通过搜索关键词找到产品页面后，达成交易的可能性有多大，在每天、每周、每月、每季度、不同的节日的特定时间段中，哪种促销方式最有效，当一个用户被营销活动覆盖到后，他实现购买的机会有多大，当一个用户完成购买后，其重复购买的机会有多大，带动身边朋友实现购买的机会有多大。对于销售方而言，大数据能够让卖家更加了解客户的消费方式，如消费者的购物决策、影响决策的关键点，让他有能力提供定制的交易内容给高价值用户，让他有能力实时评估促销效果，还可以根据消费者习惯改变商品上架位置等；而对客户而言，大数据能让他可从商品评价中了解更多商品信息，同时享受更多定制化和独家折扣优惠，能够实时使用消费分析工具进行评估，能够实现交易过程透明化等。

假如我们的商品属于一个新品牌，或者开拓一个新品类需要急速抢占市场，那么新老顾客的比例也会与上述的情况不同，或者在宝贝流量来源分析中，通过搜索或活动页面得来的流量更高，而并非通过店铺收藏。所以研究流量来源分析可以为后期的推广打下坚实的基础。

买家的购买时段和来访时段，这部分数据可以帮助卖家选择宝贝上架时间和直通车活动等投放时间，从而让营销活动更精细化。买家的性别年龄分布可以帮助卖家了解某品牌或者某店铺实际消费群体的人口统计特征，这一点非常关键。例如通常我们会人为定位某品牌的消费群体，如某品牌针对高端中年女性，但实际消费数据显示购买者年龄偏小，与预期定位不符，这时就要考虑风格、价格、广告投放时间等是否出现偏差。但这样的问题也可以从反面去理解，即满足未来网购的个性化趋势。

案例：

从买家来访与成交时间来确定推广时间

不同类目的来访和购买时间还是有明显差异的，针对面膜类目买家的来访时间，就可以做出对应的限时打折或者定向促销，甚至可据此安排上下架时间。面膜类目买家的来访高峰时段是下午14:00～15:00，次高峰来访时段是上午10:00～11:00，成交高峰时段方面，第一成交高峰是上午10:00～11:00，第二位时段是下午14:00～15:00，来访和成交的时段并不是一一对应的。

我们更换一个类目查看，比如住宅家具行业的餐桌子类，可以看到来访和成交的时段都在深夜。揣测消费者的购买常理就可以得到答案，那就是一般大件物品购买都以家庭为单位，不是下单者一人做出决策，所以掌握不同类目消费者的购物习惯，调整推广时段，对提升整个网店的转化率有很好的效果。

例如查看“珍珠项链”词条下大部分在售宝贝的类型，然后选择同类型宝贝做推广；同时对比自己店铺商品跟竞品的价格，用价格战去卡位。如对方售价比自己商品便宜，那么卖家就要考虑能否在保证盈利的前提下去降价。当然，我们不提倡一味地价格战，因此卖家就要研究如何增加自身的产品附加值，通过搭配捆绑销售，让产品价值超过竞争对手的宝贝；另外根据竞争对手的销量去推测产品推广的ROI，以及需要花费多少时间才能做到超越对手。

另外，我们也要注意，在前面的排行榜应用方面，我们明确，在看关键词的搜索与成交指数趋势时，是一定要看时间的。原因很简单，一个产品的周期有旺季和淡季，如果在产品的消费淡季时间里，拼命在淘宝付费推广平台上砸广告费，在面对本来消费淡季客户群体减少，商家并没有减少的情况下，你的付费推广在高峰期和低潮期的效果可想而知。

5.4 商业情报在企业项目选择中的应用

开店之初的定位与决策——什么产品好卖、什么季节该上新、商品如何定价、如何做推广等，都不能简单地拍脑袋决定，而是需要数据为我们提供决策参考。这一节从创办企业最开始的环节，即项目选择开始。

5.4.1 挖掘市场需求

现在的市场竞争越来越激烈，就业形势也很严峻。有很多人选择自主创业，但创业并不是一件很简单的事情，创业项目的选择是摆在每个创业者面前的一道难题。选择好的创业项目对创业成功非常关键。而好项目的一个基本标准是，要有市场需求。消费者愿意掏钱，那是因为购买的产品或者服务能满足他的需求。有位企业家说过，看到了别人的需要，你就成功了一半；满足了别人的需求，你就成功了全部。挖掘市场需求，首先要关注他人的需求。

即使是产品再丰富的市场，也总会有部分需求没被发现，或是没有被引起重视。在日常的人际交往中，多听听别人的意见甚至是牢骚，或许就有好的机会或新的想法。

案例：

"玩包包"营销模式的成功

前几年，经常听到很多女性消费者在发牢骚，再好、再贵的包，即使平时用起来非常呵护，也总会碰到弄脏洗不掉、掉配件等小问题，但这些小问题都很难得到解决，再加上赶潮流，更换包的频率很高，旧包只能扔了，浪费很大。这种现象很普遍，但有心的人却把这种抱怨转化为了商业情报，在现有市场对包的保养只存在维修服务且保养市场服务却很有限的情况下，开发了"玩包包"新市场。"玩包包"其实是指玩出包包新个性，为消费者创造包包一条龙一站式服务，它主要包括了包包兑换业务、包包保养业务、包包租赁业务、加工定做业务以及代购代销业务五大类。其中，包包兑换业务和包包租赁业务是最为新颖的模式。包包兑换业务是指让消费者有包天天换，新包天天玩，永远享受天天玩新包的乐趣，而包包租赁业务顾名思义就是可以通过租赁的方式来享受每天换新包的优惠。"玩包包"营销模式可以很好地弥补市场空白，也有利于商家提高消费者对品牌的忠诚度。

挖掘消费者需求，意见既要听，也要去思考，按照消费者的生活要求来判断是否有潜在需求存在。舒肤佳香皂的成功自然有很多的因素，但关键的一点是它根据消费者的生活要求，发现了潜在的需求——洗得干净，就得除菌。

有的时候，创业者会突然发现自己面对的需求有很多，甚至达到上百种。从项目选择的角度讲，并不是每一种需求都能直接成为好的项目。要提高项目运作的成功率，必须对该产品需求进行充分的调查与分析。

5.4.2　市场需求调查与分析

在发现了一些似乎有市场需求的产品项目后，我们要做系统的市场需求分析，以确定该产品项目的市场潜力。简单地说，就是了解项目经营所在地有多少人需要此项产品，主要是估计市场规模的大小及产品潜在需求量，即市场容量。市场容量是指在不考虑产品价格或供应商的策略的前提下，市场在一定时期内能够吸纳某种产品或劳务的单位数目，所以市场容量实际上就相当于需求量。在常规市场容量调查中，普通消费品必须由消费者调查来进行，具体地应该了解当地市场的人口构成和消费习惯，包括年龄、性别、职业、工资收入、文化程度、居住地点、价格标准、购买习惯、生活方式、购买动机和使用方法等内容。对于工业用户的产品，则应了解清楚有关行业、代表性企业规模、货源供应、存在问题、采购方法和企业负责人等。对中间批发企业和零售企业所需了解的情况基本与工业用户相同。

调查分析的操作步骤如下：

(1) 确定目标市场。在市场总人口数中确定某一细分市场的目标市场总人数，此总人数是潜在顾客人数的最大极限，可用来计算未来或潜在的需求量。

(2) 确定地理区域的目标市场。算出目标市场占总人口数的百分比，再将此百分比乘上地理区域的总人口数，就可以确定该区域目标市场数目的多寡。

(3) 考虑消费限制条件。考虑产品是否有某些限制条件足以减少目标市场的数量。比如说，在西安购买冬季半身裙的客户会明显低于广州。

(4) 计算每位顾客每年平均购买数量。从购买率/购买习惯中，即可算出每人每年平均购买量。

(5) 计算同类产品每年购买的总数量。区域内的顾客人数乘以每人每年平均购买的数量就可算出总购买数量。

(6) 利用一定的定价方法,算出产品的平均价格。

(7) 计算购买的总金额。把第(5)项所求得的购买总金额,乘以第(6)项所求得的平均价格,即可算出购买的总金额。

(8) 需要考虑的其他因素。有关产品需求的其他因素,例如,若是经济状况、人口变动、消费者偏好及生活方式等有所改变,则必须分析其对产品需求的影响。根据这些信息,客观地调查第(8)项所获得的数据,即可合理地预测在总销售额及顾客人数中公司的潜在购买量。

然而,常规的市场容量调查,调研时间周期比较长而且直接支出的费用非常昂贵。用竞争情报方法来分析市场容量,可以从不同的角度进行,方法简单直接而且费用相对低廉。掌握竞争对手情报,目的是为了做到知己知彼。当对自己产品的市场容量感到困惑的时候,不妨从以下几个方面来估计市场容量:

(1) 竞争对手销售数据以及产品市场占有率。

(2) 行业协会或行业大数据提供的产品市场容量情况。

(3) 行业资深人士对产品市场容量的判断和发展趋势分析。

对于行业企业较多,产品知名度低,品牌不集中的产品,按照以上方法搜集相关二手信息来做分析,更为简单,且费用较低。做好线下传统企业与做好淘宝店一样,入市前期都需要做市场需求分析。随着淘宝线上零售业绩不断发展,越来越多的传统企业开始关心电子商务,希望透过淘宝的大数据平台来为企业提供品牌和产品定位的最新视角,利用精准的线上交易数据为店铺开张做指导。

关于行业信息的搜集,既可以用前面介绍过的免费的"淘宝指数"来做,也可以利用淘宝的另一个收费数据平台"数据魔方"。"数据魔方"有很多实用功能,如其中一项服务就是主要帮助中小卖家在进入新行业或开发新产品时做市场环境分析。比如某段时期玩具行业卖家数量出现下滑,对新进入行业卖家则是很好的警示作用。再比如,我们可以从大量的交易数据中测算出目标顾客在一定时间内的产品需求量。

案例:

从交易数据来测算目标顾客需求量

用户产生购买行为后,就从潜在客户变成了价值客户,而数据解析客户的意义也就在于从购买时间、商品、数量、支付金额等行为数据评价客户的价值,这是有一定成交量的卖家的进阶式数据分析方法。

传统线下渠道获取消费者信息的方式一般是通过向数据公司购买数据,或者委托调研公司经过周密漫长的用户调研得出一份报告。而电商模式下,我们可以用更小成本获取海量交易数据,进而分析消费者特征,定位目标消费人群。

数据魔方的大量数据都是源自成交,可以帮助商家理解消费行为。举一个实际的案例:我们来查看"面膜"类目的成交数据,包括标价分布和单价分布之间的对比。一个月内,面膜的成交商品标价分布最多区间是5.5～7元,而成交人数的客单价(消费者累计购买金额)分布最多的区间是58～67元,就可算出平均一个用户会购买的面膜数量为10片。

继续查看消费者的购买频次分布:在该时段内购买一次的消费者数量占8成,我们可得出大致的结论：一般购买面膜的消费者通常在1个月内购买一次，并且购买一次的面膜片数大概是10片，搭配销售、组合销售时推出10片装优惠套装，或者关联其他不同类的面膜，就最符合消费者购物特性。大多数消费者在网上一次购买的片数是10片，只要套装组合不偏离太多，消费者潜意识就更容易接受卖家的商品。而实际的抽样采访结论是：一般的女性消费者1月内的面膜使用量约为4～8片。

另外，我们可以通过查看正在调查的产品关键词在淘宝全网的搜索详情，查看商品的热搜趋势，这是对市场需求与市场环境的深度分析和体现。

以电商为例，市场环境分析大致可分为以下几个方面。

(1) 店铺定位。子行业何时进入竞争较小，子行业在其一级类目下的占比，行业内卖家数量及地域等级分布等，数据产品都有体现。当卖家计划进入某一行业时，就可以了解这一行业的竞争环境：是依靠硬实力比拼竞争激烈的热门行业，还是抢占市场份额较少、竞争相对小的蓝海行业。选择什么季节什么时间点进入该行业，什么季节要控制库存清仓销售，什么季节要提前安排生产等，这些数据是淘宝海量消费需求的真实客观反映。

(2) 产品的定位。卖家可以通过参考当前的热销宝贝，了解宝贝特性，从而发现消费者喜好。热销属性排行可帮助我们判断淘宝最热销的宝贝属于哪种特征的商品。而属性可以告诉我们更多有关商品特征的秘密，比如当前消费者更偏好哪种具体规格、型号、款式、颜色、材质的宝贝。卖家在进入淘宝前，可以挖掘这些数据为产品定位做参考，方便后续的选款和生产计划制定。对于品牌知名度不是很高的商品，企业的设计部门以及设计师的灵感来源更需要数据做支撑，而如果丢失了严谨的数据支持，感性的设计就会承担较大的商业风险。事实上，以宝洁公司为代表的快速消费品巨头，也非常重视产品热销特征的数据挖掘，为未来的新品研发做指导。因此中小卖家在品牌知名度无法与大品牌媲美时，如果在操作方法上做到规范，同样可以获得相对的竞争优势。

(3) 品牌定位。除了热销属性外，我们还要参看热销品牌和热销产品。有能力成为淘宝的热销商品，一定有其过人之处，我们需要透过数据研究其中的秘密所在。首先查看某一时间段内女装类目下的热销品牌，如需研究更细分的市场，则需要查看子行业下的热销品牌。品牌详情包括了该品牌更详细的成交数据，基本可以帮助卖家对某个品牌在淘宝对应行业的情况做全面了解。在这样的基础上，卖家可以定义品牌差异化，做自己独特的品牌定位，瞄准市场做接下来的推广。

(4) 有关产品热销特征的定位。这些热销特征会涉及产品价格、款式细节、颜色、套餐搭配等非常具体的指标，是一家企业企划部或者产品研发部需要重点关注的数据。以服装类目为例，虽然大部分时间里，设计师的灵感或运营者的以往经验是成衣风格款式形成的关键，但淘宝多年沉淀的市场数据也为产品策略提供了较多支持。热销特征还会包括不同产品价格区间的成交情况，当一间店铺的宝贝细分为引流款、爆款、基本款时，这三类产品不同的定价策略就可以参考行业的标价分布与行业的平均客单价分布趋势。电子商务价格的透明大大方便了消费者比价，消费者有足够的时间和精力经过对比后再产生购买决定。价格作为商品最直接的导致消费的因素，需要完整而慎重的决定，此时观察市场价格就变得非常重要。一个90后服装店的老板反馈，她在选择服装产品时，除凭借个人经验外，更多是参考同款商品销量高的卖家，从款式细节、定价促销、上新时间、标题关键词选择上，都采取模仿和跟随大卖家的战略。

(5) 目标客户定位。消费者数据其他的重要维度是性别、年龄、地域分布，这决定了消费群体的人口统计属性。在“数据魔方”里我们不仅可以查看某行业的人口统计数据，还可以查看某个具体品牌、产品以及属性下商品的消费者数据。以 iPhone 4s 和 Samsung Galaxy 3 为例：三星的男性比例比苹果高；苹果的主力购买人群是 18～24 岁，与三星的 25 岁以上的人群相比更年轻；江浙沪和珠三角地区对苹果的钟爱度更高。而偏爱三星的人群更多分布在北方和西南等地区的城市，地域的差异性非常大。

相比不熟悉淘宝规则及操作方法，淘宝新卖家对线上零售环境的理解缺失更为致命。商家既然跟随互联网脚步进入了电子商务时代，数据化手段得出店铺的“定位”就不该被轻易忽视。电子商务与线下零售相比，有直接获得第一手信息的优势，而海量成交数据被挖掘提炼之后，能组合成可视化的报表方便商家去做决策。

除了被动的迎合市场，我们也可以尝试主动营销，引导消费者的消费。

案例：

产品重新定位　创造需求

去过日本的朋友都知道日本人都会随身携带一块手帕，几乎没有人使用餐巾纸。因为，为了保护森林资源，日本对使用餐巾纸有明确限制！成都女孩李玲到日本旅游时发现了这一点，认为出于环保的目的，感觉搞绿色经济，卖手帕可能大有可为。此后，李玲辞职创业。然而李玲的创业首先要面对的问题就是，中国人没有使用手帕用来替代餐巾纸的习惯，对手帕产品没有需求的市场。

解决对策：对产品重新进行定位。李玲发现节能环保这些绿色概念虽然人人挂在嘴边，但是真正为了这个牺牲自己利益的人很少。她在实践中发现，即使以成本价倾销，即使主打环保牌也最多不赚不赔。为此，她专门找人重新设计了手帕，不过效果不够显著，一方面高端大气的优秀设计师价格很贵，而自己的产品是薄利多销怎么可能请得起，自己的设计师就是一所高校的大三学生罢了。既然不能主打美观，李玲又想到了实用。作为旅游爱好者的李玲深有体会，初到一个城市，游客对当地的名胜古迹和交通路线都不熟悉，出行很是不便。这时，她突然灵机一动：若将路段、景区、宾馆、交通等元素以地图的形式展示在一方手帕上，不就轻松地解决了旅行者的麻烦吗？传统的地图错综复杂，而且旅行结束后往往弃之于垃圾箱，手帕则不然，旅行时，旅行者把手帕拿在手上，既可以当地图，又可以擦汗；旅行结束后可以继续使用，还可以留作纪念。除了在手帕的内容上不断创新之外，李玲还在手帕的销售形式上狠下功夫：2010 年情人节，李玲推出了情侣手帕 DIY 活动，情侣可以把自己喜欢的图案或照片拿到店里，为他们量身设计手帕。积极借助互联网、线下团购等商业模式，“团购如果可以促销，为什么不用?”李玲如是说。除了店面销售之外，李玲还另辟蹊径，到一些公司和企业联系团购业务。2010 年“三八”妇女节前，在李玲的公关下，有 20 多家公司和企业向李玲订购了手帕，作为节日礼品发放给女员工。仅此一役，李玲就销售了近 2 万条手帕，获利近 5 万元。

5.4.3　项目评估

在本章第二节介绍的决策方法中，有一个对企业或项目的优势、劣势、机会和威胁的全面评估的方法，称为 SWOT 分析，这是一种客观的分析方法，对于创业者分析创业项目十分有帮助。

可以尝试对自己的项目进行简单的分析，也许会对项目是否可行有一个更全面的认识。比如你正准备尝试推出一个极具潜力的 Blog 网站，那么想想你的优势(S)是什么？优势不仅仅是你会什么或你有什么，而是指竞争优势，也就是你具备而其他人或竞争者可能不完全具备的，比如核心的技术、大量现成的用户、先发优势、符合用户的消费习惯、行业中的地位等。然后想想你的劣势(W)，比如你有想法但并没有技术实现的能力、没有维持项目启动和发展的资金或者还没有组建起团队等。如果有些劣势可能会影响到项目成败，那基本上是"一票否决制"。所谓机会(O)，就是市场上存在什么机遇，是处于行业的创新期、旋风期、还是成熟期，一般来说，处于创新期和旋风期的结合点是最佳的时间段，太早容易成为"先烈"，太晚就没有创业机会了(但是对资源拥有者依然是机会)。威胁(T)则主要考虑政策的风险、更有实力的竞争者介入、人员流失或生存压力等。

这里特别需要注意，分析的过程中不要有太多的假设和如果。我们听过太多人在分析项目时说着这样的话：如果有了访问量之后，如果有了投资，如果吸引到多少客户，如果能占据多大的市场份额……所有基于假设的推论都是不现实的。为了避免这种情况，可以将 SWCT 方法与德尔菲法或点式计划法配合使用。德尔菲法就是专家调查法，通过设计项目的 S、W、O、T 各项，让专家评点，根据回收调查结果，再进行第二轮重复操作，直到专家达成一致意见。点式计划法更加简单易行，在创业团队成员每人都将自己认为 S、W、O、T 各项列出，然后张贴在墙上，成员们分别根据列表中重要性贴上圆点(一般用三种颜色表示)，选择权重最大者作为结论。对于创业团队来说，知道这些简单的管理工具，就可能做到事半功倍。

案例：

创业成功需要资源

赵先生的创业是在工作三年后开始的，此前一直在药品领域从事销售工作。由于年龄原因，加上家人的婚期催促，让他意识到单凭依靠薪水买房、结婚，似乎遥遥无期。于是，利用工作之余四处寻找可做的项目。

缘于一次偶然的业务关系，参加当地的贸易洽谈会，发现了一个保健品项目，类似于安利等直销公司的食疗性保健品。从现场的初步洽谈，到二次沟通，使得赵先生最终下定决心，利用手头所积攒的 5 万余元，拼搏一把，从厂家订了一批货。在正式发货前，赵先生已将目标市场筛选了几遍，最终锁定了老家平顶山。在他看来，毕竟老家还有一些关系资源。赵先生将创业的想法与家人沟通了一下，首先赢得了女友的支持，家人方面虽然顾虑重重，但也未多加干涉。

赵先生采取了零店铺形式，即采用了安利的模式，运用人员推广和口碑传播形式进行推广，只不过所销售的产品不同，价格相对偏低，比较吻合当地大众需求。在价格上进行区分，也正是赵先生经营的一个策略。

由于资金实力相对有限，赵先生在产品上仅选择了大众从电视广告上熟知的补钙类产品。赵先生和其女友负责顾客的开发，同时又招了一个人，一同做市场兼送货。俗话说：万事开头难，尤其是对于保健品而言，在一无渠道、二无顾客资源的前提下拓展市场，难度可想而知。但赵先生他们工作相当卖力，通过 3 个月的奔跑，也陆续开发了一些客户，将产品分销出去了一部分。但库存还是很多。赵先生所招的人员失去了耐性，选择了退出。但赵先生和其女友仍在坚持，在第 3 个月时，赵先生通过其部队的一个顾客的转介绍，在一天时间，销售了近 3 000

元的产品。这一次成功的销售让赵先生看到了曙光，信心又增加了很多。

然而，正在其信心倍增之际，当时借给赵先生创业2万元钱的一位朋友临时需要用钱，开始催促赵先生提前还钱。祸不单行，赵先生女朋友的母亲，看到邻居家跟女儿一样的同龄人找了一门好亲事，可回过头看看自己的女儿，尽管大学毕业了，却还在居无定所，整天辛苦地奔来跑去，为女儿的将来叹息起来，开始怀疑赵先生的能力和他们在一起的可能性。

最终赵先生狠下心来，找到一家保健品店，将货折价盘了出去，结束了创业的生涯。赵先生的这个创业历程前后经历了半年，前后投入了近6万元，除去折价销掉的产品，赵先生在此次创业中赔了近3万元。

以上面赵先生的案例为例，其实，只要他稍微冷静地思考一下自己做这个项目的优势，那么，在没有应对项目经营的劣势与威胁的对策之前，就不会如此匆忙地开始这次创业。

内部分析 / 外部分析	优势(S) 1. 原本就做药品销售，有一定经验； 2. 直销，售价低。	劣势(W) 1. 无店铺，没有渠道； 2. 无客户积累； 3. 运营资金紧缺，且构成大多为私人借贷，风险较大。
机会(O) 人们收入提高，对补钙保健品普遍认可	SO	WO
威胁(T) 产品差异小，行业竞争大	ST	WT

5.4.4 选择最适合的项目

在经过需求挖掘、需求分析、项目评估后，如果仍有多项项目可供选择时，创业者就要从自身实际条件出发进行选择。很多项目确实很好，但是如果其对投资者自身的要求已经超过了投资者的能力范围，项目的投资风险会变大。科学地进行项目选择时，要根据自身条件，结合性格、兴趣、专长、实力、环境等多方面综合考虑。

案例：

80后小伙项目选择——用数据为电影"算命"

"每天除了吃饭和极少时间的睡觉之外，陪伴我的只有数据。"论体重当属"重量级"的80后小伙子刘晗，常常这样形容自己每天的生活。被称为"数据哥"的刘晗，正致力于通过对海量数据的分析，瞄准整个电影产业，用数据给电影"把脉算命"，解读其背后的"数据现象"。如今在行业"算"出了名气的刘晗，现在会被人直呼为"算命先生"。

"数据中有很多让人意想不到的奥秘和令人折服的魅力，它的商业价值潜力无穷。"刘晗告诉记者。新浪微博中，80%的用户都非常关注明星，在新浪每天"生产"的1亿多条微博中，有相当一部分是关于明星、艺人、娱乐、影讯之类，"这给了我很大的启发"。

一次偶然的"邂逅"后，刘晗最终选择电影作为数据分析创业的方向。刘晗一直对 20 世纪 80 年代的一部影片《再见七日情》中的一些情节设计十分不解。但一次与该片导演张坚庭的深聊，让他对电影产生了浓厚的兴趣。"这种带有时代痕迹的影片，给了我很多思考和启发。"刘晗说，自那以后，"我就觉得，如果能为电影、为人们做点事情，太有意义了。"

思考再三后，善于发挥创造力和想象力的刘晗着手试图带领自己的团队，凭借研究出的 iFilm＋数据技术平台，选定电影领域，向属于自己的事业进军。2013 年 6 月，刘晗在中关村注册成立新影数讯网络科技（北京）有限公司（以下简称"新影数讯"）。

2012 年 11 月 9 日，即在《一九四二》全国公开上映的前 20 天，刘晗发出一条微博，在网络上引起了不小反响："各位关心《一九四二》的同学们，其实我也是很爱冯导的，希望票房能到 6 亿元。但无奈历史数据显示在 Q4（第四季度——记者注）后半段贺岁档上映的片子里，历史题材的悲剧往往票房不佳。根据 iFilm＋后台系统测算，目前的档期和宣传反馈，预估票房 3.8 亿元左右。"

"预估票房仅 3.8 亿元左右"，在众多网友纷纷猜测《一九四二》票房将破 7 亿元的"大潮"中，刘晗遭到"炮轰"，甚至主创团队和华谊兄弟也找到他，质疑他"为什么要和我们作对"。但是，数周后，《一九四二》3.64 亿元的最终票房证明了刘晗用大数据"算"出来的结果的精确性。

精准的票房预测，折服了越来越多人。新影数讯成立至今一年多的时间里，刘晗带领着团队，已经预测了 120 部影片的最终票房情况，在投资回报的盈亏预测上，从未失误过。"我们是通过影名、剧本、角色、演员阵容、宣传情况、主题曲等 70 多个维度和变量，通过后台数据分析来综合测评的。"刘晗说，"这些维度和变量还在不断地完善与追加中。"

截至目前，新影数讯已经掌握了 6 万部电影、6 万名艺人、4 000 位导演的数据资料，并能对微博关注影视娱乐的 1.2 亿人进行科学的偏好分析。在这些掌握的大量数据基础之上，刘晗团队开发的 iFilm＋系统预测一部电影的市场表现等情况，准确率可以高达 80%。

——来源：《中国青年报》

案例中的刘晗，是一个很有想象力、对数据敏感也有数据处理技术的人。他从日常生活中发现了人们对明星、电影话题的热衷度，并在与电影导演的交谈中挖掘了电影行业对票房预测的需求。在此基础上，经过对项目的综合评估，结合自己的兴趣和特长，选择了"新影数讯"项目，因此也获得了成功。

5.5　商业情报在直接竞争中的应用

除了政策、法律法规等外部环境的变化会影响企业的经营外，市场的动态、替代产品的出现、潜在竞争对手的出现，都可能对企业自身的经营造成可大可小的影响，甚至是致命的打击，因此随时掌握市场动态，调整产品生产、市场策略及经营方向，对企业避开市场风险、稳健经营及持续发展是至关重要的。

5.5.1　辨识自己的竞争对手

在同业竞争中有许多竞争者参与竞争，然而一个资源有限的企业不可能把同行业中所有的竞争参与者作为自己的竞争对手。这里需要明确竞争对手的概念。同行业中竞争的参与者并不都是竞争对手,只有那些有能力与企业相抗衡的竞争者才是竞争对手。企业在选择竞争对手的时候与自身的战略定位是有关系的。

1. 竞争领域的选择。我们知道一个行业中会有很多细分市场,企业对细分市场的选择,就是选择了自己在这个细分领域的竞争对手。

2. 竞争区域的选择。对于一个企业来说,在这个区域可能是你的主要竞争对手的一家企业,在另外一个区域可能是另外一家企业。在全国范围内,又会出现其他竞争对手。所以企业需要关注的是多层次的竞争对手。

3. 竞争目标的选择。每一个企业都会有自己的愿景,也就是企业对未来的一种预期。这种预期决定了企业为之奋斗的目标。在企业实现目标的道路上,会出现很多来自竞争者的阻碍,在这些阻碍中,主要的阻碍便来自于竞争对手。

企业通过对上述三个方面的分析,便可以得出自己的主要竞争对手是谁,然后对每一个竞争对手给出一个清晰地描述,包括在哪个领域、哪个区域以及对企业实现目标的压力是什么。现在有很多关于这方面的大数据应用工具,比如,淘宝情报是淘宝第一份给卖家量身打造的数据情报。

5.5.2 利用竞争情报赢得优势

在竞争越来越激烈的市场上,最难办的事情之一就是如何定位自己的特色产品或服务,并制定适当的价格。这就要求你养成一种习惯,并不断地提高自己搜集商业情报的能力,尽可能多地获取竞争对手的信息,利用互联网、竞争对手举办的各种研讨会和新闻发布会、社会关系等途径,系统搜集竞争对手的信息。

为了了解产品的市场潜力,必须深入调查四个层面的内容:其一是相关行业政策,包括产品的标准制定,需要第一时间掌握;其二是产品的市场容量;其三是技术的最新发展情况,特别是关键技术创新和动态;其四是标杆企业的研发状况、新产品的推出等。从情报信息来源来看,这些内容一方面可以从公开渠道获取,比如网站(包括相关政府部门和企业网站)、报刊等,另一方面可以和相关研发机构,比如高校、一些研究所建立联系,了解这些机构的研发项目,同时还必须在各个标杆企业建立一定的信息渠道,了解相关企业的产品研发情况。

具体操作方案如下:

1. 对公开信息进行日常动态收集。目前市场上有部分竞争情报服务软件,专门用于网上信息收集,只要设定关键词,软件会自动从网上抓取需要的信息,并进行简单的分类,形成基础信息。

2. 建立研发机构信息源。对产品进行研究的研发机构,比如有政府背景的研究所、行业协会、高等院校等,包括国外的研发机构,要重视与它们建立联系,了解其技术研究、项目进展,并且寻求一定的合作。这样做一方面可以了解最新的技术发展,也可以获取部分合作项目。

3. 建立标杆企业信息源。各类产品的领头企业,是最新技术的使用者,所有的技术最后都体现在新产品的研发上,同时这些企业也是客户的主要竞争对手,因此建立标杆企业信息源特别重要。这项工作首先要确定标杆企业,然后在目标企业的研发机构建立一定的人际关系,对研发机构进行动态监测,以了解最新的技术进展和新产品的研发情况。

案例：

施乐公司运用情报分析竞争对手　反败为胜

美国施乐公司作为世界复印机行业的巨人之一，于 20 世纪 60 年代在世界首次推出办公用复印机，改变了人们的工作方式，施乐公司也因此垄断世界复印机市场长达 10 多年之久。

随着理光、佳能等日本企业先后进入复印机市场，该行业的竞争日益激烈，施乐公司又忽视了全球性的竞争威胁情报研究，不能及时对经营战略进行调整，最后被迫进入防御状态。到 20 世纪 80 年代初，施乐公司的复印机全球市场份额由 82%下降到 35%。这时施乐公司才开始分析日本的产品和价格，结果令他们大吃一惊，日本佳能公司竟然以施乐公司的成本价销售复印机。与其他美国企业一样，施乐公司起初怀疑日本产品质量差，但事实并非如此；施乐公司又认为日本产品采取低价倾销策略，肯定赚不到钱，结果又错了。经过对日本产品深入细致的竞争情报分析对比后，施乐公司才发现竞争对手企业在产品导入市场期间投入的人力都只有本公司的 1/2，而且设备安装时间仅是本公司的 1/3，这就是竞争对手可以大幅度降价的关键原因。

为了夺回已失去的市场份额，施乐公司加强了对竞争对手情报的搜集、处理和分析工作，成立了专门的竞争情报研究部门。为了时刻获得情报信息，施乐公司在 3 个层次上开展了竞争情报研究。

第一个层次，全球性的。由施乐公司的营业部负责收集和分析影响公司长期计划或战略计划的信息。

第二个层次，全国性的。由美国顾客服务部收集美国国内的竞争情报。

第三个层次，地区性的。充分利用公司遍布在美国的 37 个销售服务网点，要求通过各自的市场经理收集和分析所在地区的信息，并在此基础上建立"竞争数据库"和"顾客数据库"。而且为了实施竞争情报分析，施乐公司还成立了竞争评估实验室，组织实施反向工程(reverse engineering)，专门用以剖析竞争对手产品或有竞争威胁的产品。情报专家们通过合法渠道将这些产品买来并拆开，对其进行非常细致的分析，包括每一个细节、每一个特点、每一个优点和每一个缺点，尤其是公司可能面临的专利技术和秘密技术的应用及其特点，以了解竞争对手产品降低成本、提高质量的实用方法和制造原理，尔后将分析报告传送给设计师和工程师，使他们能够了解竞争对手的产品开发动态。这些竞争策略的实施使施乐公司最终从日本佳能公司那里夺回了其应有的市场份额。

实践证明，由于运用竞争情报，使施乐公司面对众多的对手，特别是不断地有强大的新对手加入时，能够处乱不惊，从大局着眼把握竞争形势，始终保持竞争的主动性。关于竞争情报的重要性，施乐公司的副总裁 Judity M. Vezmar 认为："竞争情报应成为企业营销活动的一部分，每一项受竞争影响的活动都需要竞争情报，而且最重要的是要确保将正确的信息在正确的时间里传递给正确的人。"

5.5.3　监测企业的竞争力

我们总会听到有人说，某企业在国内市场上具有很强的竞争力。那么竞争力到底有多强，与竞争对手相比强在哪里，却没有一个准确的说法。企业竞争力监测可以在一定的程度上解决这个问题。

中国社会科学院工业经济研究所早在 1995～1998 年间就进行了"中国企业国际竞争力研

究”。在上述成果的基础上，由国内著名的产业经济学家金培教授主持，借助《中国经营报》的媒体优势，完成了中国经营报企业竞争力监测项目。并对国内的上市公司进行了竞争力的排名，形成了一套竞争力监测指标体系。在这套指标体系里面包括了显示性指标和分析性指标。显示性指标是竞争力强弱的结果，分析性指标是竞争力强弱的原因。企业建立自己完善的竞争力监测体系，最重要的是理顺了思路，使原来掌握的竞争对手的凌乱的资料更加系统化。同时通过对竞争对手的监测，企业了解了竞争对手的状况，也明白了自身竞争力强弱的原因，为企业的决策提供科学的依据。

行业发展、技术进步等信息对小微企业紧跟潮流，提高自身竞争力也是非常重要的，因此企业主在盯着宏观环境变化、竞争对手的一举一动的同时，要时刻关心自身行业的发展、相关技术的进步，以便自身能及时对产品、管理及生产条件的提升进行升级或更新换代，从而在市场或内部管理中获得竞争优势。

5.6 商业情报在营销决策方面的应用

现在的企业不是“大鱼吃小鱼”，而是“快鱼吃慢鱼”，将商业情报应用于企业营销决策方面，提高企业的市场反应能力，十分重要。近年来，随着企业竞争的日益加剧，广告对社会经济尤其是对当代企业的产品销售起着越来越重要的作用，已成为企业传播商品信息、实现经营利润的重要营销手段之一。我国的广告业也呈现出快速发展的趋势，据 CTR 的广告监测报告显示，2008 年我国的广告市场规模已达到 4 413 亿元人民币，超过日本位居全球第二位。在各种竞争情报二手信息资源中，竞争企业（品牌）广告监测数据是相对比较可靠的来源之一。本节以广告投放监测中得来的情报应用于营销决策为例来具体展开阐述。

在中国市场，虽然广告媒体众多，但依据主流媒体范畴来进行的跨品类广告监测作业还是能够为大多数企业的市场营销部门所有。如果你从事的是 B2B 业务，竞争对手也可能在非常集中的几种行业刊物和行业网站上投放广告。在广告策略中，企业很难实施迷惑竞争对手的障眼法，因为广告的唯一主动沟通对象是最终消费者。通过对竞争对手商业广告所刊登的媒体类型、篇幅大小、电视广告播出时段、播出频道、价格情况、广告用语等进行竞争情报意义上的解读，可以了解到竞争对手的竞争目标、产品定位、主要产品分布、定价策略、销售渠道、销售范围、现有优势、专利情况、所提供的服务等方面的信息。

4P 营销组合理论依然是非常实用的工具。通过广告监测数据的搜集，我们可以按照营销组合的四个要素来搜集和整理竞争对手的营销策略情报，并将其应用到营销决策中。

5.6.1 产品策略（Product）

1. 新产品信息

99％的广告都是产品广告，而其中至少又有 90％是新产品广告。按照产品生命周期理论，厂商对产品的广告投资的峰值一般出现在成熟期结束之前。但对于同类产品的后继型号来说，投入更多的是在单项产品的介绍期。这两项交叠占据了广告投资行为的绝大部分。有很多行业的新产品信息如果等对手上市后才得知就为时已晚，所以来自广告监测的新产品信息往往不能提供企业先发制人的机会。但广告投入开始后，企业可以精确洞察对手在产品广告表现上所建立的独特销售卖点（USP），从而确定对手在产品定位上的策略走向。例如，手机产品往往不以产品形象作为主体，而使用消费者形象、应用场景和氛围来表达细分市场意图。即使是明确的商务手机子类，也有不同的平台、功能组合和产品外观方面的选择。如果能够进一步结合广告投资额的监测，则能够更加明确对手的主要产品战略意图。广告投资一般是巨大的，回报也有一定的周期要求，所以通过这一渠道所搜集的信息和分析结论比行业专家访谈还要可靠。

竞争对手的产品策略通常可以通过双坐标象限分析法来视觉化。通常选择产品开发和生产的成本动因或对不同细分市场的覆盖作为坐标。前者更加适合集中性强的行业，后者则更加适合零散行业。但要注意一种特殊情况。我们所说的新产品一般是现有产品种类中厂商的不同品牌和型号的产品，当企业准备推出全新类别的产品时，大多数企业不会在市场导入期就投入大量的广告费，因此媒体覆盖规模一定会非常有限，所以高覆盖率的广告监测工作能够帮助企业有效地捕捉一些蛛丝马迹。当然如果竞争企业完全通过内部渠道进行试销，而不投入任何额外广告费用，我们就难有作为了。

很多类目的产品广告中会流露出产品的特性信息。这其中不乏有效的竞争情报来源。对于服务业来说，广告经常描述服务的流程和对消费者的承诺，这些都是标杆分析的重要资源。广告开支通常都是巨大的，因此来自广告监测的信息搜集不容易受到障眼法的影响，相对更加可信。

2. 产品组合和产品线策略

除了对单项产品的营销组合进行分析外，企业的广告策略也反映了其产品组合和产品线策略。大多数拥有多种产品的品牌并不会均匀地投资广告开支在每一种产品上，而一定会有重点对象。通过观察竞争者广告费用在不同产品上的分布，我们可以了解其产品线策略的具体内容。例如，有些品牌会重视对其高端型号产品的广告投资，希望借以高端产品的质量和形象口碑来带动中低端型号的销售，使用这个策略的厂商往往会集中广告投资，希望达到举一反三的效果。拥有多条产品线的企业还会进行产品线之间的合作广告，日本企业大多都执行这一策略，松下、佳能、夏普等品牌都通过大版面的报纸广告来对下属多条产品线进行广告。这些事实通过针对竞争对手的广告监测是很容易被挖掘的。

3. 监测产品生命周期

可以通过监测发布频率来考查其产品所处的生命周期，当呈现上升趋势时可以判断该产品目前处于市场引入期、成长阶段，当呈现下降趋势时可以判断其产品进入饱和期、衰退期。

5.6.2 价格策略(Price)

依靠广告监测要想完整了解竞争对手的价格策略是比较困难的，好在竞争者的价格信息往往并不是秘密，经营者自身或者通过一些零售研究数据都可以准确地获得。获得竞争产品当前的静态价格水平本身的策略意义并不大，因为价格水平往往是供需关系和竞争力量制衡后的结果。厂商主要需要关注的是竞争者的价格调整，尤其是降价和折扣行为的发生，因为这是改变竞争关系的原始动力之一。

产品降低价格销售往往伴随着广告投入，因为企业总希望在降价的同时获得单位时间内更大的销量，以期得到更加优化的价量关系。这个时候，广告监测的作用就能够凸显出来。在很多类目，这样的行为天天都在发生，例如家用电器、手机、汽车、家居产品、房地产乃至各种快速消费品。需要注意的是，通过分销渠道销售的厂商价格调整往往会通过零售商的广告表现出来，所以在进行广告监测数据汇报过程中，一般我们需要同时界定广告主企业和品牌（产品)。

企业也可能在不降低绝对价格的情况下提供更多的量和服务,实际上等同于改变价格。对于这种情况,就更加需要依靠广告监测工作来进行跟踪。在很多零售行业,针对竞争对手进行的基准商品价格跟踪是一件非常重要的工作,而基准商品价格的计算还需要综合衡量各种赠券、赠品、买一送一等促销活动的影响。

5.6.3 渠道策略(Place)

1. 直销

相同产品类目下的销售渠道模式基本是趋同的,例如快速消费品、汽车、家电、手机等以分销为主,而房地产、服务业等则大多数是通过直销。但是,我们依然可以通过广告监测数据了解到不同厂商的渠道创新。在传统以分销为主的行业中,可以观察那些建立了部分直销机制的厂商,通过广告内容,了解其渠道策略转变的动因,估计其成效和在当前策略中直销所占的比例,评估其顾客反馈处理设施与规模。2008 年以来,越来越多的品牌主开始考量互联网 B2C 电子商务策略,并有很多厂商建立自己品牌的直销网站或者开设在淘宝商城上。这些渠道行为大多在广告内容上有直接体现,尤其是互联网媒体上的传播。

2. 分销

对于以分销为主的企业,广告媒体的选择一般和所进入的市场区域直接相关。通过广告监测的地方性媒体分类分析,可以清楚地看到竞争对手如何界定核心市场和周边市场。通过动态的监测,也可了解到其区域扩展的策略。

部分产品类目的品牌广告列出区域经销商或零售商,例如汽车和时装,通过广告监测可以搜集到相对比较完整的竞争对手渠道成员名单。对于渠道成员的研究也可以判断竞争对手的基本渠道策略要素,包括渠道的长度、宽度和分级措施。有些广告主会采用补贴渠道成员的方式由代理商来投放广告,这时广告监测工作将会有一些难度,因为广告主企业可能是另一家独立企业,并有可能和竞争商品同时刊载。

还有一些广告主在广告表现上透露出其含糊的渠道策略,既有直接销售,也有渠道购买信息,从长期来看,除非该类商品有特殊的价格保护,否则这些厂商必然会遇到渠道冲突的问题。对于这种现象,企业在竞争对手渠道策略研究时也应考虑到。

5.6.4 促销策略(Promotion)

最后,来看一下广告监测和竞争品牌促销策略的评估。这显然是广告监测最显要的职能,因为广告本身就是企业促销策略的最直接体现。

1. 基本市场策略

厂商的基本市场策略主要包括市场定位、产品定位和独特销售利益组合等几个方面。虽然每个企业都有相对稳定的市场策略组合,但只要有竞争力量的存在,以及顾客群体本身的变迁,这些策略组合实际上都在不断发生变化。针对竞争品牌的广告监测最为核心的职能就是通过中长期的观察来确定每个竞争对手的基本市场策略变迁。一般可以通过多象限的定位图来描绘每个竞争者当前所在的位置。

我们可以从广告创意中解读竞争者的市场定位,也就是说服务哪个或哪些细分市场。同时我们还能观察其产品和服务利益强调的重点来分析其产品定位,也就是说他们将如何在这个细分市场进行差异化销售。独特销售利益组合是厂商在广告中建立顾客认知、记忆、行动和反馈的最终手段。

2. 传播手段

传播手段包括厂商所使用的媒体组合策略、广告周期性、密度和频度、创意诉求的方法、使用的代言人、广告所期望达到的直接营销效果。这部分通常包含极大的信息量，所幸的是通过广告监测得到这些情报并不难。

广告监测数据不仅回答了竞争品牌使用了哪些种类的媒体(电视、电台、报刊、互联网和户外等)，还能够直接了解其具体的媒体选择，数量和质量上的分布。通过这些数据的分析，企业可以有效地制定有针对性的竞争和防御策略。广告周期性特征、广告的密度和频度反映了企业广告开支水平和投入模型。在大多数产品和服务中，假定其他条件不变，广告开支水平一般和销量有正面联系，只是由于竞争的发生，实际的市场份额变化幅度还和广告开支的变化幅度相关。研究竞争品牌的广告周期性特征、密度和频度可以有效地制定最佳广告时机，选择竞争噪音最小的时间段进行投放。

创意诉求方法一般有很强的行业特征，例如快速消费品、化妆品等常用感性诉求，3C 产品、汽车、房地产等常用理性诉求。但是每个行业内都有例外，总有厂商追求差异化优势。即使诉求基本方法一致，各家采用的具体手法也不尽相同。监测这些信息对营销者来说可以帮助规避雷同创意诉求，确保既定的差异化目标能够有效实现。

除了以上所谈到的针对竞争对手实施的广告监测工作外，还建议厂商可以跨行业观察其他厂商的营销行为方式。同样依照 4P 要素的角度，跨界的广告监测成果比较容易给企业带来学习和创新的机会，而不会有雷同和抄袭之嫌。我们从实际市场上经常能够看到一些品牌一反常态、独树一帜地设立自己的广告策略，但仔细一想，这些策略可能在另一个产品分类中司空见惯、平庸无奇。

案例：

卫浴品牌频繁亮相“婚博会”

在我们以往的印象中，卫浴企业的推广宣传模式都是明星代言加上铺天盖地的广告投放，包括各地经销商在广告投放上也是不惜血本，电视、报刊、户外，到处可见各大卫浴品牌的巨幅广告，其声势丝毫不逊于房地产企业。然而今年，卫浴市场遭受了前所未有的寒流侵袭，各大卫浴企业面临着巨大的经营压力。

销量下滑、收入减少使得卫浴企业在宣传推广上的投入变得更为谨慎和追求效率。许多卫浴企业开始逐渐由过去不计成本的覆盖式宣传向更有针对性的、更为精准的宣传推广模式转变。企业将更多的精力放到了参加各种专业展会、博览会，或是面向特定人群的工厂团购等方式上。同时，在广告投放上，企业也开始选择一些目标群体集中的专业媒体或者成本更低、效率更高的网络媒体。

像“婚博会”这种针对性很强的展会，卫浴企业的参与目的也是非常明确的，就是抢占婚房这一数目不算非常大、但是确实真实存在的利益“蛋糕”，这也表明了卫浴企业开始更多关注一些有“刚性需求”的目标群体，这样的方式显然还是比较“靠谱”的。

总之，从商业广告角度进行竞争情报意义上的解构具有重要的意义。这里需要注意的是，利用商业广告进行竞争情报分析只是竞争情报理论的重要组成部分，仍需要结合其他的情报信息源与分析方法进行分析判断。另外，在商业广告领域也存在着“信息误导”现象，用于诱导和迷惑竞争对手，为此可以通过其他竞争情报信息源（比如企业的生产计划书、财务报告或者商业报纸上关于该企业促销活动的正面报道等）进行多方佐证，以防被其所误导。

5.7 商业情报在客户管理中的应用

随着企业之间的竞争日趋激烈，客户对市场的了解越来越深，对商家的要求也越来越高。这一严峻的现状使得企业不得不将经营理念从以"产品为中心"向"以客户为中心"转变。因此，如何吸引并保持现有客户，培养和挖掘潜在客户已成为企业竞争的焦点。

微软正在通过对论坛、社交媒体上内容的监测来发现人们对微软产品和营销活动的反应。微软自从 Windows 8 发布后，就采用了传统数据收集和实时数据收集两种手法，我们对网络反馈信息的收集是连续的和实时的，我们也依然使用传统的消费者满意度调研，最终会将两者产生的数据结合起来进行分析。但是前者那种以日为单位的市场信息捕捉，能够使我们能够更快地对市场做出反应。

5.7.1 客户数据搜集与分析的一般步骤

1. 广泛调研，积极搜集。
2. 完善客户信息表，建立客户信息档案。
3. 对客户信息进行分类整理和归纳。
4. 利用 ABC 分析法对客户信息及客户进行等级确认。
5. 确定客户价值，建立重点和关键客户特别档案。
6. 对客户信息实施事前规划、事中分析与跟进、事后总结与审计。
7. 定期撰写客户工作进展报告。
8. 妥善整理归档，进行阶段总结。

5.7.2 建立顾客数据库

完善的数据库对于企业的运作非常重要，不可缺少。完善的数据库有利于企业与客户保持良好的关系，维持客户的忠诚度。数据库只有具备以下几个功能，才能有效地履行客户关系管理方面的智能。

1. 整合的顾客数据动态查询系统。数据应该在每次客户交易结束后，及时更新信息，保证查询者能够查询到最新的信息。所谓整合性，是指数据库系统与其他系统的整合，各个部门的人员可以通过其系统查询到数据库的信息。这些技术已经十分成熟，同时也是进行客户关系管理的前提。

2. 客户关系分析控制。及时地识别新老顾客十分重要。首先要通过数据库区分出新老顾客，在每次交易时，要给公司的忠诚客户特别的服务，让他们感到十分满意，加强忠诚度。同时，也要制定把新客户提升为老客户的措施。只有把新客户变成忠诚客户，公司的业绩才会稳步上升。老客户的增多也会减少公司的广告支出，降低公司成本。

3. 客户流失趋势预警。企业可以通过数据库，观察客户的交易行为和交易数量，看看客户的交易行为和交易数量是否发生明显的变化，如果发生明显的变化，说明有潜在的客户流失的可能性，这个时候，公司可以提前联系客户，向客户征求意见，并根据顾客的意见提出改进方案，从而留住客户。

4. 客户消费行为分析。公司可以运用数据库，分析一段时期内客户对服务的需求，从而明白客户对于服务的偏好和客户的消费习惯，从而根据客户的偏好和习惯提供具有针对性的服务。提出个性化的服务，会使客户觉得公司是以他们为中心，从而可以培养客户的忠诚度。

5.7.3　对客户进行差异分析

1. 识别企业的"金牌"客户。
2. 哪些客户导致了企业成本的发生。
3. 企业本年度最想和哪些企业建立商业关系，选择出几个这样的企业。
4. 上年度有哪些大宗客户对企业的产品或服务多次提出了抱怨？列出这些企业。
5. 上年最大的客户是否今年也订了不少的产品？找出这个客户。
6. 是否有些客户从你的企业只订购一两种产品，却会从其他地方订购很多种产品？

根据客户对于本企业的价值（如市场花费、销售收入、与本公司有业务交往的年限等），把客户（包括上述 5%与 20%的客户）分为 A、B、C 三类。

5.7.4　与顾客保持良好的沟通

建立完善的回访机制，企业要定期对数据库中的客户进行回访。在回访过程中，可以更全面地了解客户，知道更多客户的信息，进一步充实数据库，也有利于保持感情。给自己的客户联系部门打电话，看得到问题答案的难易程度如何。测试客户服务中心的自动语音系统的质量。哪些客户给企业带来了更高的价值，主动与他们对话。

建立完善的投诉和处理机制，能够及时了解客户的不满，通过对客户投诉的分析，能够找出公司在服务中存在哪些问题，然后做出改正。通过信息技术的应用，使得客户与企业做生意更加方便。改善对客户抱怨的处理，把客户打来的电话看作一次销售机会。给竞争对手的客户联系部门打电话，比较服务水平的不同。

5.8　商业情报在危机管理中的应用

市场竞争愈演愈烈，任何企业都无可避免地遭遇到可能随时发生的危机事件。危机是否可能早测端倪，防患于未然？危机爆发后如何快速反应，降低损失？危机管理正日益成为企业必须面对和谨慎处理的重要问题。不甚完善的危机管理理论，使得企业在面对危机时，稍有处理不当就会导致巨大损失。本节从情报的角度分析危机管理，将竞争情报方法技术应用于危机管理各个阶段，有效地协助企业管理危机。

对危机事件的处理主要有两个方面：一是通过积极建立预警机制严防危机来临；二是在危机发生后快速反应并采取有效措施缓解危机，尽量避免重大损失。今天，信息技术已长足发展，企业信息化建设也逐步从部门级扩展到了企业级，市场竞争不断加剧凸显了企业的竞争危机。竞争情报产品及相关服务已成为前期预警和后期监控的有力工具。

5.8.1　前期预警工具

应对危机预警，企业需要"因需而定"各自的竞争情报规划。不同类型的企业由于其性质和经营状况的不同，在危机预警方面的需求重点也不尽相同。对于“危机预警”这一层次的竞争情报监控，由于事件的突然性与困难程度都比较大，因此企业最好拥有自成体系的监控流程与组织。同时，相应的竞争情报工具也是不可或缺的，主要包括竞争情报系统的平台设计、分类设置、权限配置等。只有打造出真正符合企业需求的竞争情报系统，才能达到企业危机预警的目的。

一般来说，企业危机处理的部门是市场部。对于市场部而言，具有竞争情报意识的公关人才无疑是不可或缺的。实施危机公关预警机制不仅需要软件工具的支持，人的因素也是非常重要的，企业的公关人才实际上属于一种复合型人才，不仅要深入了解行业知识，同时还要疏通多条信息渠道，并根据竞争环境和竞争对手显性和隐性信息来分析市场发展变化的能力。这种能力一方面是公关人员的经验范围所及，还有一部分需要接受竞争情报应用的相关培训。

在危机酝酿期，往往会在纸媒体或互联网上出现相关事件的报道。如果企业能够在此时就有所察觉，而将问题解决于危机爆发之前，这不仅是规避危机的最佳方式，也是把企业损失降到最小的途径。

以上例子对于任何一个具有敏锐市场眼光的分析和决策者来说，不应该仅仅是一条消息，从企业市场公关的角度来讲，它更应该升华为一份竞争情报。因此，对竞争情报精准的搜集、管理和分析，是企业进一步建立和完善其危机预警机制的一个有效途径。

5.8.2 企业危机监控工具

危机爆发之时，企业能否快速以正确的方法进行危机公关就成为关系到企业生死存亡的大问题。正确的危机公关一方面要保证与当事人的良好沟通，另一方面要准确判断所有消息的来源，并与刊登和转载消息的媒体及时取得联系，赢得他们的信任，把“危机事件”发生的来龙去脉对“舆论出口”澄清，并做出解决问题的表率与行动。这两方面缺一不可。

前者不再赘述，后者判断和确定所有消息来源并保证对媒体的真诚沟通是整体危机公关成败的最重要因素，而成功做到危机公关的前提就是快速、准确地掌控竞争情报。细心的人不难发现，在很多危机爆发后的相当长时间内，我们仍然可以非常轻松地在各大网站、报刊甚至更多的媒介上了解到相关企业的负面消息，这些消息说明企业在竞争中的市场监控能力仍然比较薄弱，而有效解决这类问题需要企业根据个性化需要来建立完善的竞争情报体系，借助信息技术来提高竞争情报的掌控能力。

企业危机的酝酿虽然具有一定的周期性，但是根据事件大小、性质的不同，其酝酿周期的长短也不尽相同。人看病希望早发现早治疗，对企业来说也是一样，如果能在公关危机出现的第一时间解决“问题”，那么造成的不利影响无疑是最小的。这就要求市场部门能够以最直接和最快速的方式，实时掌控市场信息，以达到预警的目的。因此，从企业公关危机预警的角度来讲，直接构筑竞争情报系统不失为一个上佳的选择。

5.8.3 情报助力危机转商机

世界上任何危机都蕴含着商机，危机越重商机越大，这是一条颠扑不破的商业真经。危机常在，而巧渡危机的智慧并不是每个企业和经营者都具有的。作为一个优秀的企业或企业家，不但要善用情报来应对危机，化险为夷，还要能在危机中利用情报来寻求商机，趁“危”夺“机”。

案例：

巧用情报　危机转商机

湖南长沙人刘小平和妻子北上京城，以45 000元的低价盘下了一个餐厅，但两个月后一次突如其来的拆迁让夫妇俩措手不及，万般无奈之下欲以低价抵出铺子。他找来了旧货商店老板，对方只愿出400元，他估算了一下，这些设施买新的至少要20 000元，这不是趁火打劫吗？

他只得向周边的餐馆排档推销自己的东西。一家餐厅老板说："你这些都是中餐厨具，如果有二手小型西餐厨具我就要了。"刘小平眼前一亮：因为前几天有一家小型西餐厅要改中餐厅，曾提出要以西餐厨具来换刘小平的中餐厨具，但他当时没有答应。现在听老板这么一说，他内心马上盘算开了：一套西餐厨具至少要25 000元，就是打对折也要13 000元。如果互换之后再卖出去，这不是两全其美的事吗？第二天，刘小平就顺利地换回了那套小型西餐厨具。经过一番讨价还价，最终以12 000元的价格向那家要西餐厨具的餐厅卖出了这套厨具。

"意外"的收获让刘小平发现了个商机：北京工厂林立，外来人口众多，流动性大，如能知道各企业或个人积压了什么产品，而这些积压产品又正是别人所需要的，那么牵线搭桥促成双方进行"以货换货"的交易，自己收取一定的佣金，不是一条新的生财门路吗？随后，刘小平印制了名片，正面是：以货换货。背面印着：如果您为积压的产品发愁时找我；如果您急需物品找不到货源时找我。下面是住址和联系电话。他开始做市场调查，印制了上千份调查表，表格的内容有企业名称、积压的产品种类、要求换取的商品名称和联系方式，然后是选配对。像婚介所那样，把易货互补的企业配成对子；最后是搭桥约见，把配成对子的企业约在一起进行谈判。

他的收费标准是按双方成交货物总量的5%～8%进行提成。两个月的市场调查，让他掌握了北京各区近500家企业的资料，发现有42%的企业都有产品库存积压的现象，这更坚定了他做"易货"的决心。三个月后他做成了第一笔生意。当时海淀区一家服装厂有300件成衣存货，已积压了两年，要求兑换10台空调安装在车间。刘小平在资料中查到有3家公司存有二手空调，其中刚好有一家要求兑换成衣服给员工当工作服。于是，刘小平就从中撮合，顺利地拿到2 000元提成。紧接着，刘小平又做成了一笔彩电换空调的生意，拿了5 000元提成。凭着认真、热情，加上细心的经营，刘小平在北京企业界稳稳站住了脚跟。到年底，他的收入达到了50万元。随着业务量的增加，刘小平后来又招了两名下岗工人做助手，在海淀区租了两间豪华写字间做办公之用。

他开始大肆扩张，专找亏损企业"下手"。一次，顺义区一家国营日用品厂因经营不善倒闭，仓库积压了价值近100多万元的货物。下岗的职工几个月没领到工资，都盼着企业早点被拍卖，货物早点被处理好拿到工资养家糊口。刘小平来到该工厂，工厂里聚集了几十名等工资的下岗工人，个个忧心忡忡、一脸愁容。厂长握着刘小平的手说："这100多万元的货物，全是杂七杂八的日用品，我们想换50万元的纺织设备，用于以后转型做纺织厂，拜托你啦！"刘小平终于在网上查找到一则信息：唐山市有一家大型纺织厂有一批纺织设备要更新换代。他欣然前往，向对方提出以日用品交换纺织设备，他一次次游说，并将纺织厂负责人带到这家日用品厂。对方被感动了，决定将100多万元的日用品发给职工做福利。

如今，刘小平已在北京设了5家分支机构，年纯收入达到上百万元；下一步，他想建成一个名为"中国易货网"的网站，将自己的服务推向全国。

——来源：营销传播网

思考与练习

1. 企业典型的决策误区有哪些？

2. 科学决策的程序是什么？有哪些决策方法？

3. 大数据有哪些来源？大数据在各种行业中分别有什么应用？请举例说明。

4. 应用情报来确定创业项目时有哪些步骤？

5. 在"最好的项目"和"最适合的项目"中，你会如何选择？

6. 如果你现在要加盟"绝味鸭脖"，你会如何进行店铺选址？

7. 怎么确定企业的竞争对手？如何利用情报在竞争中获得优势？

8. 请思考情报在产品价格制定中的作用，并举例说明。

9. 客户数据库怎么建立？

10. 请举例说明，如何危机转商机？

实训应用

实训项目：

我要开店。

实训目的：

全面实践情报在企业经营决策中应用的内容，切实提高学生的动手能力。

实训指导：

假设你的团队计划在学校附近开一家店，目前已筹集了5万元资金，请结合本章学到的知识，搜集相关情报，讨论确定店铺的经营项目，并完成店铺选址工作。

实训组织：

1. 全班分成若干个团队，每个团队6～8人。

2. 每个团队搜集相关情报，讨论确定店铺的经营项目，并完成选址工作。

3. 各个团队进行方案展示，展示形式不限，可作PPT汇报，也可以情景剧等戏剧性的方式进行汇报。汇报时间为10分钟，答辩时间为5分钟。

4. 每个团队都要为其他团队的汇报进行评价与打分。

实训考核：

1. 教师与同学共同讨论给出评分标准。

2. 学生此次实训成绩按各团队给出的学生所在团队评分的平均值获得。

第 6 章

情报分享与秘密保护

学习目标

1. 明确商业信息、商业情报与商业秘密的异同点。
2. 能够高效地应用信息共享来获取情报。
3. 增强商业情报获取的法制观念。
4. 增强商业秘密的保护能力。

现阶段,很多企业经营者对商业情报工作的理解比较狭隘,认为商业情报就是所谓的商业秘密。企业经营者经常会忽略这两者的差别,一方面,可分享的商业信息没有及时分享,错过与其他企业建立稳定合作关系的机会;另一方面,挖空心思,采用歪门邪道去获取所谓的商业秘密,最终得到的只是一张法院传票。所以,本章围绕以上两个问题的解决来展开,讨论由于企业情报获取渠道的有限性,那么,在一定范围内实现情报共享是可以给分享双方带来利益的。在实现情报共享的同时,我们也要增强法律意识,不能触碰情报雷区。以此为鉴,更要重视情报安全,防范关系到本企业核心竞争优势形成根本的商业秘密泄露出去。

6.1 商业信息、商业情报与商业秘密

商业情报,简单来说,就是商业信息。我国情报界从一开始就把中文情报与英文"Information"相对应。但严格来说,信息与情报是有差别的。信息论的奠基人申农对于信息的定义是"用来消除不确定性的东西"。情报学对于情报的定义是"对用户有用、经过传递到达用户那里的知识和信息"。通过这两者的定义,我们可以判断,情报一定是信息,但信息并不一定是情报。同一个商业信息,传递到不同的接受者那里,接受者做出的分析不同,得到的结果也就完全不同。而商业情报最主要的目标,就是了解到具有不确定性的未知信息之后,再结合已知信息,进行科学分析,得到对企业经营有用的信息。

对商业情报的一个认识误区是将商业情报与商业秘密混为一谈。一个企业的技术或经营

机密信息、商业秘密受到法律的产权保护，具有非公开性。也就是说，任何透露和侵犯企业商业秘密的行为，都被视为非法行为。商业秘密具备商业情报的特征，但是商业情报工作具有合法性。商业情报是利用一切可以被知悉的信息组合来辅助企业经营决策，提高决策的成功率，而不是利用非法手段去打探竞争对手的商业秘密，二者又有一定的差别。

综上所述，按照这三者之间的关系，本章要讨论的是，分享商业信息与情报，严禁触碰商业秘密雷区，保护商业秘密。

6.2 情报分享

商业信息必须经过分析并且应用到决策中来，才具有价值，成为商业情报。情报分享，既可以实现商业情报价值的最大化，也可以实现获取情报的经济性。因此，对商业信息与情报，企业经营者应该根据实际情况与外界进行必要的交流和分享，营造一个更有利的外部环境，便于其提高情报获取的准确性与效率。

6.2.1 可分享的商业信息与情报

首先，我们要明确哪些是可以分享的商业信息与情报。简单来说，除了作为企业内部信息的商业秘密是不可以共享的，其他情报都是可以共享的。

根据国际惯例和商业秘密的一般理论，不属于商业秘密的信息包括：

1. 公知领域内的信息，主要包括从公开渠道（如公共场所、报刊、书籍、媒体、展示会等）获得的信息，同行业、同专业领域一般人员具有的知识和经验，专利失效后的技术信息等。

2. 与人身有紧密依赖关系的经验、知识和技巧，例如，同行业一般人员只要长期操作，不需要经过特别的培训即可熟悉或掌握的技术、技巧或者窍门，或者因本人工作态度、敬业精神等特别优秀而维持的客户渠道等。

3. 未被采取保密措施予以保密的信息。

6.2.2 情报分享的作用

1. 分享情报，“1＋1＞2”

商业情报的信息来源分为公开信息源与非公开信息源，情报人员在收集信息后进行分析得到对本企业有用的信息才能称之为情报。由于每个企业在信息渠道和情报分析上各有侧重点，有的企业发挥已有的技术基础优势更容易获得技术情报，有的企业经过分析更容易获得经营情报。这些企业整合各自优势资源，双方实现情报共享后，就能达到“1＋1＞2”的效果。

单一的企业可以通过对自身的历史数据分析来挖掘更大的价值，而那些通过情报共享，手中握有更大范围数据信息的公司则成为数据资源的掌控者。以亚马逊为例，它已经不再是传统意义上的商务公司，而是大数据公司，因为它拥有日益成熟的云基础设施、海量数据流和内容。亚马逊网络服务推出的在线数据仓库服务，连接企业数据中心，帮助企业提升供应链管理效率。连接亚马逊在线零售、云服务和平板电脑业务的共同要素就是数据。对亚马逊而言，它的目标是通过数据挖掘，搭建零售、出版和企业服务的综合平台。而企业则可以通过前期的情报合作加入，到后期借助于这个综合平台来获取情报，是一个经济性强的选择。

2. 分享情报,提高情报获取的便捷性

商业情报具有很强的时效性,如果不能在第一时间获取,情报价值就会大打折扣。如果企业能实现情报共享,就能够有效减少信息传递环节,及时获取情报,从海量情报中观察到异常点,并迅速完成分析,同时根据环境和市场的变化,迅速完成对企业影响的分析,为企业迅速预测变化、避开威胁、寻找新的发展机会提供支持。

情报共享对企业经营管理以及供应链上下游的拉动作用体现得尤为明显。如京东商城的供应商开放平台可以使京东和供应商实时了解彼此的货存量等信息,可以有效减少信息沟通、库存冗余等带来的成本浪费,从而提高整体的供应链管理效率。与此同时,京东的金融业务同样依靠庞大的数据支持。比如根据历史数据可以得知不同用户的信用模型,并据此形成不同的贷款额度,以降低风险。

3. 分享情报,提高情报的准确性

企业可通过情报分享,建立自己的人际情报网络,通过多渠道的各种信息的比较分析,发现相互矛盾的信息,从而提高情报的准确性。随着网络信息系统工程技术的不断完善,越来越多的人更倾向于通过网络平台来分享情报,获得经济收益。

2013年,中国互联网行业发生了一连串"并购"事件,腾讯以4.48亿美元战略入股搜狗;苏宁云商宣布收购PPTV,其中百度以18.5亿美元收购91无线,被誉为中国互联网史上最大的一笔收购。91无线带给百度的则是移动端更为个性化的数据资源。

表面上,这是一场争夺终端入口布局的混战,但其背后却是通过众多企业的情报分享与合作,提高情报获取的准确性。比如,现今的多家企业合作的大数据平台,使得每一个客户都可以被区别对待,为其提供个性化的营销方案。不仅是每一台电脑前的人看到的商品推荐信息不同,即使是同一台电脑前,不同人接受的营销方式也不同。"通过大数据分析可以勾勒出更多影响消费行为的变量,观察其变化规律,让企业可以对人力、物力、库存、产能、储运、市场推广方式等做出合理的安排。"管理心理专家、中国心融集团副总裁王国强说。例如,农夫山泉在实时分析海量数据的基础上,加快应收应付账款管理、简化订单流程、优化库存管理、加速物料资源计划运算时间,从而在各种端到端的业务流程中实现全新的商业价值。阿迪达斯利用大数据分析,帮助经销商选择最适合的产品,并且根据经销商的终端数据,给予更具体的产品订购建议等。

6.2.3　情报分享的三个阶段

认识到情报分享的重要性,树立了情报分享的意识之后,接下来,我们要讨论的就是如何进行情报分享。情报分享按照工作情境可分为三个阶段。

1. 积累情报

要想分享情报,首先要掌握一些情报。情报积累是一个长期的过程,同时,也是一个实时过程。

(1) 传统的情报积累方式,就是通过搜集各类公开的与非公开的商业信息,尤其是与自己行业相关的信息,并对信息进行检索和编报,掌握基本情报。

公开信息容易搜集、真实性强,是企业或个人情报积累的基础。公开信息的搜集包括社会的公开信息、企业的公开信息和目标个人的公开信息等。社会的公开信息范围很广,有网络、报刊、展览会和行业集会等。虽然公开信息搜集比较简单,但是信息比较杂乱,需要花较多时间进行分类整理。另外,还要特别注意时效性,实时进行更新。目标企业的公开信息在政府公开的信息当中可以查到一部分,包括企业的机构设置、社会职能等基本信息。也可以实时查看目标企业的官方网站,从中搜集情报。如果是上市公司,还可以在相关专业网站上,查询到公司的最新资料、年度报告等一系列的消息。情报人员只要随时关注这些信息的更新,就能够得到想要的情报。目标个人的信息搜集,通常是用来了解行业领袖或竞争对手的管理人员,信息范围也通常只限于商业范畴,比如目标人在企业当中的职位、主要负责的项目等。由于法律规定公民的个人隐私不受侵犯,所以目标个人的信息,一般主要通过互联网、媒体报道以及人际情报渠道获取。在获取这些信息时,情报人员要注意信息搜集的方式,不要触犯法律的规定。否则,不但会给个人招致法律的制裁,还会给企业造成无法弥补的损失。非公开信息更多是利用人际情报网络合法获取。

(2) 最便捷的情报积累方式,就是利用大数据平台,快捷地获取各种相关情报。现有竞争情报的积累一般都是先按情报需求采集信息,然后对信息进行筛选和过滤,存储到数据库或数据仓库之中,之后再对这些信息进行深度分析。在整个对数据信息的存储和处理的过程中,企业要解决好硬件和软件两方面的问题:在硬件方面,需要大容量的数据存储设备和计算设备;软件方面,要有一套完整的系统,将海量的数据提炼成对企业有价值的信息。然而,大数据具有的特征使得企业在硬件和软件方面的成本压力巨大,而且会与日俱增,因此,企业必须要考虑有关大数据利用的可行性和成本的问题。小规模的企业可根据竞争情报的需求选择租用或者购买外部专业机构提供的公有数据与企业私有数据结合构成企业的情报库,为大数据技术处理、情报分享和分析准备原材料。

关于情报搜集与积累的具体实施,本书在前面章节已有详细介绍,这里不再展开。

2. 拓展人际情报网络渠道

人际情报网络分析是企业情报研究的重要内容,个人人际情报网络分析是其中一种重要分析类型。建立完善的人际情报网络是分享和收集情报的有效渠道,有利于提高获取情报的准确性和效率。企业要不定时获取竞争对手的情报信息,就需要增加人际情报网络点数量和联系方式,可以使企业分享和获取情报的途径多样化,通过对各种来源信息的比较分析,可以发现相互矛盾的信息,从而保证情报的可靠性,最终帮助企业获取更全面的情报。

通过情报交流来拓展人际情报网络,交流的场所和对象选择很重要。最开始的时候,我们可以选择去一些相对来说人员较为密集的地方,比如展销会、博览会、专业的行业峰会等场所。选择这些场所的原因在于,一般来说,在这些场合中出现的,绝大多数都是行业内的人员,他们对于该行业都有一定的认识,有一定的专业基础,或是对该行业本身有很大的兴趣。在这样的环境中,人与人之间更容易沟通,也更容易从中建立自己的人脉。在这样的场合,我们先仔细聆听,不要急于加入讨论。并以初学者或是以对该行业有兴趣的身份出现。心理学研究告诉我们,当一个人认为自己在某一方面比谈话对象强时,他会产生自信心理,并且乐于将自己知晓的内容告诉对方。也就是说,以初学者的身份就一些重要、不明白的内容去请教对方时,很容易得到对方的肯定答复,便于融入这个交流圈,进而拓展自己的人际情报网络。

一般来说,一个企业的人际网络从联系建立的基础上可分为友谊网络、咨询网络、信任网络和工作流程网络,详见表 6.1 所示。

表 6.1　　**人际情报网络类型**

人际网络类型	包含信息源	情报获取的难易程度	花费成本	架设人际情报网络的策略
友谊网络	市场动态、销售情况、营销活动等	易	低	市场/销售人员日常监测等
咨询网络	企业策略、销售政策等	较难	较高	在竞争对手合作方埋下友情关系线
信任网络	战略层面企业决策	难	高	在竞争对手伙伴圈子内埋下友情关系线，频繁进行接触、交流；委托专家、专业机构调研
工作流程网络	战略层面	难	高	商业会议，行业会议，行业圈子交流，委托专家、专业机构调研
	内部管控	难	高	行业会议，行业圈子交流，在竞争对手内部埋线，委托专家、专业机构调研
	数据类信息	较难	较高	销售市场信息汇总，行业机构数据，委托专家、专业机构调研
	市场营销组织	较难	较高	市场埋线，市场信息汇总，委托专家、专业机构调研
	市场活动动态	较易	低	市场、销售人员日常监测
	零售价格监测	较易	低	市场、销售人员日常监测

——来源：赛立信竞争情报调查员凌启朝

对象和交流内容的选择也非常重要，具体要根据情报交流的目标进行选择。比如，如果想在广州开一家特产店，而刚好广交会正在举办一场新疆特产展销会。到达展厅后，可与三类人群进行交流。第一类，各个展位的新疆老板，了解产品特色与销路；第二类，展销会上寻找商机的人，交流相关市场信息；第三类，在展销会上买特产的单个客户，直接调研市场需求。交流后，把相关信息进行分类汇总，作为今后开店决策的基本情报。另外，可把收集到的第一类和第二类人群的通信信息进行整理，便于今后的联络，构建自己的情报分享网络。情报收集人员在收集情报的过程中，要根据情报获取的难易程度来决定采取何种途径或者方法与何种信息源来进行接触、沟通，从而获得所需求的准确情报。

我们也可以通过线上方式来拓展人际情报网络。首先，通过线下建立的各种渠道把自己的信息发布、传递出去。可以建立自己的博客、QQ 空间甚至个人网站，尤其值得注意的是要用自己的实名去注册。把信息发布出去后，别忘了要实现信息的交互性。把信息接收者反馈的信息进行归纳，并作及时的、详细的回复。如在博客，可以在留言板、评论版上做及时的回复。个人网站你可以建立社区、论坛等，通过这些方式来拓展人际情报网络渠道。

案例：

许有杰（宝洁大中华区传播与公关副总裁）的分享

宝洁是以品牌营销为主的公司，营销预算大多花在平台以下的飘柔、潘婷、碧浪等子品牌上，在母公司的品牌反而不多。这与很多同行业的公司不同，例如强生、欧莱雅，公司名称与名牌一样。而一家口碑很好的公司，自然能给组织、生意带来正面的影响，尤其是要把最好的人才招进来，并留住他们，就得培养他们的自豪感，那就要把公司的口碑、声誉做得更好。所以即使预算再少，我们也一直坚持不断地塑造宝洁品牌的口碑，善用所有的资源。

数字媒体兴起，给我们的工作带来很多变化，也创造了不少机会。比如"双微"的兴起，让我们创造除了官方网站之外的自媒体。我在3年半前开微博，因为我们部门50%的同事是80后，我想知道他们在做什么，所以加入了微博。

开始经营个人微博的时候，我从一个企业高管身上学到一个定律——40/40/20。官方微博40%的时间不能谈跟公司、品牌有关的事情，40%的时间可以谈一些稍微跟公司和品牌有关的事情，20%的时间可以谈直接跟公司、品牌有关的事。为什么呢？如果每天每时每刻总是谈公司、品牌的内容，一定会掉粉，粉丝觉得这不是他们每天都要来浏览的账号，所以你要让微博变得有趣、有营养。

正因为如此，我每天坚持发一条原创，并一直关心热门话题、流行文化、时事。比如最近很火的节目《爸爸去哪儿》，在泛滥的综艺节目里如一股清流涌入，同时，对宝洁来说10月、11月是招聘的重要时期，那么如何把流行话题跟招聘结合到一起呢？于是我写了一条微博——5个小孩参加宝洁招聘会适合什么部门，再配上节目图片，就这么简单的想法，反响非常好，招聘大号@应届生转了这个帖子，两天后，我得到了3年来最高的阅读率——159万，再过两天，这条微博出现在了湖南卫视第四期《爸爸去哪儿》节目的流动字幕上。

3. 构建大数据分享平台

长期以来，企业与客户之间总存在着无形的隔阂，使得企业难以真正了解客户，而大数据时代的一个重要趋势是数据的社会化，从博客、论坛到游戏社区再到微博，从互联网到移动互联网再到物联网，数据的社会化使得企业更加贴近客户，这让企业竞争情报人员有机会收集客户的第一手资讯，近距离地观察客户，为企业提供精准的和预判性的客户竞争情报。即时传播的数据，有利于提高竞争情报的实时。当前，互联网的重心逐步向移动互联转移。手机上网成为人们工作和生活的一种习惯，越来越多的企业开通官方微博、微信，第一时间发布自己的产品信息、人事变动等重要信息，而普通用户则随时针对特定的事件或对象发表自己的见解观点或者态度。如今，通过智能手机、平板电脑甚至具有网络功能的照相机、摄像机等泛互联网设备所产生的信息占互联网信息总量的很大一部分，这些即时传播的数据，如能利用好，将极大地提高竞争情报的时效性和企业的反应能力。

大数据时代，无处不在的智能终端、随时在线的网络传输、互动频繁的社交网络，使得企业有机会进行大规模的精准化的竞争对手、竞争态势以及消费者行为研究。大多数小微企业认为大数据是阿里巴巴、京东商城等公司才关心的技术。对大数据认识的不足，无疑会使企业竞争情报工作落后于时代的发展。如果采取无所作为、固守原状的鸵鸟政策，那么企业竞争情报工作将会失去未来的发展机会，甚至会失去存在的意义。

目前绝大多数中小型企业都没有专门的竞争情报部门和情报分析专家，即便是在一些大型的企业中，具有竞争情报职能的部门也常常处于分散、被动、辅助的地位。因此，我们要积极地通过情报分享，应用云计算，来构建自己的大数据平台。云计算是一种将分布式计算、网格计算、并行计算以及互联网结合起来的全新的资源提供模式，可以实现资源的自动化管理和配置，降低管理的复杂性，提高资源利用效率。云计算具有资源共享、快速交付、按需服务三个显著的特征，这三个特征能够有效缓解大数据带来的冲击：资源共享、资源和存储能力的池化共享和管理，为大数据提供最基本的生存基础；快速交付，超大规模的计算资源集成赋予了用户前所未有的计算能力，提高了大数据分析的反应速度；按需服务，云计算中软、硬件资源以分布式共享的形式存在，可以被动态地扩展和组合，为数据的实时应用环境提供可能性。对于竞争情报系统而言，可以将其核心的情报及业务放在私有云，而非关键的业务或者突发性的业务可以采用公共云资源或混合云，构建在云计算基础上的竞争情报系统不仅成本低廉，而且具有传统竞争情报系统无法想象的分析能力，是未来竞争情报发展的又一趋势。

6.3　情报雷区

随着市场经济的发展，人们愈加认识到商业情报的重要性，但是，就商业情报领域而言，不正当获取情报的行为是不可取的。有些企业、有些人为了获取商业情报，不惜违反相关法律法规，不遵守行业规则及职业道德，丢弃商业信誉及个人诚信，不履行相关保密或竞业禁止的相关协议等，触碰情报雷区。或以技术特长，盗用他人专利成果；或以职务之便，直接盗取公司秘密；或以威逼利诱手段，从掌握情报的人员口中套取；或以高薪、高职等手段挖走掌握机密情报的人员……让他们没有意料到的是，在获取情报的同时，他们也得到了法院的传票——由于侵犯了别人的商业秘密而赔了夫人又折兵。

案例：

江西余志宏等侵犯商业秘密罪刑事案

余志宏、罗石和、肖文娟、李影红原系珠海赛纳公司员工，四人在日常工作中能够接触并掌握珠海赛纳公司的品牌区、南美区、亚太区的客户资料以及2010年的销售量、销售金额及珠海赛纳公司产品的成本价、警戒价、销售价等经营性信息，并负有保守珠海赛纳公司商业秘密的义务。2011年初，余志宏与他人成立江西亿铂公司，生产打印机用硒鼓等耗材产品，并成立中山沃德公司及香港Aster公司、美国Aster公司、欧洲Aster公司销售江西亿铂公司产品。余志宏、罗石和、肖文娟、李影红等人将各自因工作关系掌握的珠海赛纳公司的客户采购产品情况、销售价格体系、产品成本等信息私自带入江西亿铂公司和中山沃德公司，以此制定了这两家公司部分产品的美国价格体系、欧洲价格体系，并以低于珠海赛纳公司的价格向原属于珠海赛纳公司的部分客户销售相同型号的产品。经对江西亿铂公司、中山沃德公司的财务资料和出口报关单审计，两家公司共向原珠海赛纳公司的11个客户销售与珠海塞纳公司相同型号的产品金额共计7 659 235.72美元；按照珠海赛纳公司相同型号产品的平均销售毛利润率计算，给珠海赛纳公司造成经济损失共计人民币22 705 737.03元(2011年5～12月经济损失人民币11 319 749.58元；2012年1～4月经济损失人民币11 385 987.45元)。

广东省珠海市中级人民法院二审认为，江西亿铂公司、中山沃德公司、余志宏、罗石和、肖文娟、李影红的行为构成侵犯商业秘密罪，判处江西亿铂公司罚金人民币2 140万元；判处中山沃德公司罚金人民币1 420万元；判处余志宏有期徒刑6年，并处罚金人民币100万元；判处罗石和有期徒刑3年，并处罚金人民币20万元；判处李影红有期徒刑2年，缓刑3年，并处罚金人民币10万元；判处肖文娟有期徒刑2年，缓刑3年，并处罚金人民币10万元。

本案系全国最大一宗侵犯经营信息类商业秘密刑事犯罪案件，人民法院判处的罚金总额高达 3 700 万元，创商业秘密犯罪案件罚金数额全国之最。这是广东省法院系统实行知识产权审判“三合一”模式审理知识产权刑事案件的成功范例，突出了司法保护知识产权的整体性和有效性，充分体现了司法保护知识产权的主导作用。

——来源：中国法院网。

6.3.1 情报雷区须知

1. 商业秘密的概念

商业秘密(business secret)，按照中国《反不正当竞争法》的规定，是指不为公众所知悉、能为权利人带来经济利益，具有实用性并经权利人采取保密措施的技术信息和经营信息。因此商业秘密包括两部分：技术信息和经营信息。生产配方、工艺流程、技术诀窍、设计图纸等属于技术信息，管理方法、产销策略、客户名单、货源情报等属于经营信息。

商业秘密权是权利人劳动成果的结晶，商业秘密权是权利人拥有的一种无形财产权，反不正当竞争法将侵犯商业秘密行为作为不正当竞争行为予以禁止是十分必要的。商业秘密不同于专利和注册商标，它可以为多个权利主体同时拥有和使用，只要获得及使用手段合法。如自主研究开发，或者通过反向工程破译他人商业秘密等。

2. 情报雷区——侵犯商业秘密行为的界定

侵犯商业秘密行为是指以不正当手段获取、披露、使用他人商业秘密的行为。根据我国《反不正当竞争法》第 10 条的规定，侵犯商业秘密的具体表现形式主要有以下几种：

(1) 以盗窃、利诱、胁迫或其他不正当手段获取权利人的商业秘密。所谓盗窃商业秘密，包括单位内部人员盗窃、外部人员盗窃、内外勾结盗窃等手段；所谓以利诱手段获取商业秘密，通常是指行为人向掌握商业秘密的人员提供财物或其他优惠条件，诱使其向行为人提供商业秘密；所谓以胁迫手段获取商业秘密，是指行为人采取威胁、强迫手段，使他人在受强制的情况下提供商业秘密；所谓以其他不正当手段获取商业秘密，是指上述行为以外的其他非法手段。例如，通过商业洽谈、合作开发研究、参观学习等机会套取、刺探他人的商业秘密等。

(2) 披露、使用或允许他人以不正当手段获取的商业秘密。所谓披露，是指将权利人的商业秘密向第三人透露或向不特定的其他人公开，使其失去秘密价值；所谓使用或允许他人使用，是指非法使用他人商业秘密的具体情形。需要指出的是，以非法手段获取商业秘密的行为人，如果将该秘密再行披露或使用，即构成双重侵权；倘若第三人从侵权人那里获悉了商业秘密而将秘密披露或使用，同样构成侵权。

(3) 违反约定或违反权利人有关保守商业秘密的要求，披露、使用或允许他人使用其所掌握的商业秘密。合法掌握商业秘密的人，可能是与权利人有合同关系的对方当事人，也可能是权利人单位的工作人员或其他知情人，上述行为人违反合同约定或单位规定的保密义务，将其所掌握的商业秘密擅自公开，或自己使用，或许可他人使用，即构成对商业秘密的侵犯。

(4) 第三人在明知或应知前述违法行为的情况下，仍然从侵权人那里获取、使用或披露他人的商业秘密。这是一种间接侵权行为。行为人知悉其为他人的商业秘密，并明知或应知系侵犯商业秘密的情形，依然获取、使用、披露该秘密，所以法律将这种行为也作为侵犯商业秘密行为来对待。

3. 侵犯商业秘密行为的处罚

侵犯商业秘密行为发生在经济领域为多，因此，各国立法均通过《反不正当竞争法》或《公平竞争法》《企业秘密法》《民法》或《商法》等加以制裁。我国也建立了一个包括民法保护、行政法保护和刑事保护的商业秘密法律保护体系。

（1）我国《反不正当竞争法》第 20 条规定了侵犯商业秘密的民事责任，即经营者违反该法规定，给被害人的经营者造成损害的，应当承担损害赔偿责任；行为人侵犯他人商业秘密承担的民事责任主要分为违约责任和侵权责任。《合同法》对承担违约责任做出了相关的规定；根据我国《民法通则》和《反不正当竞争法》等规定，承担侵权责任的方式主要有停止侵害、消除影响和赔偿损失三种，其中赔偿损失是最主要的方式。

（2）《反不正当竞争法》第 25 条规定了相应的行政责任，即对侵犯商业秘密的行为，监督检查部门应当责令停止违法行为，可以根据情节处以 1 万元以上 20 万元以下的罚款。对于侵权物品，或责令监督返回，或监督侵权人销毁使用权利人商业秘密生产的、流入市场将会造成商业秘密公开的产品。

（3）我国《刑法》第 219 条规定了侵犯商业秘密罪，即实施侵犯商业秘密行为，给商业秘密的权利人造成重大损失的，处 3 年以下有期徒刑或者拘役，并处或者单处罚金；造成特别严重后果的，处 3 年以上 7 年以下有期徒刑，并处罚金。不仅如此，针对侵犯商业秘密的企业行为，做出了对法人犯罪适用双罚制的规定，单位侵犯他人商业秘密的，对单位判处罚金，并对直接负责的主管人员和其他责任人员同样依照上述规定处罚。

6.3.2　雷区一：擅自披露他人的商业秘密

1. 将掌握的商业秘密擅自公开

案例：

上传公司“绝密”资料侵犯商业秘密领刑

丁某研究生毕业后于 2009 年 2 月应聘至江西某公司任计划发展部经理，并与公司签订了保密协议。同年 3 月，丁某因工作关系获得了公司一个核心产品的工艺操作技术及工艺流程图。该技术资料是公司投资 120 万元与中国农业大学合作研发的成果，文本载体封面印着“绝密”字样。

2011 年 4 月 28 日晚，被告人丁某在家中浏览百度文库文章时为获取“财富值”，以“往事如烜”为用户名，将公司的这份绝密资料电子版上传至百度文库，造成多人次浏览、下载。

发现文件被上传后，公司立即报警。经查，这个名为“往事如烟”的 IP 地址，为丁某家中的 IP 地址。经司法鉴定，丁某擅自在网上披露公司秘密技术信息的行为，已给其公司造成直接经济损失达 101.08 万元。

一审法院审理后认为，被告人丁某违反商业秘密保护法规，擅自披露其掌握的技术信息，给商业秘密的权利人造成了重大损失，其行为已构成侵犯商业秘密罪。

——来源：中国法院网

2. 故意披露他人商业机密以获利

案例：

编程员因不满而泄露公司机密

王某曾在烟台某科技有限公司做软件编程员。任职期间，他因对公司经理不满，遂违反保密协议。于 2012 年 9 月份开始，王某私自拷贝并在互联网上售卖公司研发的大型企业管理软件系统“管理平台”部分源代码，造成该软件科技有限公司直接经济损失 50 万元。另外，由于该软件源代码已外泄，致使该软件不再具有技术独占性，市场价值大幅度缩水，导致直接投入的前期研发成本共计损失 90 万元。

2013 年 4 月中旬，派出所接到报案，在初步认定确有违法行为存在的情况下立案进行了侦查，兵分多路远赴北京、浙江等地调查取证，最终锁定犯罪人王某，其行为触犯了《中华人民共和国刑法》第二百一十九条第一款第三项之规定，涉嫌侵犯商业秘密罪。

——来源：胶东在线

丁某和王某的这两个案例给我们的启示是，在工作中，一定要增强法律意识，随意透露企业的商业秘密，不论是有意还是无意，是否从中获利，都要为之付出惨痛的代价。

6.3.3 雷区二：利用跳槽侵犯商业秘密

据有关部门统计，80％的商业秘密是由于职工的流动，即跳槽带走的。

1. 为抬身价，泄露原单位商业秘密

案例：

违反保密协议　擅自泄密被处 300 万罚金

2006 年 8 月 21 日，被告人李某与洛阳某钛业有限公司签订保密协议，协议规定李某对洛阳某钛业有限公司的海绵钛生产工艺、技术文件、产品销售以及原材料的采购信息等商业机密负有保密责任，不得向他人或其他企业泄露或转让。2007～2009 年期间，李某在洛阳某钛业有限公司先后担任镁电解项目办主任、总经理助理、电解车间主任、副总经理兼技术中心主任等职务，其负责并掌握海绵钛技术。2007 年 12 月 24 日，李某未经洛阳某钛业有限公司同意，违反公司的保密协议，擅自与青海某科技有限公司经理周某签订了技术咨询服务协议，为其提供海绵钛方面的技术服务，周某先后共付给李某人民币 235 万元。

法院经审理后认为，被告人李某作为洛阳某钛业有限公司知悉并掌握商业秘密的工作人员，与公司约定负有保密义务，其违反该公司有关保守商业秘密的要求，擅自与他人签订了技术咨询服务协议，谋取利益，给单位造成重大损失，其行为已构成侵犯商业秘密罪，判处有期徒刑 3 年，并被处以 300 万元的高额罚金。

——来源：中国法院网

2. 见财起意，挖墙脚盗取他人商业秘密

通过利诱来获取他人商业秘密的情况很常见。所谓利诱，就是竞争对手用高薪、高职位等利益诱惑知情人透露相关情报信息。比如，常说的挖墙脚，即某公司以高薪聘请其竞争对手公司的重要技术人员或管理人员，通过他们来了解企业的情报。

案例：

挖墙脚窃密被罚百万

2007 年，浙江天子果业有限公司，历时 5 年成功研发了橙囊胞产品，并因此成为可口可乐

（中国）饮料有限公司（以下简称可乐公司）的供应商。橙囊胞生产的工艺流程、制作方法、设备型号等信息被天子果业列为商业秘密。

陈某是天子果业的机械设备主任和资产管理中心技术工程师，掌握橙囊胞生产线的设备型号、功率等信息，有保密义务。2010 年 6 月初，陈某被"挖角"，经人介绍，他与时任上海某公司技术总监的张某相识，双方达成"合作意向"。还没有离开天子果业的陈某，积极帮助"新东家"建设橙囊胞生产线，陪同张某察看车间场地，还到天子果业的部分设备提供厂家考察，参与"新东家"的设备采购工作。为获取更全面、完整的资料，陈某私自拍摄天子果业的橙囊胞生产线，并窃取技术资料给张某使用。还没等"泄密"事件暴露，2011 年 6 月 24 日，陈某因犯职务侵占罪被常山法院判处有期徒刑 1 年，缓刑 1 年 6 个月。

不过，上海的公司已拿到了足够的技术。2011 年 7 月，上海这家公司向国家知识产权局提交了"制作橙囊粒、桔囊粒、柚囊粒的方法"专利申请书，并于当年与可乐公司签订了一份数量为 5 100 吨的橙囊胞供货协议。截至当年 3 月，该上海公司已实际销售给可乐公司橙囊胞产品 4 559.28 吨。动作大了，商业机密泄露的事情逐渐浮出水面。2012 年 10 月 12 日，张某被上海市公安局青浦分局经济犯罪侦查支队抓获。

2013 年 9 月 29 日，张某、天子果业公司以及该上海公司就侵犯商业秘密赔偿问题达成刑事和解：上海公司撤回向国家知识产权局提交的专利申请，不再以任何形式进行"橙囊粒、桔囊粒、柚囊粒"产品的生产，保守该产品的生产秘密并不得再申请该专利，同时赔偿天子果业公司直接经济损失 391 万元。

2013 年 11 月 26 日，陈某和张某这对昔日搞"地下工作"的搭档，一起站上了被告席：常山法院一审以侵犯商业秘密罪判处张某有期徒刑 3 年、缓刑 4 年，并处罚金人民币 120 万元；判处陈某有期徒刑 3 年、缓刑 3 年 6 个月，并处罚金人民币 100 万元。

——来源：杭州网

3. 自立门户，侵犯商业秘密

案例：

自立门户盗用公司客户信息

无锡某外贸公司的副总经理费某在原公司任职期间，曾与公司签订保密协议，并每月收取公司支付的保密费。离职后违反保密协议带走客户，给原公司造成近 700 万元经济损失。原外贸公司很快便因利润急剧下降、客户流失而展开调查，查明原因后便向公安机关报警。费某被滨湖区法院判处有期徒刑 3 年，罚金 400 万元。

——来源：中国江苏网

6.3.4　雷区三：非法入侵或电子窃听商业秘密

互联网的快速发展、计算机广泛的运用给人类带来高速便捷的服务的同时，由互联网安全漏洞引发的黑客事件也频频见诸报端，其种类之多，破坏力度之强，令人瞠目结舌。实际上这些得以报道的互联网安全事件不过是冰山一角，世界著名安全软件公司赛门铁克此前发布的报告显示，2006 年下半年全球共有超过 450 万台电脑在用户无意识的情况下被黑客远程控制，超过 10 万家大型企业网站被挂上网页木马或者被入侵篡改。

非法入侵或电子窃听商业秘密，十分常见。一些著名的企业就曾经发生过电脑中病毒崩溃的事件。事后，发现公司保存在电脑上的重要资料全部都被窃取。

案例：

监听于千里之外

在杭州开出多家土特产店的陈某最终没能以合适的价格拿到临安山核桃，在销售旺季马上来临，而高品质山核桃又相对缺货的时候，他败给了自己的竞争对手。就在一天前，对方以每斤高出1元的价格从供应商手中提走6 800斤一级山核桃。

“对手给供货商的价格每斤高我1元，怎么那么凑巧呢？”陈先生开始怀疑是员工泄密，而对前几天参加会议的4个人进行询问后，他打消了这个念头。“会不会你的手机被监听了？”有朋友提醒，现在有一种软件，可用其他手机和电脑实时监控机主的谈话，并看到机主的短信内容，即使相隔千里，机主说的话也如在耳边。“使用者还可以远程监听机主周围的声音，而被监听人毫无察觉。”于是陈某把手机拿到专业维修处进行检测，技术人员果然发现了手机上有一种异常软件。听了技术人员的话，陈先生把手机和SIM卡都换了。

——来源：找法网

《国家安全法》规定，任何个人和组织都不得非法持有、使用窃听、窃照等专用间谍器材。监听系统使用者窃取他人的言语、文字、通讯记录等信息，侵犯了他人的隐私。如果这些使用者在窃听和偷看对方手机内容后进行散播或以此牟利的，尤其是侵犯了他人商业秘密的，会依据其对他人造成的损害，被追究民事和刑事责任。

6.3.5 雷区四：非法使用他人的商业秘密

案例：

翻译偷技术年赚上千万　侵犯商业秘密被判6年

利用帮外国专家做翻译的机会，南京某高校毕业的高才生丁海生偷偷将全套高科技设备资料拷贝走，并与他人一起成立了一家公司，生产同类设备，在不到一年的时间里，营业额就达到了2 000多万元，并获得纯利润1 000多万元。受害企业发现后立即向南京江宁警方报案，警方随后将丁海生抓获。南京江宁法院以侵犯商业秘密罪，判处丁海生有期徒刑6年，并处罚金200万元。

——来源：《扬子晚报》

商业情报，特别是情报的搜集，我们必须有基本的职业道德。一名优秀的情报人员可以很自信地去寻找和获取有价值的商业信息，却一定不会挖空心思采用歪门邪道去获取所谓的商业秘密。提高警惕，切勿踩踏情报雷区！

6.4 情报安全

由本章第三节情报雷区的众多案例中，我们可看出，企业的一些保密的、关键性情报，比如不可外传的配方、秘方、技术诀窍、图纸、营销策略、客户名单、货源等，需要花费大量的时间、人力、物力才能获得。商业秘密外泄，通常会使企业在一夜之间失去通过多年探索、积累获得的商业秘密给企业带来的竞争优势，给企业造成无法估量的损失。更严重的是，如果企业的一些机密的、组成核心竞争力的情报被泄露，可能会导致企业无法在市场上立足，最终惨遭淘汰。

商业秘密权作为一种新型的知识产权，在信息社会中日益得到人们的关注。随着我国市场经济的发展，市场竞争日趋激烈，企业间的竞争策略也日益复杂。企业要保持其优势以在竞争中立于不败之地，努力维持其特有的商业秘密是一项十分有效的措施，它往往成为企业成败的关键一环。对于企业来说，要在今天的市场上立足，不但要做好生产和销售工作，还要放眼外部竞争情报，更要关注自身内部的情报信息，加强管理，培养队伍，做到对内铁桶一块，对外全员皆兵。在实现情报共享的同时，我们也要重视情报安全，防范关系到本企业核心竞争优势形成根本的商业秘密泄露出去。

情报安全说起来容易，真正要做好却并不简单。因为对手是有心要获取情报，企业只能被动防守，很难保证万无一失。所以要做好企业的情报保护工作，要从容易泄密的漏洞堵起。

6.4.1　商业情报安全漏洞

常见的商业情报安全漏洞主要有：

(1) 企业自身的有意或无意行为。最常见的企业情报泄露，源于企业自身的有意或无意行为。企业要想发展生存，就必须从事生产经营活动，而在这个过程当中，企业出于宣传或是和外界交往的需要，会以多种方式释放信息。这些信息包括媒体公告、网站消息、各种展览推广资料等。企业发布这些消息的目的是为了宣传产品和服务，有利于潜在用户和商业伙伴了解公司的情况，但是在竞争对手眼中，这就是打探企业信息的绝佳方式。

新中国成立初期时正是因为企业的无意行为，导致多起重大的商业秘密泄露事件发生，给我国的经济造成了不可估量的损失。我国生产的龙须草席，清朝时期属于皇室专用的贡品，在莱比锡世界工艺品博览会上被誉为“中国独有的工艺品”，这是我们当时重要的创汇产品，新中国成立后开始出口，外销马来西亚、意大利等国家，当然，这里面也包括日本。1980 年，日本某株式会社派出情报人员，以“友好访问”的名义，专门到某省对龙须草席生产厂家进行考察。这本来是赤裸裸的窃密行为，我们应该严防死守才对，但有关厂家不仅没有进行必要的防备，还热情地让日本人参观了生产龙须草席的全过程，甚至允许他们对每道工序都做了详细的了解和拍照，使他们轻而易举地掌握了全部技术要领。不到 3 个月，偷来的技术变成了产品。从此，日本停止了从我国的进口，并且利用自己的工业化大量生产，在国际市场上对我们国家展开压价竞争。现在的龙须草席国际市场已经被日本垄断，我国那些依靠出口维持生计的厂家全部倒闭。

在今天的商业活动当中，仍有很多企业对于情报防守还没有一点概念。他们想不到，在他们的背后有人专门对公司的情报信息进行搜集和分析，从中找出打击他们的办法。而他们解决商业情报泄露的方式是诉诸法律。这当然也是一种方法，却不是最佳的解决方案。一方面，商业信息泄露已经成为事实，企业不可避免地蒙受了损失，在竞争当中已经处于下风；另一方面，法律对于商业信息的保护仅限于商业秘密，而通常情况下，很多企业的信息泄露都是因为自身的保护意识不强、操作不当造成的。即便是企业最终赢得了法律的支持，也已经输掉了市场先机。

(2) 企业领导和员工。一个专门负责商业人物采访的记者表示，如果他把那些企业高层们所说的话全部记录下来并且编辑成册作为情报出售，至少可以获得几百万元。另一方面，很多的企业员工缺少安全意识，经常会在不经意间就成为竞争对手的利用对象，被竞争对手套取企业的敏感信息。一个从事了多年企业情报工作的老情报员说，他曾经和公司其他部门的员工一起聊天。当他的同事聊到开心的时候，很难记得哪些该说，哪些不该说。很多员工口无遮拦，甚至很多时候他们自己都不觉得已经在无意之中透露了重要的情报给别人。一些对企业不满的员工在跳槽之后，为了报复，也会泄露企业的信息，结果给企业造成巨大的损失。我国某单位经过多年潜心研究，对治疗偏瘫的花精素的科研取得了突破性进展，而此时的日本还在苦苦的摸索。当日本得知此消息时，以一纸邀请书把参加该课题攻关研究的某大学教师连同全部有关资料"请"到了日本。对于这样明显的窃密行为，我国有关部门却毫无察觉，似乎还备感荣幸，因为有机会参加"国际学术交流"。因此该部门未加任何阻挡，让该教师与资料一起流到了日本。出现这种情况的原因很多，但大多还是在于企业没有做好全员情报防护意识的灌输工作。

案例：

中国宣纸之痛

1949年之后的很长一段时间，中国揭露的间谍案主要涉及政治和军事，20世纪70年代末中国对外开放，没有经验也缺乏相应的制度，一些传统的工艺技术就被外国人盗取了，宣纸制作工艺的泄密，就是一个典型的案例。早在19世纪初，日本间谍就试图打听宣纸的生产技术，并且连偷带抢地弄走了一些生产宣纸的特种树皮，侵华日军还曾经绑架了一些宣纸的工匠，并且运走了一些树种，但是中国工匠拒不透露宣纸生产的工艺，他们用生命保护了宣纸的技术。

但是到了20世纪90年代初，日本人又来到了宣纸的故乡安徽泾县，他们来到有关的厂家之后，千方百计地打听各种生产流程，为了达到目的，他们给工作人员送礼品、送小费，试图了解宣纸的生产技术。但是由于当地的人们警惕性很高，不允许日本人现场录像和拍照，也不允许他们取走纸浆，最后日本人无功而返。但是一年之后另一批日本人来到了浙江某县的造纸厂，这个厂是安徽泾县扶持建立的，拥有全套的宣纸制造设备和技术，此厂领导在被蒙蔽以及受贿之后，对日本人是知无不言、言无不尽，有问必答，而且连蒸煮材料的碱水浓度这样的细节都详细告诉了日本人。日本人回国之后利用得到的情报改良了生产技术，不久之后就成功生产了宣纸。

——来源：凤凰网

(3) 公开报道泄密。迅猛发展的新闻出版事业，对于繁荣人们的精神生活起到了巨大的作用，但是，不容忽视的是，它也为商业情报的保密工作带来了极大的难度。许多新闻记者、编辑，缺乏系统的安全保密教育，保密意识淡薄，只看图文效果，导致很多商业秘密泄露。国外情报机关80%～90%的情报来自公开的资料。通过搜集公开资料经分析、鉴别，从中发现有用的情况，这种搜集既广又快，准确性高。一些文献、资料、档案、广告、图片、展览会上散发的小册子及专业性刊物上的文章和书籍都可成为宝贵的材料库。我们的发明项目，有很多都是外国情报人员通过公开发表的报刊和内部交流资料等渠道窃走的。最为经典、惨痛的新闻泄密事件，莫过于杂交水稻的技术泄密。杂交水稻技术是1979～1985年的1 089项发明奖中唯一的特等奖，处于世界领先地位。但由于这一重大成果先后在各种公开的报刊上发表了50多篇论文，造成了该项技术成果泄露，同时也失去了申请专利的条件。

4. 大数据泄密。信息技术这把“双刃剑”，给人们带来便利的同时，也给相关权益保护带来新的困扰。大数据时代，造成企业核心信息泄密的原因除了计算机病毒、内部员工泄密等之外，还增加了一些新的手段。如长期对个人进行跟踪；员工自带移动设备进行办公等。这些手段更加隐蔽，甚至是合法的，使得企业更难以防范。企业为降低生产成本，通常将数据和信息存储在云端，但云服务运营商有可能会出卖信息，泄露企业的核心信息。大数据时代信息传播的速度极快，微博等移动媒体在任何时间都能将这些核心信息发布到世界各个角落，短时间内就给企业造成巨大的影响。因此，如何通过正当的、合法的手段积极保护企业的核心信息，成为企业竞争情报面临的又一个难题。

案例：

2 000 万开房数据泄露　沪每 17 人中 1 人遭泄密

据《新闻晚报》报道，一份名为“2 000 万开房数据”的资料被网友疯狂下载，引发一场关于隐私和信任的危机。全国“2 000 万开房数据”受害者诉讼维权第一人王金龙收到律师电话，浦东法院已受理该案。2012 年 12 月，王金龙出差广州时曾入住汉庭酒店，他在“2 000 万开房数据”查到了自己入住该酒店的信息。王金龙通过分析，完成了《上海市民信息泄露情况分析报告》，上海有 86 万受害者，居全国首位。

王金龙举例说，根据被泄露的详尽个人信息，不法分子可能筛选出 18～35 岁女性，进行化妆品、母婴产品等定向电话骚扰。更可怕的是，一旦破译邮箱密码，还可能获取受害人微博、微信账号，向好友行骗。甚至能入侵支付宝等其他关联账户，直接威胁资金安全。

上海样本涉及人数全国居首。在信息安全行业工作 10 多年的白领王金龙和张威是开房数据泄露的受害者，由于个人隐私信息被泄露，两人饱受垃圾短信和推销电话骚扰。为此，两人发起了全国首例诉讼维权。他们还组建了 QQ 群、论坛、微信公众号等，希望联络全国受害人一起维权。但在与这些受害人交流中，两人发现，许多人对个人信息泄露的具体危害并不了解。于是，两人利用业余时间，从黑客和不法分子的思路入手，试图分析他们是如何利用这些个人信息牟利的，借此给广大受害人以警醒。

“电话骚扰是一方面，但密码保护更紧迫。”王金龙说，密码管理是人人都在经历的事，但很多人在邮箱、QQ、微博、支付宝中使用相同的用户名和密码。支付宝等重要网站的防护等级可能较高，但邮箱的防护等级就偏弱。一旦邮箱密码被盗，其他的账户都可能遭殃。还有很多网站注册时要登记邮箱，在启动“找回密码”功能时，会把网站新密码发到注册邮箱内。一旦邮箱密码被攻破，不法分子完全可以通过曲线迂回的方式，利用“找回密码”功能，同样能攻破防护等级较高的网站。

——来源：东方网

企业情报的泄露，一方面在于窃密者的不择手段、无孔不入，另一方面在于企业自身的保密意识不强。企业要明确保密对象，采取切实可行的措施，尽最大可能地加强自身的商业情报保护。概括来说，企业的情报保护可以从以下四方面着手：全员培训，增加保密意识；制定保密制度；技术上加强保密措施；防御大数据泄密；增强维权意识等。

6.4.2 全员培训，增强保密意识

综合一些企业情报泄密的案例，由于企业人的保密意识不强，导致情报泄露的形式有以下几种：对业务交往或经济合作对象缺乏防范；接受外来人员参观时疏忽大意；公开报道时对大众媒体投稿把关不严；不注重资料的保管等。所以，我们对企业的全体员工进行情报教育，增强他们的保密意识，主要也是为了防御这些情况发生：

1. 对员工进行知识产权培训。注意，此类培训，企业所有人员都要参加，领导也不例外。知识产权培训，可以提高员工的知识产权意识，让员工了解企业拥有哪些知识产权，这样可以避免员工由于无知而侵犯商业秘密。

2. 树立保密主人翁的意识。在全体员工中普及企业竞争情报保护的意识和法律知识，从根本上消除那种“保密是保密部门的事，与我无关”的错误意味，以尽最大努力减少由员工、职工在无意识中泄露企业情报的可能。同时，通过保密教育，也可以让员工意识到了解商业秘密的人是有保密责任的，不了解的人不应该去打听。

3. 情报防守具体操作方法的培训。企业对员工的情报防守教育，不能仅限于理论上的教导，而需要具体的操作方法。普通员工毕竟不是专职的情报人员，对于情报工作没有足够的经验和方法，不知道如何具体来做。因此，企业对员工进行方法上的指导，才能保证工作的顺利开展。比如说，关于资料保管，员工应该每天都要做“清桌运动”，即离开时要保证桌面、地面不遗留任何文件、资料和纸屑。文件、资料按密级分别入柜锁好；废弃的文件、资料等必须要用碎纸机进行粉碎处理；垃圾桶要经常检查，以免保密资料误入垃圾桶后被泄密。

6.4.3 制定保密制度降低泄密风险

对商业秘密要制定保密制度，加强保密措施，才能维护其经济价值，并取得法律保护的条件。商业秘密案件中普遍存在的问题是企业内部的保密措施薄弱，有的甚至没有保密措施，使得商业秘密不能获得法律保护，因此企业必须制定相应的保密制度，采取各种合理的保密措施。

1. 制定严格的门卫管理制度

要求所有员工都佩戴出入识别证，外来访问应由被访者亲自接待，不允许来访者任意自由走出。在接待区域可设置电视屏幕监视系统，对入口及各主要通道，实行控制管理等。

2. 内部监控措施

可在企业内部设置防盗系统，对于公司重要管制区域、重要文件室等地方，除了安装全天候电视监控系统外，还可以采用磁卡和密码双重安全方式进入。建立相关制度，要求企业员工的工作电脑要设开机密码，由个人独立设计并应用，不得由第二个人知道。密码要经常进行更新，以防万一泄密，电脑中储存的资料被人偷窃。

3. 与职工签订保密协议

商业秘密的流失，70％是从本企业员工渠道流出的。有些企业在受到侵犯后欲寻求法律的保护，但由于事前没有与员工签订保密合同，导致专有技术或经营信息构不成法律意义上的商业秘密；有些企业与员工的保密合同签得很笼统，导致企业、员工、法院对商业秘密的范围以及其他事项产生不同的理解，使举证工作变得异常艰难。许多企业因此耗费大量的精力和财力，仍然难以在诉讼中取胜。

如果企业与员工之间有一份保密合同，预先明确了有关事项，情况将会大不相同，因为，只

要这些条款与现行法律法规没有抵触，就受到《合同法》的保护，仅向法院提供合同文本就可以轻易完成举证工作，赢得诉讼的主动权。因此，与员工签订保密合同，是商业秘密保护工作中十分重要的一环。

一份好的保密合同至少应该考虑到以下12个方面的内容：

(1) 商业秘密的内容和具体范围。

(2) 员工职务成果与非职务成果的确认。

(3) 员工任职期的界定。

(4) 员工在竞争企业任职、兼职活动的限制。

(5) 员工在职期间不得自行组织公司与雇主竞争。

(6) 员工不得引诱其他雇员离职。

(7) 员工离职前不得抢夺雇主的客户。

(8) 员工离职后继续承担保密义务的期限。

(9) 员工离职后在一定期限或特定区域内，不得开展竞争性业务或受雇于竞争公司。

(10) 保密费的数额和支付方式。

(11) 违约责任。

(12) 发生纠纷后诉讼地的选择。

附：

深圳市企业员工保密合同

甲方(员工)：

乙方(企业)：

鉴于甲方在乙方任职，并将获得乙方支付的相应报酬，双方当事人就甲方在任职期间及离职以后保守乙方技术秘密和其他商业秘密的有关事项，订定下列条款共同遵守：

第一条　双方确认，甲方在乙方任职期间，因履行职务或者主要是利用乙方的物质技术条件、业务信息等产生的发明创造、作品、计算机软件、技术秘密或其他商业秘密信息，有关的知识产权均属于乙方享有。乙方可以在其业务范围内充分自由地利用这些发明创造、作品、计算机软件、技术秘密或其他商业秘密信息，进行生产、经营或者向第三方转让。甲方应当依乙方的要求，提供一切必要的信息和采取一切必要的行动，包括申请、注册、登记等，协助乙方取得和行使有关的知识产权。

上述发明创造、作品、计算机软件、技术秘密及其他商业秘密，有关的发明权、署名权(依照法律规定应由乙方署名的除外)等精神权利由作为发明人、创作人或开发者的甲方享有，乙方尊重甲方的精神权利并协助甲方行使这些权利。

第二条　甲方在乙方任职期间所完成的、与乙方业务相关的发明创造、作品、计算机软件、技术秘密或其他商业秘密信息，甲方主张由其本人享有知识产权的，应当及时向乙方申明。经乙方核实，认为确属于非职务成果的，由甲方享有知识产权，乙方不得在未经甲方明确授权的前提下利用这些成果进行生产、经营，亦不得自行向第三方转让。

甲方没有申明的，推定其属于职务成果，乙方可以使用这些成果进行生产、经营或者向第三方转让。即使日后证明实际上是非职务成果的，甲方亦不得要求乙方承担任何经济责任。甲方申明后，乙方对成果的权属有异议的，可以通过协商解决；协商不成的，通过诉讼途径解决。

第三条　甲方在乙方任职期间，必须遵守乙方规定的任何成文或不成文的保密规章、制度，履行与其工作岗位相应的保密职责。乙方的保密规章、制度没有规定或者规定不明确之处，甲方亦应本着谨慎、诚实的态度，采取任何必要、合理的措施，维护其于任职期间知悉或者持有的任何属于乙方或者虽属于第三方但乙方承诺有保密义务的技术秘密或其他商业秘密信息，以保持其机密性。

第四条　除了履行职务的需要之外，甲方承诺，未经乙方同意，不得以泄露、告知、公布、发布、出版、传授、转让或者其他任何方式使任何第三方（包括按照保密制度的规定不得知悉该项秘密的乙方其他职员）知悉属于乙方或者虽属于他人但乙方承诺有保密义务的技术秘密或其他商业秘密信息，也不得在履行职务之外使用这些秘密信息。甲方的上级主管人员同意甲方披露、使用有关的技术秘密或其他商业秘密的，视为乙方已同意这样做，除非乙方已事先公开明确该主管人员无此权限。

第五条　双方同意，甲方离职之后仍对其在乙方任职期间接触、知悉的属于乙方或者虽属于第三方但乙方承诺有保密义务的技术秘密和其他商业秘密信息，承担如同任职期间一样的保密义务和不擅自使用有关秘密信息的义务，而无论甲方因何种原因离职。甲方离职后承担保密义务的期限为下列第____种（没有做出选择的，视为无限期保密）：

(A) 无限期保密，直至乙方宣布解密或者秘密信息实际上已经公开；

(B) 有限期保密，保密期限自离职之日起，计算到________。

乙方同意就甲方离职后承担的保密义务，向其支付保密费。保密费的支付方式为下列第____种：

(A) 甲方离职时，一次性支付________元。

(B) 甲方认可，乙方在支付甲方的工资报酬时，已考虑了甲方离职后需要承担的保密义务，故而无须在甲方离职时另外支付保密费。

第六条　甲方承诺，在为乙方履行职务时，不得擅自使用任何属于他人的技术秘密或其他商业秘密信息，亦不得擅自实施可能侵犯他人知识产权的行为。若甲方违反上述承诺而导致乙方遭受第三方的侵权指控时，甲方应当承担乙方为应诉而支付的一切费用；乙方因此而承担侵权赔偿责任的，有权向甲方追偿。上述应诉费用和侵权赔偿可以从甲方的工资报酬中扣除。

第七条　甲方在履行职务时，按照乙方的明确要求或者为了完成乙方明确交付的具体工作任务必然导致侵犯他人知识产权的，若乙方遭受第三方的侵权指控，应诉费用和侵权赔偿不得由甲方承担或部分承担。甲方的上级主管人员提出的要求或交付的工作任务，视为乙方提出的要求或交付的工作任务，除非乙方已事先公开明确该主管人员无此权限。

第八条　甲方承诺，其在乙方任职期间，非经乙方事先同意，不在与乙方生产、经营同类产品或提供同类服务的其他企业、事业单位、社会团体内担任任何职务，包括股东、合伙人、董事、监事、经理、职员、代理人、顾问等。甲方离职之后是否仍负有前款的义务，由双方以单独的协议另行规定。如果双方没有签署这样的单独协议，则乙方不得限制甲方从乙方离职之后的就业、任职范围。

第九条　甲方因职务上的需要所持有或保管的一切记录着乙方秘密信息的文件、资料、图表、笔记、报告、信件、传真、磁带、磁盘、仪器以及其他任何形式的载体，均归乙方所有，而无论这些秘密信息有无商业上的价值。若记录着秘密信息的载体是由甲方自备的，则视为甲方已同意将这些载体物的所有权转让给乙方。乙方应当在甲方返还这些载体时，给予甲方相当于载体本身价值的经济补偿。

第十条　甲方应当于离职时，或者于乙方提出请求时，返还全部属于乙方的财物，包括记载着乙方秘密信息的一切载体。但当记录着秘密信息的载体是由甲方自备的，且秘密信息可以从载体上消除或复制出来时，可以由乙方将秘密信息复制到乙方享有所有权的其他载体上，并把原载体上的秘密信息消除。此种情况甲方无须将载体返还，乙方也无须给予甲方经济补偿。

第十一条　本合同提及的技术秘密，包括但不限于：技术方案、工程设计、电路设计、制造方法、配方、工艺流程、技术指标、计算机软件、数据库、研究开发记录、技术报告、检测报告、实验数据、试验结果、图纸、样品、样机、模型、模具、操作手册、技术文档、相关的函电，等等。本合同提及的其他商业秘密，包括但不限于：客户名单、行销计划、采购资料、定价政策、财务资料、进货渠道，等等。

第十二条　本合同中所称的任职期间，以甲方从乙方领取工资为标志，并以该项工资所代表的工作期间为任职期间。任职期间包括甲方在正常工作时间以外加班的时间，而无论加班场所是否在乙方工作场所内。本合同中所称的离职，以任何一方明确表示解除或辞去聘用关系的时间为准。甲方拒绝领取工资且停止履行职务的行为，视为提出辞职。乙方无正当理由拒绝发给甲方全部或部分工资的行为，视为将甲方解聘。

第十三条　因本合同而引起的纠纷，如果协商解决不成，任何一方均有权提起诉讼。双方同意，选择乙方住所地的、符合级别管辖规定的人民法院作为双方合同纠纷的第一审管辖法院。上述约定不影响乙方请求知识产权管理部门对侵权行为进行行政处理。

第十四条　甲方如违反本合同任一条款，应当一次性向乙方支付违约金________元；无论违约金给付与否，乙方均有权不经预告立即解除与甲方的聘用关系。甲方的违约行为给乙方造成损失的，甲方应当赔偿乙方的损失。违约金不能代替赔偿损失，但可以从损失额中抵扣。

第十五条　本合同自双方签字或盖章完成之日起生效。

第十六条　本合同如与双方以前的口头或书面协议有抵触，以本合同为准。本合同的修改必须采用双方同意的书面形式。

第十七条　双方确认，在签署本合同前已仔细审阅过合同的内容，并完全了解合同各条款的法律含义。

立合约人签字、盖章：

甲方　身份证号码：

乙方　公司法定代表人：

——来源：新浪网

竞业禁止，是一种在西方国家用人制度方面广泛应用的形式，可以有效地保护人员流出企业的商业秘密和知识产权等。人才流动中侵犯商业秘密的现象较为突出，为了有效地保护商业秘密，也可以借鉴竞业禁止这种秘密武器。

所谓竞业禁止，是指负有特定义务的人不得对其所服务的企业从事具有营业竞争性质的行为，其实质是禁止职工在本单位任职期间和离职后一段时间内与本单位竞争，只有通过合理的竞业禁止才有可能提供有效堵塞侵犯商业秘密权的“主渠道”的有利条件，消除侵权者赖以侵权的职业依托和社会角色的支撑。

世界大多数知名公司都制定了严格的关于职业道德和商业行为的规章制度。为了规范人才的流动和有效的管理，防止发生商业秘密的泄露和纠纷，一些跨国公司都有严格的管理约束措施。(1) 在招聘面试时，要求应聘人员保证在其新的岗位上，不得利用其先前雇主的商业秘密；(2) 雇员在受聘后，与雇主签订保密协议，对于从事企业技术部门研制开发工作的人员尤其重视，在保密协议中还规定，雇员在解聘一段时间内不得受聘到企业竞争对手的公司工作；(3) 要求雇员在提出辞职时，不得泄露公司的商业秘密。通用电气公司规定，辞职人员需签订保证书，表明自己未带走任何属于公司的秘密材料，威尔豪赛尔公司也要求辞职的雇员做出保证，声明自己在工作期间所接触的一切商业秘密均属于公司财产，而不属于自己。在国外，这种做法已在劳动合同或知识产权及保密合同中广泛应用，并被国外法律所认可。

加强规范管理，及时与职工签订保密协议。企业在与职工签订劳动合同时，可以专门规定保守商业秘密的条款，规定职工泄露商业秘密后应负的法律责任；或者与接触和掌握商业秘密的职工协商，签订长期或无固定期限的劳动合同；或者规定关键岗位的职工在调离职工原岗位或离开企业后 3 年内不得从事与本企业相同的业务，也不能直接或间接帮助同行业使用原单位的商业秘密谋利。根据法律规定，只有经权利人采取保密措施的技术信息和经营信息，才构成商业秘密，才能受到法律保护。因此，企业一方面要明确哪些方面的信息属于本企业的商业秘密，并有明确的保密制度，同时，还要与有关职工签订保密协议，从两方面对商业秘密加以保护。

4. 留住骨干技术人员

对骨干技术人员实行特殊薪酬政策。对那些位于特殊岗位并做出特殊贡献的职工，可考虑实行特殊的分配政策。除了一般的奖励之外，还可以对新产品的开发实行提成奖励制度。比如以新产品产生效益的前 10 年为一个阶段，后 10 年为一个阶段，确定每个阶段不同的提成比例，本人去世后，合法继承人仍享有继承权。这样的奖励政策，一般能够留住人才，并且最少可以将人才留在企业 20 年。

企业也可以将新产品分成数额不等的股份，奖励给参与研制新产品的技术人员。技术人员从股份的分红中得到一笔数额不菲的股金。技术人员离开企业，这个股份自动取消。也有的企业在职工的工资项目中设立一个特殊的积累储蓄金，由企业职工储蓄或者办理补充养老保险，并确定支付返还职工的具体时间和方式。如果职工因自身原因离开企业，企业可以中止或者不支付储蓄金或补充养老保险费。从而把职工的命运与企业的生死紧紧地联系在一起，使之一心一意地为企业发展效力。

6.4.4 加强技术保密手段

1. 加强信息安全管理技术

企业可以对内部电脑系统设立侦测监视，同时在电脑内设下管制，要进入特别系统，应有识别代号及密码。对任何非经授权即想进入电脑查询者，不但会拒绝，而且会留下记录，还可测出可疑者是由哪部电脑或终端机进入。对于企业内部使用的作业系统也做了预防措施，防止外人以网络连线方式将公司秘密窃走，或加以复制、损坏。

2. 配备专门的网络安全管理人员

Sec120 互联安全网首席安全专家李成峰先生介绍说：“目前大多数公司并没有配置专门的网络安全管理人员，通过我们实施过的客户来看，担任此类工作的基本都是对网络安全不是很专业的程序人员和网页设计人员。即使有些公司配置有专业的网络安全技术人员，但毕竟个人力量有限，网络安全是一个整体规划的过程。因此必须重视网络，做全面的安全评估及跟进，这样做的好处是：排除已知网络隐患，预防潜在安全危机，把可能带来的风险降到最小。特别对于一些靠网站运营生存的企业，稳定的服务及网站将会直接影响经济效益。”

3. 做好数据备份

“只有绝对的不安全，没有绝对的安全”，所有互联网相关企业都会面临网站被攻击的危险。目前中国互联网领先的大网站，无不遭受过被黑、被攻击的命运，那么你的网站迟早都会被攻击。因此在此之前，你要为自己的网站安全做好数据备份。

对于任何网站，都必须做好数据备份，你可以采取的备份措施有多种多样，但是无论备份如何，都只是做了最坏的打算，大不了我恢复数据。但是备份是一种必须要做的措施，但无法主动应对安全问题。而且，在被黑之后，恢复备份之前，网站处于不可服务状态，直接损失无法用金钱衡量。

6.4.5 防御大数据泄密

“大数据时代”的到来，毫无疑问会给人们带来空前便利。以往依赖于采样分析而得出的公共政策决策、消费者需求调查、美学设计，都将让位于基于全面数据的分析，其将更趋于科学化、精准化。而信息存储和利用方式的革命性变化，互联网、“云”储存可以让人低成本的查找和利用文献资料，实现“足不出户、洞察天下”。然而，不容忽视的是，人不仅是信息、数据的使用者，还是生产者。有关我们的信息，有些是我们自身愿意让他人了解、共享的，也有很多不乐意公之于众的隐私信息。但大数据体系本身，不考虑个体乃至群体是否愿意分享，而是自动自发地吸纳着所有可以吸纳的数据。

一个人可以通过搜索引擎，查知心仪对象的底细，也将成为被搜索对象，用人单位人力资源专员很可能通过他(她)的微博获悉简历之外更为真实、暴露出更多缺点的一面，甚至会因为几张搞怪照片就认定他(她)是一个轻浮的人，从而做出拒绝录用的决定。同样，现今的企业已经不能通过公关传播等包装手段，来塑造所谓的完美形象；只要有过违法记录、违反社会责任履行要求的记录，就将持续付出形象代价。大数据时代，如何保全隐私？

与《大数据时代》形成参照，揭示大数据时代带给人的负面影响的另一本书《删除：大数据取舍之道》，也出自维克托·迈尔—舍恩伯格之手。《删除：大数据取舍之道》开篇即阐释了大数据时代带来的隐私非隐的问题，指出，“数字技术已经让社会丧失了遗忘的能力，取而代之的则是完善的记忆……谷歌对我们的了解比我们自己能够记住的还要多”。

基于技术形成的大数据体系，造成了隐私非隐，让人无法遗忘、舍弃信息，这也是对人类社会长期以来形成的记忆习惯、知识积累与传播方式的逆反。书中指出了数字化记忆发展的四大驱动力：第一，数字化，数据收集、信息复制的成本趋近为零，可以极为便利地大规模生产；第二，存储便利、廉价、趋近于永久；第三，易于提取；第四，全球性覆盖，瞬时实现全球共享。

维克托·迈尔—舍恩伯格提醒指出，人们之所以能够结成群体和社会，是因为接受一定范畴的共同信息，从而形成共享记忆和共同情感；如若而今及以后变得不会遗忘、不会对信息做出范畴限制，共享记忆和共同情感及其提供的基础作用就会消失。非但如此，大数据体系、数字化记忆还可能造成对公民的全景控制，进一步强化社会等级，巩固并加深现有的不平等的信息权力分配。

《删除：大数据取舍之道》中提出了对大数据体系、数字化记忆负面性的六种可能对策：数字化节制、保护信息隐私权、建设数字隐私权基础设施、调整人类的现有认知、打造良性的信息生态、完全语境化。

“数字化节制”指的是人作为信息社会的主体，要积极发挥能动性，在洞察到放弃“遗忘”的潜在影响后，审慎控制过多的个人信息对外发布。当然，这需要就此做出一种艰难的权衡抉择。积极分享个人信息毫无疑问可以为我们带来诸多便利，控制信息分享会减少部分便利。

保护信息隐私权、建设数字隐私权基础设施、打造良性的信息生态，需要政府及互联网行业、法学界等方面加强协商。信息隐私权最基本的形式是给予个人选择是否共享信息的权利，严禁任何其他个人或组织在法律许可和信息所有者许可之外，滥用个人信息。尽管对“信息隐私权”这个概念的界定，必将引起较大争议，但唯有通过广泛讨论，方能为共识的取得创造可能。在此基础上，政府应建设数字隐私权基础设施，并推动相关的立法进程。

所谓“调整人类的现有认知”、“完全语境化”，指向的是数字化、互联网时代信息存储及形成记忆中容易被忽视的两大缺陷：无法被数字化存储的信息被忽视，可以被数字化的信息（数据）在被提取利用时会脱离原有语境，形成新的数字化偏见。

案例：

支付宝交易信息泄密事件

据《经济观察报》报道，2013年11月27日，从事电商工作的张建因“涉嫌非法获取公民个人信息罪”，被杭州市公安局西湖分局刑事拘留，羁押于杭州市三墩镇振华路看守所。张建案发，由李明（音）牵出。李明系阿里巴巴旗下支付宝的前技术员工，其利用工作之便，在2010年多次在公司后台下载了支付宝用户的资料，资料内容超20G。李明伙同两位同伙，随后将用户信息多次出售给电商公司、数据公司，据称3万条可卖500元。

支付宝官方微博于2014年1月4日发出官方声明，称基于已有的数据安全体系，阿里巴巴廉正部在2012年例行内部审计时发现了前员工李某在数据处理上的不正当行为，并在调查后将李某移交公安机关进行侦办。上述声明中还称：据李某自述，其销售的数据为2010年之前不含密码、不含核心身份信息的部分非敏感交易内容，不涉及用户隐私及安全。支付宝强调，我们一直以来对于敏感数据如身份证信息、卡号、密码等全部采用先进加密技术处理，无论是在该事件之前还是之后，任何人都无法获取。支付宝方面表示，泄露的信息主要为交易数据。

据悉，此则消息引发了用户对于信息安全问题的关注，也令网络信息贩卖产业链浮现。中国电子企业协会信息化促进发展中心主任林韩表示，用户安全信息盗取和贩卖已经形成一个非常完整的产业链，且市场需求大。一条价值较高的用户信息甚至可以被卖至数十元。

情报安全不仅是一个技术问题，更是一个管理问题。因此，大数据环境下，企业除了要从技术上实现反黑客、反病毒、防窃盗等方式来抵御外来入侵者的威胁，更需要重点加强在信息安全保障体系、信息资源共享制度、机密信息保护、信息审计等方面的制度建设，从管理上杜绝企业核心商业数据和商业秘密被泄露的漏洞。

1. 信息安全保障制度。依据国家有关信息安全技术标准，建立企业信息安全风险评估的流程和规范；根据国际信息安全标准，建立符合国家信息安全保障的信息安全保障体系；以安全保障体系为基准，建立企业信息安全的组织机构；建立日常安全运行与维护机制，包括安全运行监控制、问题处理、变更管理；快速应急响应制度，包括数据灾难备份、各个业务系统应急方案等。

2. 信息资源共享制度。这里主要探讨信息资源共享方面的安全措施，主要包括：设置企业信息密级，明确每个密级的信息传播范围；制定企业相关信息的存取、流转、借阅、复制等方面的规定；对于存储在云端的数据，按信息重要性级别，实施信息分云存储；确定云端数据的授权和接入办法，控制非法用户访问非授权数据。

3. 机密信息保护制度。建立关键信息的识别机制，定期更新企业机密信息范畴；设置企业机密区域，减少机密信息的接触者和传播环节；机密信息进行加密；制定机密信息存储的安全规定，包括保密、防火、防水等；制定竞业禁止协议，防止涉密人员和高级管理人员离职后泄密；制定保密条款，防止咨询机构、云服务提供商等第三方泄密。

4. 信息审计制度。构建统一的安全监控和审计防信息泄露的信息审计流程；建立信息审计与监控工作组，负责对整个企业信息资源系统进行安全监测与评估；确定信息审计的范围，制定信息审计的周期，定期对系统运行、用户操作等进行安全评估；针对云端泄密，可以引入第三方信息安全审计机制，对云端数据存储进行经常性风险评估。

6.4.6　增强维权意识

市场经济条件下，企业要学会利用法律手段，保护自己的合法权益。一旦发生商业秘密泄露事件，要及时收集证据，并预先申请法院责令侵权人停止侵害，避免给企业造成更大的损失。有些企业经营者发现自己的商业秘密被“跳槽”的职工带走后，只知道干着急或找“跳槽”的职工私下交涉，却不知该如何通过法律手段进行自我保护，有的甚至不知道法律到底能保护到什么程度，因此需要提醒企业法人，遇到问题应及时进行法律咨询，寻求法律的有效保护。发现侵权行为后，要及时向工商行政管理局提出控告或向人民法院提起诉讼。一些公民、法人在自己的权利被侵害后，开始不以为然，认为侵权行为形成不了大气候，无形资产受损害又不像有形资产那样见效快，直到市场被占领，自己的产品受到冲击，再提起诉讼为时已晚。及时控告或诉讼的好处在于：工商行政机关和人民法院均可以采取有效措施及时制止商业秘密进一步扩散。权利人应注意对保护商业秘密证据的采集和保存。由于商业秘密侵权的特殊性，侵权人的侵权行为都是在秘密状态下进行，加之权利人不熟悉商业秘密的法律要件，往往给权利人的取证带来很大困难，这就要求权利人要注意收集和保护有关证据：要全面，能够收集的一定要收集；要注意证据与侵犯商业秘密行为的关联性；在证据有可能灭失的情况下，及时向人民法院提出证据保全申请，以有利于最大限度地保护权利人自身的合法权益。

思考与练习

1. 简述可以分享的商业情报类型。
2. 情报分享对企业的发展有什么作用？
3. 在情报工作中，哪些行为界定为侵犯他人商业秘密？
4. 保护商业情报的基本方法有哪些？

实训应用

实训项目：

企业商业情报保护实施方案。

实训目的：

全面实践情报保护章节中所学的内容，切实提高学生的情报保护意识。

实训指导：

假设你的团队正在经营一家小微企业，请针对该企业所处行业的情报泄密现状，设计一个操作性强的情报保护实施方案。

实训组织：

1. 全班分成若干个团队，每个团队6～8人。

2. 每个团队自选经营特定行业的一家小微企业，针对该企业所处行业的情报泄密现状，设计一个操作性强的情报保护实施方案。

3. 各个团队进行方案展示，展示形式不限，可作PPT汇报，也可以情景剧等戏剧性的方式进行汇报。汇报时间为10分钟，答辩时间为5分钟。

4. 每个团队都要为其他团队的汇报进行评价与打分。

实训考核：

1. 教师与同学共同讨论给出评分标准。

2. 学生此次实训成绩按各团队给出的学生所在团队评分的平均值获得。

附录一　流动街访问卷

流动街访问卷设计范例

一审：______________________　　　　问卷编号：________________

二审：______________________　　　　访问员编号：______________

复核：______________________　　　　访问地点：________________

先生/女士/小姐：

您好！我是某市场研究公司的访问员，我们目前正在进行一项有关购买鞋子的研究，请问您是否可以抽空参加我们的访问呢？

多谢您的支持和配合！

被访者姓名：__________　　居住区域：__________　　联系电话：__________

访问时间：______年____月____日____时____分至____时____分，共计______分钟

甄别问卷

F1.［不询问］记录被访者性别：

男 …………………………………………………………………… 1 →终止访问

女 …………………………………………………………………… 2

［向所有被访者读出］

S1. 请问您或您的同住家庭成员中是否有在以下行业工作的呢？请选出所有适合的选项。［详细追问］：还有呢？还有呢？（复选）

鞋类生产/销售行业 …………………………………………………… 1 ⎫

广告/媒体 …………………………………………………………… 2 ⎬终止访问

市场研究 …………………………………………………………… 3 ⎭

以上均无 …………………………………………………………… 4

S2. 在最近6个月内，请问您有否参加过有关鞋类的调查呢？（单选）

有 …………………………………………………………………… 1 →终止访问

没有 ………………………………………………………………… 2

S3. 请问您是否在广州居住？（单选）

是 …………………………………………………………………… 1

否 …………………………………………………………………… 2 →终止访问

S4. 请问您的实足年龄是？

19岁或以下 ………………………………………………………… 1 →终止访问

20～24岁 …………………………………………………………… 2

25～29岁 …………………………………………………………… 3

30～34岁 …………………………………………………………… 4

35～39岁 …………………………………………………………… 5

40岁以上 …………………………………………………………… 6 →终止访问

S5. 请问您在最近半年内购买过单鞋或凉鞋吗？

是 …………………………………………………………………… 1

否 …………………………………………………………………… 2 →终止访问

主体问卷

关于您的新鞋

[询问所有被访者]

A1. 这个问题是针对您最近购买的新鞋提问,请您回忆,由于什么原因使您选择现在这双新鞋的?[详细追问]:还有呢?还有呢?(复选)

随机轮调		选择这双新鞋的原因
品牌	1. 我信任这个品牌	01
	2. 我了解并且认可这个品牌	02
	3. 这个品牌的形象好	03
款式	4. 我觉得这双鞋的外观设计好看	04
	5. 鞋跟高低/类型符合我的要求	05
	6. 我特别喜欢这双鞋子的颜色	06
	7. 我特别喜欢这双鞋子的设计风格	07
	8. 我特别喜欢这双鞋子的鞋面	08
质量	9. 鞋子的用料符合我的要求	09
	10. 保养方便	10
	11. 总体耐用性好	11
服务	12. 销售员专业/热情	12
	13. 质保范围大	13
经济	14. 价格合理	14
	15. 遇到促销/打折优惠活动	15
舒适性	16.行走方便	16
	17.穿着舒适	17
场合	18.适合某种场合穿着	18
其他	19.其他(请注明________________)	99

关于您平时的买鞋习惯

[询问所有被访者]

B1. 购买鞋子时,关注鞋子的品牌吗?(单选)

不关注,经常购买非品牌的鞋子 ………………………………………… 1

比较关注,有时购买品牌鞋子,有时也购买非品牌的鞋子 ……………… 2

非常关注,经常购买品牌的鞋子 ………………………………………… 3

B1. 请问您拥有或曾经拥有哪些品牌的鞋子?(复选)

百丽(BELLE)	她他(TATA)	天美意(Teenmix)	(KISS CAT)	星期六(ST&SAT)
千百度	达芙妮 Daphne	百思图	思加图 Staccato	红蜻蜓
Fed	玖熙 NINE WEST	阿皇女	舒丹妮 Sheton	真美诗 Joy&Peace
康莉	妙丽	CnE	莱尔斯丹 Le Saunda	芭迪 Patty
购买过其他品牌的鞋	以上都没有			

B2. 请问您最初是从哪里得到这些品牌的信息的?(单选)

B3. 哪些信息来源影响了您购买鞋子的选择?请选出所有适合的选项。[访问员追问]:还有呢?还有呢?(复选)

访问员请注意:如果被访者回答“不记得”,必须进行追问。

	C2 最初如何得知（复选）	C3 有影响的信息（复选）
1. 家人/家庭成员	1	1
2. 朋友/同事	2	2
3. 销售人员	3	3
4. 专卖店/专柜展示	4	4
5. 电视广告	5	5
6. 广播广告	6	6
7. 综合性报纸上的广告	7	7
8. 综合性杂志上的广告	8	8
9. 时尚类报纸杂志上的广告	9	9
10. 综合性报纸上的文章	10	10
11. 综合性杂志上的文章	11	11
12. 时尚类报纸杂志上的文章	12	12
13. 品牌的宣传手册	13	13
14. 宣传单页	14	14
15. 厂商的网站	15	15
16. 除厂商和销售商以外的其他网站	16	16
17. 网上广告	17	17
18. 户外广告	18	18
19. 论坛口碑	19	19
20. 微博信息	20	20
99. 其他(请注明:__________)	99	99

B4. 您喜欢的优惠活动是什么(折扣除外)?(单选)

现金券 …… 1
赠送礼品 …… 2
会员积分 …… 3
其他(注明________________________) …… 4

关于您为婚礼、宴会等重要场合购买的鞋

[询问所有被访者]

C1. 您是否曾经为婚礼、宴会等重要场合,特别选购适合该场合穿着的鞋?(单选)

是 …… 1→跳转至 C3
否 …… 2→续问 C2

C2. 在未来一年内,您是否会考虑为婚礼、宴会等重要场合,特别选购适合该场合穿着的鞋?

是 …… 1→续问 C3
否 …… 2→跳转至 D1

C3. 您曾经,或者以后会考虑在哪种情况下选购适合该场合穿着的鞋?(多选)

自己的婚礼 …… 1
亲友的婚礼 …… 2
宴会/舞会 …… 3
领奖/剪彩等重要仪式 …… 4
其他(请注明________________________) …… 99

C4. 以下问题是针对专为婚礼、宴会等重要场合购买的鞋。请问当您在选择鞋子时,您对下列各项因素的重视程度如何呢?请使用1～5分的尺度。(每行单选)

5分表示"非常重要",4分表示"比较重要",3分表示"很难说",2分表示"不太重要",1分表示"一点也不重要",分数越高,表示你对该项因素的重视程度越高。

C5-1. 请从C3的答案中选出3项最重要的因素。(3选)

C5-2. 在您选择的C5-1的答案中,哪一项是最重要的?(单选)

访问员请注意:C5-2的答案必须包含在C5-1中。

随机轮调	C4(单选)					C5-1	C5-2
	非常重要	比较重要	很难说	不太重要	一点也不重要	三个重要因素(3选)	最重要因素(单选)
品牌	5	4	3	2	1	01	01
款式	5	4	3	2	1	02	04
质量	5	4	3	2	1	03	06
舒适性	5	4	3	2	1	01	01
服务	5	4	3	2	1	04	12
价格	5	4	3	2	1	05	13
优惠活动	5	4	3	2	1	06	13
其他(请注明________)	5	4	3	2	1	99	15

背景资料

[向所有被访者读出]下面我将请问一些您自己的情况。

D1. 请问您的婚姻状况是什么呢？(单选)(访问员注意：如果该题选择2，请注意核对必须填写“关于您为婚礼、宴会等重要场合购买的鞋”部分)

未婚 …… 1
已婚/同居 …… 2
离婚/分居 …… 3
寡居 …… 4

D2. 请问您的职业是什么？(单选)

中央、地方政府干部(管理层) …… 1
国企管理层 …… 2
私企管理层 …… 3
外企管理层 …… 4
中央、地方政府公务员(普通职员) …… 5
国企普通员工 …… 6
私企普通员工 …… 7
外企普通员工 …… 8
专业人员(律师、财务、教师等) …… 9
自由职业者 …… 10
自己开办小型公司(拥有8名及8名以下员工) …… 11
小型公司雇员(拥有8名及8名以下员工) …… 12
(非政府、非企业)服务性机构或组织 …… 13
其他(请注明：________) …… 99

D3. 平均而言，您的个人月收入是多少呢？(包括工资/分红/投资等所有收入)(单选)

人民币999元以下 …… 01
人民币1 000～2 999元 …… 02
人民币3 000～4 999元 …… 03
人民币5 000～6 999元 …… 04
人民币7 000～8 999元 …… 05
人民币9 000～10 999元 …… 06
人民币11 000～12 999元 …… 07
人民币13 000～14 999元 …… 08
人民币15 000～16 999元 …… 09
人民币17 000～18 999元 …… 10
人民币19 000元以上 …… 11

****************************访问结束，再次感谢被访者****************************

附录二　入户访问问卷

润滑油追踪研究调查问卷设计范例(部分)

开始时间：______ 结束时间：______ 访问长度：______	(TIME)	执行日期： 被访者编号 #：___ ___ ___ ___ ___	(INT_NO)

访问员编号：______ (INT_ID)

编码员编号：______

访问日期：______ (XDATE)

TV5COM　　−5

TV7COM　　−7

性别

男性	−1
女性	−2

年龄

20～29 岁	−1
30～39 岁	−2
40～49 岁	−3
50～55 岁	−4

燃油配额

柴油最多 10%	−2

本项调查属自愿性调查

被访者姓名：______

区　　属：______

详 细 地 址：______

联 系 电 话：______

访问员姓名：______

甄别问卷

介绍：

您好，我叫________，是某(国际)市场研究有限公司的访问员。我们希望通过一些访谈了解人们的态度和意见。请放心我们不会向您推销任何东西，这次访问只用于研究目的，您的回答将被严格保密。

*(如果有必要，请解释)*您的回答将会在绝对保密的情况下进行处理。

*(如果有必要，请解释)*这个访问只用于研究，我们不会向您推销任何东西。

A. 我能和您家里年纪在 20～55 岁的人交谈一下吗？

*(如果有必要，请解释)*您的回答当然将会在绝对保密的情况下进行处理。

*(如果有必要，请解释)*这个访问只用于研究，我们不会向您推销任何东西。

*(如果有必要，请解释)*这个访问大约持续 20 分钟，具体取决于您回答的情况。

在门口说吧	—1	→跳问 Q.C
不在	—2	→续问 Q.AA
进来	—3	→重复介绍部分
家里没有这样的人	—4	→续问 Q.AA
不符合要求	—5	→结束访问
公司/非居民房	—6	
不知道/拒答	—0	→结束访问

AA. 这是说您家里没有 20～55 岁的人，还是说他们现在不在家呢？

在门口说吧	—1	→跳问 Q.C
不在	—2	→续问 Q.B
进来	—3	→重复介绍部分
家里没有这样的人	—4	→结束访问
不符合要求	—5	
公司/非居民房	—6	
不知道/拒答	—0	→结束访问

B. 他们什么时候有时间可以进行访问呢？我应该找谁呢？

1—记录姓名和时间：________________________________

2—在项目研究时间内，没有时间进行访问

为了保证我们的访问能够广泛覆盖各个年龄层次，我希望先问您一些一般性的问题。

C. 今天，我们要和各种不同年龄段的人进行交谈，您可以告诉我您的年龄吗？

实际年龄________ (SQC)

(如果犹豫/拒答，则说……) 拒答 —99

那么您是……？(读出选项) (SQC_1)

20 岁以下	—1	→续问 Q.C2
20～24 岁	—2	→跳问 Q.D
25～29 岁	—3	
30～34 岁	—4	
35～39 岁	—5	
40～44 岁	—6	
45～49 岁	—7	
50～55 岁	—8	
55 岁以上	—9	→续问 Q.C2
(不必读出) 不知道/拒答	—0	→结束访问

C2. 请问您家里是否还有其他人是年龄在 20～55 岁的？

进来	—1	→向受访者致谢，重新开始访问
不在	—2	→结束访问
拒绝	—3	→结束访问
没有	—4	→续问 Q.C3

C3. 那是说，您家里没有人是年龄在 20～55 岁之间的，还是那个人这个时候不在家？

不在家	—1	→结束访问
婉转地回拒	—2	→结束访问
拒绝	—3	→结束访问

D. 请问您本人或您的家人中，有没有在以下所列举的地方工作的？（缓慢地读出选项）

(SQD)

市场研究机构或公关公司	—1	→结束访问
广告公司	—2	
汽车公司，如汽车经销商、加油站或修理厂	—3	
汽油公司	—4	
机油公司	—5	
或，以上皆无	—7	→继续
（不必读出）不知道/拒答	—0	→结束访问

E. 您在过去 3 个月内是否接受过任何形式的关于汽车或汽车维修方面的市场调查？

(SQE)

是	—1	→结束访问
否	—2	→继续
不知道/拒答	—0	→结束访问

F.（记录性别—不必提问）。

(SQF)

男性	—1	
女性	—2	

G. 您个人是否至少拥有一辆或可以使用一辆汽车，并且作为私车使用？这些车可以包括轿车、轻型卡车、微型面包车和运动型多用途汽车，但不包括摩托车。（只接受 一个 答案）

(SQG)

是	—1	→跳问 Q.J
否	—2	→续问 Q.GA
不知道/拒答	—0	→结束访问

Q. GA 只针对 Q.G 中回答“否”的被访者进行提问。

GA. 您家里是否有人至少拥有或可以使用一辆汽车，作为私车使用？（只接受 一个 答案）

是—进来	—1	→重新开始访问
不在家	—2	→跳问 Q.B
没有这样的人	—3	→结束访问
不知道/拒答	—0	→结束访问

J. 请回想一下您拥有或使用的这辆汽车，通常是由谁来决定如何以及去什么地方更换机油的？(读出选项，只接受一个答案)

(SQJ)

您自己决定	—1	→跳问 Q.M
您和其他人共同决定	—2	
您的配偶决定	—3	→继续
汽车的拥有人决定	—4	
或，其他人决定	—5	→结束访问
(不读出)不知道/拒答	—0	

K. 这个做决定的人现在在吗？

在，进来	—1	→重新开始访问
不在	—2	→继续 Q.K-1
不知道/拒答	—0	→结束访问

K-1. 什么时候他们有时间可以进行访问？我应该找谁？

1—记录姓名和时间：________________

2—在项目研究时间内，没有时间进行访问

M. 这辆车在过去 6 个月里是否更换过机油呢？

(SQM)

是	—1	→继续
否	—2	→结束访问
不知道/拒答	—0	→结束访问

N. 这辆车主要使用哪种类型的燃料呢？(读出选项)

(SQN)

汽油	—1	→继续
柴油	—2	→检查配额
或，其他燃料	—3	→结束访问
不知道/拒答	—0	→结束访问

如果在 Q.N 题选择了柴油，请检查配额；如果配额已满，则结束访问。

消费者偏好 / 汽车信息

QNEW. (出示卡片)请问以下哪个最好地描述了您通常如何去更换您汽车的机油？您认为……？(读出选项，只接受一个答案)

(SQNEW)

我自己亲自购买并更换我的汽车的机油(停好汽车，注入机油等)	—1
我亲自购买机油，然后请朋友或家人更换我的汽车的机油。	—2
朋友或家人购买并更换我的汽车的机油。	—3
我请别人为我购买机油，但我自己更换机油。	—4
我会在一个地方购买机油，然后拿着它去不同地方的专业安装点更换机油，如大卖场、汽配店、服务站、汽车美容店、润滑油专门店。	—5
我会在一个地方购买机油，然后拿着它去相同地方的专业安装点更换机油，如大卖场、汽配店、加油服务站、汽车美容店、润滑油专卖店。	—6
我会直接去专业安装点(例如汽车经销商、维修厂或服务站)，要求更换机油，并且我要求使用指定的机油品牌。	—7
我会直接去专业安装点(例如汽车快修点、汽车美容店、汽车维修站、汽车经销商、4S 店、轮胎店)，要求更换机油，但我不选择机油品牌。	—8

如在 Q.QNEW 选择了－1、－2、－5 或－6，则提问 QB1 和 QB2；如选择了任何其他答案，则跳至 QC1。

QB1.（出示卡片）请问您过去 6 个月为您主要的汽车在以下哪些地方购买过机油？（读出选项）

(SQQB1)

汽配商店	－1
大卖场	－2
独立汽配店	－3
润滑油专卖店	－4
其他一些地方	－5
（不必读出）不知道	－0

QB2. 请问您购买机油的这个主要地方是只销售一个单一的机油品牌，还是销售多个品牌的机油？（读出选项，只接受一个答案）

(SQQB2)

单一品牌	－1
多个品牌	－2
（不必读出）不知道	－0

如在 Q.QNEW 选择了－5、－6、－7 或－8，则提问 QC1 和 QC2；如选择了任何其他答案，则跳至 QA。

QC1.（出示卡片）请问您在过去 6 个月使用过以下哪个安装点（也就是由专业人士为您更换机油的地方）为您汽车更换机油呢？（读出选项，多选）

(SQQC1)

汽车经销商	－1
4S 店	－2
汽车美容店	－3
汽车快修	－4
润滑油更换店	－5
轮胎更换店	－6
维修厂/维修站	－7
其他（请注明＿＿＿＿＿＿＿＿）	－8
（不必读出）不知道	－0

全新细分问题

SEG1A.（出示卡片）请告诉我们您对以下陈述的同意或不同意程度如何。（每行单选。）

		非常同意	有点同意	有点不同意	非常不同意	
A	我会试着积极地参与我的汽车的机油的选择。	4	3	2	1	(SEG1A_1)
B	所有机油都提供类似的优惠，所以没有理由去支付更高的价格。	4	3	2	1	(SEG1A_2)
C	机油之间有很大的差异。	4	3	2	1	(SEG1A_3)
D	使用一种有品质的机油使我感到更好地保护我的汽车。	4	3	2	1	(SEG1A_4)
E	我寻求最低标价的机油。	4	3	2	1	(SEG1A_5)
F	如果我为一种机油支付了更多，那么我知道它是值得的。	4	3	2	1	(SEG1A_6)
G	我只在我记得的时候更换机油。	4	3	2	1	(SEG1A_7)

“参与者/非参与者”分类：

		(QINVOLV)
在 SEG1A 的 A－G 的灰色区域内，圈到 5 个或以下灰色区域答案的	非参与者	1
在 SEG1A 的 A－G 的灰色区域内，圈到 6 个或以上灰色区域答案的	参与者	2

如果是"非参与者"，检查配额。配额未满，跳至 Q.9A；配额已满，终止访问。
如果是"参与者"，继续访问。

SEG1.（访问员出示每对陈述的单独示卡）我现在将给您读出/观看一些关于机油的一对对陈述。对于每对陈述，请告诉我您更同意哪个陈述。

	陈述 A	同意陈述 A 多一点	同意陈述 B 多一点	陈述 B	
a)	不同机油有很大的不同之处。	—1	—0	所有的机油都基本差不多。	(SEG1_1)
b)	我的汽车不需要合成油。	—0	—1	任何车使用合成油都可获得好处。	(SEG1_2)
c)	半合成油/合成混合油比常规油价值高。	—1	—0	半合成油/合成混合油不及常规油带来的附加价值高。	(SEG1_3)
d)	即便它能给我带来其他额外好处，我觉得不值得为我的车子付更多的机油费。	—0	—1	如果机油能够为我的车子带来额外的好处，值得多花一点钱。	(SEG1_4)
e)	国际品牌的机油有更好的质量，值得付更高的价格。	—1	—0	国内品牌的机油和国际品牌的机油一样好。	(SEG1_5)
	SEG1 回答的加总得数：（两列）			□ 如 SEG1a 至 SEG1e 的加总得数 ＜ 3，归入"非目标用户"，跳至 SEG3 记录并继续 Q.9A □ 如果加总得数 ＞ 2，继续提问 SEG2	

SEG2.（访问员出示每对陈述的单独示卡）我现在将给您读出/观看更多一些关于机油的一对对陈述。对于每对陈述，请告诉我您更同意哪个陈述。

	陈述 A	同意陈述 A 多一点	同意陈述 B 多一点	陈述 B	
a)	只要您常常更换机油，用什么油都没关系。	—0	—1	使用的机油类型和机油更换频率一样重要。	(SEG2_1)
b)	车子是昂贵的投资，所以使用更好的机油所花的价钱是很少的。	—1	—0	机油没有太多的不同，所以任何知名的机油对我的车子来说都已经足够好了。	(SEG2_2)
c)	有些常规油比其他的油好很多。	—1	—0	所有的常规油基本上一样。	(SEG2_3)
d)	在购买机油时，我并没有很关注品牌名字。	—0	—1	在选择机油的时候，品牌名字是非常重要的考虑因素。	(SEG2_4)

机油品牌的品种认知

针对 Q.11 中提及知道的每一个母品牌进行询问

V11. 请问您是否曾经听说过以下具体类型或配方的______（插入 Q.11 知道的母品牌名称）机油呢？

（对第一个品种，完整读出题目。对接下来的每一个品种，则提问：）______（品牌）如何？

（根据循环√随机提问品牌，对每个品牌的附加品种也进行循环√提问）

↓从打√处开始循环提问所有品牌		是	否	不知道	
嘉实多					
	嘉实多 Edge(极护)	—1	—2	—0	(QV11_386)
	嘉实多 GTX(金嘉护/嘉护)	—1	—2	—0	(QV11_26)
	嘉实多 GTX XL(金牌护力)	—1	—2	—0	(QV11_387)
	嘉实多 Magnatec(磁护)	—1	—2	—0	(QV11_32)
美孚					
	美孚 1(1 号)	—1	—2	—0	(QV11_143)
	美孚 Heibawan(黑霸王)	—1	—2	—0	(QV11_152)
	美孚 Special(力霸)	—1	—2	—0	(QV11_156)
	美孚 Super(速霸)	—1	—2	—0	(QV11_257)
	美孚 Super 1000(速霸 1000)	—1	—2	—0	(QV11_396)
	美孚 Super 2000(速霸 2000)	—1	—2	—0	(QV11_397)
壳牌					
	壳牌 Helix H3/RED(喜力 H3/红喜力/红壳)	—1	—2	—0	(QV11_216)
	壳牌 Helix HX2/White(喜力 HX2/白喜力/白壳)	—1	—2	—0	(QV11_459)
	壳牌 Helix HX5/Yellow(喜力 HX5/黄喜力/黄壳)	—1	—2	—0	(QV11_485)
	壳牌 Helix HX7/Blue(喜力 HX7/蓝喜力/蓝壳)	—1	—2	—0	(QV11_487)
	壳牌 Helix Ultra/Grey(超凡喜力/灰喜力/灰壳)	—1	—2	—0	(QV11_488)

访问员注意：如被访者不知道以上所有品牌(即回答“否”或“不知道”)，则跳问至(TV5COM1)前的指引。

针对 Q.V11 提及知道的每个品牌进行随机循环提问。

V13A. 访问员注意：请拿出另外一张白纸，根据以下表格最左边的打√品牌开始循环将被访者在 Q.V11 中提及知道的机油品牌和机油品种清晰地抄下来，然后再次检查是否正确地将被访者在 Q.V11 知道的所有品牌和品牌都抄下来了。完成后，访问员将该白纸递给被访者，作为后面几个问题提问时的参考。

机油品牌的品种考虑和满意度

仅针对 Q.V11 提及知道的嘉实多 Edge(极护)、美孚 1(1 号)、壳牌 Helix Ultra/Grey(超凡喜力/灰喜力/灰壳)、美孚 Super 2000(速霸 2000)、嘉实多 Magnatec(磁护)和壳牌 Helix HX7/Blue(喜力 HX7/蓝喜力/蓝壳)这六个品牌提问 Q.V15A、Q.V15B 和 Q.V15E。请使用另外一张白纸记录这六个品牌当中被访者知道的品牌，出示给被访者并进行以下提问。

V15A. 请考虑下一次您亲自为您的汽车或别人为您的汽车更换机油，__________(读出品牌名)机油在不在您可能考虑的品牌之列呢？

(对前 3 个品牌完整读出题目提问。然后对其余品牌则提问：)______(读出品牌)机油如何？

↓从打√处开始循环提问		是	否	(不必读出)不知道/拒答	
	美孚 Super 2000(速霸 2000)	—1	—2	—0	(QV15A_397)
	壳牌 Helix HX7/Blue(喜力 HX7/蓝喜力/蓝壳)	—1	—2	—0	(QV15A_487)
	嘉实多 Magnatec(磁护)	—1	—2	—0	(QV15A_32)
	美孚 1(1 号)	—1	—2	—0	(QV15A_143)
	壳牌 Helix Ultra/Grey(超凡喜力/灰喜力/灰壳)	—1	—2	—0	(QV15A_488)
	嘉实多 Edge(极护)	—1	—2	—0	(QV15A_386)

合成油问题

SN1. 请问您的汽车现在是否使用合成机油呢？

是	−1	(QSN1)
否	−2	
不知道/拒答	−0	

SN3. 请问您的汽车现在是否使用半合成机油或者合成混合机油呢？

是	−1	(QSN3)
否	−2	
不知道/拒答	−0	

机油更换问题

O7. 请问您大约一年驾车行驶多少公里？（如果被访者犹豫，读出选项，只接受 一个 答案）

少于 1 500 公里	−1	16 500 但是少于 18 000 公里	−12	(Q7)
1 500 但是少于 3 000 公里	−2	18 000 但是少于 19 500 公里	−13	
3 000 但是少于 4 500 公里	−3	19 500 但是少于 21 000 公里	−14	
4 500 但是少于 6 000 公里	−4	21 000 但是少于 22 500 公里	−15	
6 000 但是少于 7 500 公里	−5	22 500 但是少于 24 000 公里	−16	
7 500 但是少于 9 000 公里	−6	24 000 但是少于 25 500 公里	−17	
9 000 但是少于 10 500 公里	−7	25 500 但是少于 27 000 公里	−18	
10 500 但是少于 12 000 公里	−8	27 000 但是少于 28 500 公里	−19	
12 000 但是少于 13 500 公里	−9	28 500 但是少于 30 000 公里	−20	
13 500 但是少于 15 000 公里	−10	或者，30 000 公里或更多	−21	
15 000 但是少于 16 500 公里	−11	（不必读出）不知道/拒答	−0	

车友会、汽车俱乐部问题

CC1. 请问您是否属于某个车友会、汽车协会或汽车俱乐部的成员？（单选）

是	1	→续问 Q.CC2−CC4	(CC1)
否	2	→跳问 Q.F4	

CC2. 请问您作为车友会、汽车协会或汽车俱乐部的会员有多长时间了？（单选）

少于 6 个月	1	(CC2)
6 个月到少于 1 年	2	
1 年到少于 2 年	3	
2 年或更长	4	

背景资料

最后，为了保证我们覆盖了人口的各种分布，我想问一些关于您自己的问题。

D1.您现在有工作吗？如果回答“是”，则继续提问：您每周工作 35 小时以上呢，还是以下呢？

35 小时或者更多	−1	(QD1)
少于 35 个小时	−2	
没有工作	−3	
（不必读出）不知道/拒答	−0	

D2.［出示提示卡］您受教育的程度是怎样的呢？（如果有必要，读出选项。）

(QD2CN)

没有接受过正规教育	—1
小学	—2
初中	—3
高中/中专	—4
技校	—5
专科/本科	—6
研究生	—7
（不必读出）不知道/拒答	—0

D3CN.［出示提示卡］您的家庭月总收入在以下哪一个范围？（读出选项。）（只接受 一个 回答）

(QD3CN)

少于 800 元	—1
801～1 500 元	—2
1 501～3 000 元	—3
3 001～5 000 元	—4
5 001～8 000 元	—5
8 001～10 000 元	—6
10 001～15 000 元	—7
15 001～20 000 元	—8
20 001～25 000 元	—9
或者 25 000 元以上	—10
（不必读出）不知道/拒答	—0

**********************访问到此结束。谢谢您今天能够和我交谈！**********************

附录三　座谈会甄别问卷

座谈会甄别问卷设计范例

姓名：________　　联系电话：________　　组别：________
身份证号码：________________　　联络员：________

S1. 请记录被访者的性别。
男……………………………………………… 1
女……………………………………………… 2

S2. 请问您在最近12个月内有没有参加过市场调研活动，如座谈会、深访、街访、入户采访等？
有……………………………………………… 1　终止访问
没有…………………………………………… 2

S3. 请问您或您的家庭成员、亲戚或亲密朋友中，有在以下行业工作的吗？（复选）
广告公司/市场调研公司/咨询公司/信息公司/统计局…………… 1
报刊、电台、电视等新闻媒介…………………………………… 2
各种家电/数码产品/批发/零售或其他相关行业………………… 3　终止访问
专业音响设备/批发/零售/维修或其他相关行业………………… 4
外资公司市场调研部……………………………………………… 5
以上均无…………………………………………………………… 6　继续

S4. 请问您是否是当地户籍人口？（单选。）
非本地户籍，我只是临时住在这个城市的，不足1年。……… 1　终止访问
非本地户籍，我在这里已经居住了1年以上。………………… 2　检查所属地区配额
我是本地户籍并在此居住了5年以上。………………………… 3　检查配额

S5. 请问您本人的年龄是________。
18岁(含)以下…………………………………… 1　终止访问
19～29岁………………………………………… 2
30～39岁………………………………………… 3
40～49岁………………………………………… 4
50～59岁………………………………………… 5
60岁(含)以上…………………………………… 6　终止访问

S6. 请问您到目前为止的最高学历(包括在读)是？（单选）
初中及以下……………………………………… 1　终止访问
全日制高中……………………………………… 2
全日制技校/中专………………………………… 3
全日制大专/大学………………………………… 4
研究生以上……………………………………… 5
拒绝回答………………………………………… 6　终止访问

S7. 请问您现在的家庭状况是。（单选）
单身家庭………………………………………… 1　检查配额
二人世界………………………………………… 2　检查配额
核心家庭………………………………………… 3　检查配额
三代同堂………………………………………… 4　检查配额
空巢家庭………………………………………… 5　检查配额

S8. 请问您居住的房屋状况？（单选）

自有房屋……………………………………………………………………………… 1　检查配额

租住（合租）公寓……………………………………………………………………… 2　检查配额

单位或学校宿舍……………………………………………………………………… 3　检查配额

S9. 请问您最近一年（2012 年 5 月 1 日～2013 年 4 月 30 日）购买过以下哪些产品？（多选）

落地电风扇…………………………………………………………………………… 1　检查配额

取暖器（油汀、对横、暖风机）………………………………………………………… 2　检查配额，跳问 S11

以上皆无……………………………………………………………………………… 3　终止

广州被访者必须同时购买落地扇和取暖器。

S10. 请问您最近一年（2012 年 5 月 1 日～2013 年 4 月 30 日）购买的落地扇是以下哪些品牌？（多选）

美的 ………………………………………………………………………………… 1　检查配额

艾美特 ……………………………………………………………………………… 2　检查配额

其他（请记录）____________ ……………………………………………………… 3　检查配额

S11. 请问您最近一年（2012 年 5 月 1 日～2013 年 4 月 30 日）购买的取暖器是以下哪些品牌？（多选）

美的 ………………………………………………………………………………… 1　检查配额

艾美特 ……………………………………………………………………………… 2　检查配额

先锋 ………………………………………………………………………………… 3　检查配额

S12. 请问您最近一年（2012 年 5 月 1 日～2013 年 4 月 30 日）购买的取暖器是以下哪种类型？（多选）

油汀 ………………………………………………………………………………… 1　检查配额

对横 ………………………………………………………………………………… 2　检查配额

暖风机 ……………………………………………………………………………… 3　检查配额

S13. 请问您取暖器的主要使用场合是以下哪种？（多选）

客厅 ………………………………………………………………………………… 1

浴室 ………………………………………………………………………………… 2

卧室 ………………………………………………………………………………… 3

S14. 请问您家是否拥有以下商品？（多选）

空调（单冷） ………………………………………………………………………… 1

空调（冷暖） ………………………………………………………………………… 2

加湿器 ……………………………………………………………………………… 3

除湿器 ……………………………………………………………………………… 4

空气净化器 ………………………………………………………………………… 5

电热毯 ……………………………………………………………………………… 6

电暖宝（手持式） …………………………………………………………………… 7

S15. 请问你目前的职业是什么？（单选）

企业普通职员 ……………………………… 1

企业中高层管理人员 ……………………… 2

专业技术人员 ……………………………… 3

党政机关干部/事业单位人员 ……………… 4

个体户私人企业主 ………………………… 5

离退休人员 ………………………………… 6

待业 ………………………………………… 7

学生 ………………………………………… 8

家庭主妇 …………………………………… 9

其他（____________） ………………… 10

S16. 请问您的家庭月总收入是多少（所谓家庭月总收入，是指您以及与您一起居住的家人每月收入的总和，包括工资、奖金、各种福利及投资所得）？（单选）

人民币 1 500 元以下 ……………………… 1

人民币 1 501～2 000 元 …………………… 2

人民币 2 001～2 500 元 …………………… 3

人民币 2 501～3 000 元 …………………… 4

人民币 3 001～3 500 元 …………………… 5

人民币 3 501～4 000 元 …………………… 6

人民币 4 001～5 000 元 …………………… 7

人民币 5 001～6 000 元 …………………… 8

人民币 6 001～7 000 元 …………………… 9

人民币 7 001～8 000 元 …………………… 10

人民币 8 001～10 000 元…………………… 11

人民币 10 000 元以上 ……………………… 12

拒绝回答 …………………………………… 99 终止

S17. 针对家电产品的购买，请问以下哪句最符合您目前的情况？（单选）

自己决定，自己购买，自己使用 …………………………………………………… 1

自己决定，他人购买，自己使用 …………………………………………………… 2

与他人一起决定，自己使用…………………………………………………………… 3

他人决定，他人购买，自己使用 …………………………………………………… 4

他人决定，他人购买，自己很少或不使用 ………………………………………… 5 终止访问

S18. 请问以下句子您是否同意？（复选）

平时如果我有什么想法我一定会说出来 …………………………………………… 1

我很内向，不善于与人交谈…………………………………………………………… 2

我喜欢与人聊天，不论是不是陌生人………………………………………………… 3

我喜欢安静地坐在家里，不喜欢太多人在一起……………………………………… 4

我看完电视后，会与别人谈论节目内容……………………………………………… 5

我们不愿意别人知道我的想法 ……………………………………………………… 6

注意：选中 2、4、6 中任一项则终止访问

S19. 描述一下您最喜欢的一个家电产品？为什么喜欢呢？

（注意观察受访者的普通话表达能力和对家电产品的态度，尽量寻找那些对家电类产品比较有兴趣、思维比较活跃的人。）

S20. 如果有社交活动，您通常会是______________？（单选）

我会积极参与 ………………………………………………………………………… 1

我不喜欢凑热闹，只有别人拖我去我才去…………………………………………… 2 终止访问

附录四　座谈会主体问卷

A品牌皮具品牌研究座谈会大纲设计范例

开场白与调动气氛(5分钟)

1. 主持人和被访者的自我介绍。
2. 简单介绍市场研究公司与对参加座谈会的被访者的期望与要求。
3. 市场研究的目的和作用(是制造商和消费者的桥梁,研究目的是听取意见而不是推销产品)。
4. 到会各位代表不同的消费者,每一位的意见都很重要。
5. 每个人都有自己的看法和要求,当听到别人的发言后,务请每一位表示一下你本人的态度,包括赞成的原因或反对的理由。
6. 大家的意见没有对错、好坏之分。

一、皮包购买的动机和使用习惯(20分钟)

目的: 1. 了解参与者购买皮包的主要动机和目的。 2. 了解参与者对于皮包的使用习惯。

今天我们讨论的主题是购买皮包的目的以及您对皮包的使用习惯。

1. 首先请问一下大家,你现在有几个包(不包括双肩背包)?都是哪些款式和品牌呢?
2. 这些包现在的使用情况怎么样?让你满意吗?
3. 主要是在什么时间和场合用?
4. 通常会有哪些事情或者契机令你决定去购买某款包的?(追问:挎包、手袋、腰包……)

二、皮包购买决策(20分钟)

目的: 1. 了解参与者购买皮包时考虑的因素。 2. 了解参与者皮包购买的决策过程。

1. 在购买不同种类的包(挎包、手袋、腰包……)时,都会考虑哪些因素呢?(例如价格、质量、实用性、品牌、耐用性)其中最看重的是什么?
2. 你一般去什么地方或者什么途径买包?(网购、现场购买)为什么?
3. 请你们仔细回忆一下购买这些包的过程(要求被访者详细描述购买前想法、进商店前的打算和进商店后的具体细节)。
4. 你们在购买某款包的时候,会先确定哪些信息?(追问:使用目的、品牌、价格范围)
   ① 会不会事先确定一些品牌范围,在这些范围里面挑选呢?
   ② 会不会事前确定一些价格范围?最终购买的价格在你事先确定的价格范围内吗?
   ③ 在购买包的时候,会受到什么人的影响吗?(朋友、同事、销售人员、卖场、产品设计等对被访者的影响)
5. 如果有一个新的品牌出现,你们有兴趣尝试购买吗?它应该具备哪些条件,会让你们有兴趣购买呢?
6. 你会购买一个没有品牌或者很不知名品牌的包吗?它应该具备哪些条件,会让你们有兴趣购买呢?

三、主要皮包产品品牌形象的评价(20分钟)

目的: 了解目前使用品牌的品牌形象及广告的回忆。

1. 你知道哪些知名的国际皮包品牌?请列举。
   ① 你是通过什么途径知道的?

② 你愿意花多少钱去购买这个品牌的包？

2. 你知道哪些国内的皮包品牌？请列举。

① 你是通过什么途径知道的？

② 你愿意花多少钱去购买这个品牌的包？

3. 有没有哪些品牌是你特别喜欢或是特别讨厌的？为什么？

4. 你看到过哪些皮包的广告？

① 什么形式的广告？[电视广告、平面广告(在什么场合)、网络广告]

② 在什么地方和什么时间看到的？

③ 这些广告能吸引你吗？会让你产生购买的冲动吗？

5. 如果你向从来没有接触过(针对 POLO、LV、GUCCI……)品牌皮包的朋友介绍这个品牌，你最可能怎么介绍？

6. 现在有一个新的皮包品牌叫作 A(向被访者展示品牌的 logo)，它给你的印象是什么呢？它会让你联想起什么呢？

四、茶歇(15 分钟)

五、产品定位评价(30 分钟)

目的： 了解被访者对 A 品牌皮具产品的定位。

(一) 主持人请被访者到展厅看 A 品牌各个产品的系列。

下面请大家跟随我们的工作人员到展厅参观一下 A 品牌的各个产品，参观的时间为 15 分钟。大家可以用手去感受一下这些产品的材质、做工，也可以亲自使用一下。请记住的是，大家不要漏过任何一个产品，好，我们现在出发。

(二) 15 分钟，座谈会重新开始。

1. 刚才大家都仔细看过了那些产品，我相信大家都有了一些自己的印象，现在请大家在纸上用 3 个词来描述一下这些产品带给你的整体感觉(也就是这些产品带给你的共同的感觉)？大家都写好了吧，然后请大家把你写的给大家分享一下，然后解释一下你为什么会有这种感觉？

2. 这些产品有哪些特点是你喜欢的？又有哪些是你不喜欢的？

3. 你愿意购买这些产品吗？如果愿意，你大概愿意出一个什么价格来买呢？

4. 你觉得一般什么人会喜欢这些产品？为什么？

五、购买活动结果揭晓

1. 宣布各个产品的真实价格。

2. 宣布成功购买产品的名单。

3. 宣布前面的购买活动其实为一个游戏，并不影响大家参加本次座谈会的报酬。

附录五　电话访问问卷

客户满意度电话访问问卷设计范例

【访问基本情况】

问卷编号			
访问员		复核员	
访问开始时间	：	访问结束时间	：

【被访者信息】——参见客户号码库

客户姓名		客户手机号码	
手机号码品牌		客户集团类型	
单位名称			

开始语：

先生/小姐，您好，我是某市场咨询有限公司的访问员。我们受某移动的委托，想了解一下集团业务的一些意见及建议，以便做好改善工作，为您提供更优质的服务。谢谢您的支持与配合。

主体问卷

第一部分：各集团产品的满意度

Q1. 在移动公司提供的集团产品中，您都知道以下哪些呢？（可多选；读出答案，但不能读“均没有”）

语音专线	1	续问 Q2
电路租用	2	
互联网接入	3	
MAS 信息机	4	
校讯通	5	
车务通	6	
集团手机报	7	
移动 400	8	
移动办公(ADC)	9	
企信通	10	
企业邮箱	11	
BlackBerry	12	
其他(请注明)：________	13	
均没有	14	跳至 Q4

Q2. 请您对上述提到的集团产品__________(逐一代入客户在 Q1 提及的集团产品名称)的满意情况进行评分，最高分为 10 分，最低分为 1 分，您可以用 1～10 分中的任何一个分数来表达您的看法。(引导客户进行评分，不能带小数点)

集团产品名称	非常不同意							非常同意			不清楚	拒答
语音专线	1	2	3	4	5	6	7	8	9	10	98	99
电路租用	1	2	3	4	5	6	7	8	9	10	98	99
互联网接入	1	2	3	4	5	6	7	8	9	10	98	99
MAS 信息机	1	2	3	4	5	6	7	8	9	10	98	99
校讯通	1	2	3	4	5	6	7	8	9	10	98	99
车务通	1	2	3	4	5	6	7	8	9	10	98	99
集团手机报	1	2	3	4	5	6	7	8	9	10	98	99
移动 400	1	2	3	4	5	6	7	8	9	10	98	99
移动办公(ADC)	1	2	3	4	5	6	7	8	9	10	98	99
企信通	1	2	3	4	5	6	7	8	9	10	98	99
企业邮箱	1	2	3	4	5	6	7	8	9	10	98	99
BlackBerry	1	2	3	4	5	6	7	8	9	10	98	99
其他(请注明)：________											98	99

Q3. 各产品不满意的原因：[针对 Q2 题评分在 7 分以下(包含 7 分)的客户，询问评分低的原因]

集团产品名称	客户不满因素(不读出答案，听客户答案选择序号) 1. 产品质量不稳定；2. 产品功能不符合需求；3. 产品使用不方便；4. 业务开通不便捷；5. 培训效果或质量差；6. 日常维护不够；7. 故障或投诉解决不及时；8. 计费不准确；9. 其他__________
语音专线	
电路租用	
互联网接入	
MAS 信息机	
校讯通	
车务通	
集团手机报	
移动 400	
移动办公(ADC)	
企信通	
企业邮箱	
BlackBerry	
其他(请注明)：________	

Q4. 您如何评价集团产品？10 分表示“非常满意”，1 分表示“非常不满意”，您可以用 1～10 分中的任何一个分数来表达您的看法。

非常不满意←→非常满意										不知道/不清楚	拒答
1	2	3	4	5	6	7	8	9	10	98	99

第二部分：对集团客户经理的满意度

Q5. 您如何评价集团客户经理的整体服务情况呢？10分表示"非常满意"，1分表示"非常不满意"，您可以用1～10分中的任何一个分数来表达您的看法。（单选，引导客户进行评分，不能带小数点）

非常不满意←→非常满意										不知道/不清楚	拒答
1	2	3	4	5	6	7	8	9	10	98	99

Q6. 下面我会读出集团客户经理在各方面的表现，请您继续进行评分，最高分为10分，最低分为1分，您可以用1～10分中的任何一个分数来表达您的看法。（单选，循环读出各方面表现，引导客户进行评分，不能带小数点）

集团产品名称	非常不同意								非常同意		不清楚	拒答
客户经理联系方便（联系电话容易拨通）	1	2	3	4	5	6	7	8	9	10	98	99
客户经理服务主动/及时（如上门办理，用户不需亲自跑；常主动联系用户）	1	2	3	4	5	6	7	8	9	10	98	99
客户经理对客户需求的响应速度快（如咨询常很快被处理）	1	2	3	4	5	6	7	8	9	10	98	99
客户经理业务水平高	1	2	3	4	5	6	7	8	9	10	98	99
客户经理的服务态度好（如热情、友好）	1	2	3	4	5	6	7	8	9	10	98	99
客户经理能及时解决问题	1	2	3	4	5	6	7	8	9	10	98	99
客户经理更换频率低	1	2	3	4	5	6	7	8	9	10	98	99
客户经理能一站答复，不需要打多个电话	1	2	3	4	5	6	7	8	9	10	98	99
客户经理回访客户频率低	1	2	3	4	5	6	7	8	9	10	98	99
客户经理对新业务宣传工作做得好	1	2	3	4	5	6	7	8	9	10	98	99
其他（请注明）：________											98	99

第三部分：集团产品和服务总体满意度

Q7. 结合您与中国移动在集团产品和服务方面的接触和使用经验，请您代表贵公司，用1～10分来描述您对中国移动所提供的集团产品和服务的整体满意程度，10分表示"非常满意"，1分表示"非常不满意"。（单选，引导客户进行评分，不能带小数点）

非常不满意←→非常满意										不知道/不清楚	拒答
1	2	3	4	5	6	7	8	9	10	98	99

Q8. 请问您评____分（代入Q6题客户的评分）的原因是？（针对评分在7分以下的客户询问，访问员注意，如果被访者不知如何作答，请读出：比如，您可以从产品质量、产品功能、性价比、售后服务和客户经理的服务等方面进行考虑）

答：____

Q9. 您会怎样评价中国移动在集团产品和服务方面的整体表现与"您对其期望"的差异程度？请用1～10分来表示，10分表示"远远超过您的期望"，1分表示"远远低于您的期望"。（单选，不读出答案，引导客户进行评分，不能带小数点）

远远低于您的期望							远远超过您的期望			不知道	拒答
1	2	3	4	5	6	7	8	9	10	98	99

Q10. 您觉得中国移动在集团产品和服务方面的表现与一个完美运营商的差异程度是怎样的？请用1～10分来表示，10分表示"非常接近理想状态"，1分表示"与理想状态相去甚远"。（单选，不读出答案，引导客户进行评分，不能带小数点）

与理想状态相去甚远							非常接近理想状态			不知道	拒答
1	2	3	4	5	6	7	8	9	10	98	99

第四部分：忠诚度

Q11. 下面我会读出3个句子，请您用1～5分表示您对每个句子的同意程度。5分表示"非常同意"，1分表示"非常不同意"，您可以用1～5分中的任何一个分数来表达您的看法。（单选，循环读出各个句子，引导客户进行评分，不能带小数点）

各个句子	非常不同意				非常同意	不知道	拒答
会继续使用现有中国移动集团的产品和服务	1	2	3	4	5	98	99
如果朋友或其他企业有类似的需求，我会乐意推荐他们使用中国移动集团的产品和服务	1	2	3	4	5	98	99
若有需求，会购买更多或其他中国移动集团的产品和服务	1	2	3	4	5	98	99

Q12. 请问您对现在的客户经理服务与产品有什么改善的意见与建议吗？

结束语：

先生/小姐，我们的访问到此结束，谢谢您的配合与支持，祝您生活愉快。再见！

参考文献

[1] 靖继鹏,马费成,张向先. 2009 情报科学理论. 科学出版社,2009:3-12.
[2] 克里斯·韦斯特. 商业竞争对手的情报收集分析评估. 中国商务出版社,2005:13-22,75-87.
[3] 郜明. 商务信息工作. 中国建材工业出版社,2004:68-82.
[4] 屈冠银. 2012 市场营销理论与实训教程. 机械工业出版社,2012:50-51.
[5] 查先进. 企业竞争情报. 武汉大学出版社,2012:14.
[6] 乔云彬. 如何有效地收集终端情报. http://www.jiangshi.org/article/37162.html.
[7] 蔡建文. 情报为王,商业情报的攻防之道. 金城出版社,2008:118,132.
[8] 陈彪峰. 企业情报实务. 文汇出版社,2011:109-110.
[9] 埃蒙·贾维斯. 商业情报站. 中华工商联合出版社,2010:9.
[10] Leonard M. Fuld. 商业情报　看穿混乱、失真、谣言和烟幕. 机械工业出版社,2008.
[11] 黄晓斌,刘薇,帕尔哈提·尼加提. 微博客的特点及其在企业竞争情报中的应用. 情报理论与实践,2012(5).
[12] 韩玺,顾萍,袭继红. 微博在企业竞争情报中的应用. 情报探索,2012(8).
[13] (美)丹尼尔·卡尼曼. 思考,快与慢. 2013-08-19. http://www.ceconline.com.
[14] 陈璋. 读懂商业情报的第一本书. 北京联合出版社,2013.
[15] (丹麦)言培文,(瑞典)克劳斯·索尔伯格·索伦. 市场情报　企业竞争的攻与防. 吴晓真,译. 上海远东出版社,2012.
[16] 蔡建文. 情报为王. 金城出版社,2008.
[17] (英)维克托·迈尔—舍恩伯格. 删除:大数据取舍之道. 袁杰,译. 浙江人民出版社,2013.
[18] 阚雅玲,朱权,游美琴. 管理基础与实务. 机械工业出版社,2012.
[19] 乔辉. 企业如何辨识自己的竞争对手?. 中国营销传播网,2010-04-19.
[20] 任向晖. 如何善用竞争品牌广告监测数据. CIO 时代网,2009-12-11.
[21] 张文霖,刘夏璐,狄松. 谁说菜鸟不会数据分析. 电子工业出版社,2013.
[22] (美)纳西姆·尼古拉斯·塔勒布. 随机漫步的傻瓜. 盛逢时,译. 中信出版社,2012.
[23] (美)丹尼尔·卡尼曼. 思考的快与慢. 胡晓姣,李爱民,何梦莹,译. 中信出版社,2012.

后记

小微企业成长过程中面对的问题及其解决问题的方式与进入稳定发展阶段的企业是不同的，教材的编写应该充分考虑这种差异，并尽可能发现更高层次的知识。

教材不同于指导手册，指导手册对个别问题提供了针对性的解决方法，而教材需要具有支持学习者独立发现问题与开发方案的功能。这套教材虽然重视实务，但更倾向于知识的整理与提炼。

但是限于编写团队的能力及相关条件，这套教材仍有不足之处，在内容与形式上均有诸多需要改善的地方。我们非常感谢广州市职业能力培训指导中心能用可持续发展的思路考虑这个项目，并且支持进行后续开发。我们也真诚欢迎各位读者、各位同行、各位专家提出宝贵意见或建议。

来函请寄：广州市番禺区青山湖广州番禺职业技术学院管理学院，511483

或者发送电子邮件至：tanfh@gzpyp.edu.cn

广州番禺职业技术学院创业教育中心

2015年3月1日